Colloquial
Russian

The Colloquial Series

The following languages are available in the Colloquial series:

Albanian	Japanese
Amharic	Korean
Arabic (Levantine)	Latvian
Arabic of Egypt	Lithuanian
Arabic of the Gulf	Malay
and Saudi Arabia	Norwegian
Basque	Panjabi
Bulgarian	Persian
*Cambodian	Polish
*Cantonese	Portuguese
*Chinese	Romanian
Czech	*Russian
Danish	Serbo-Croat
Dutch	Slovak
English	Slovene
Estonian	Somali
French	*Spanish
German	Spanish of Latin America
*Greek	Swedish
Gujarati	*Thai
Hindi	Turkish
Hungarian	Ukrainian
Indonesian	*Vietnamese
Italian	Welsh

Accompanying cassette(s) are available for the above titles.

* Accompanying CDs are also available.

Colloquial
Russian

The Complete Course for Beginners

Svetlana Le Fleming and Susan E. Kay

London and New York

First published 1997
by Routledge
11 New Fetter Lane, London EC4P 4EE

Simultaneously published in the USA and Canada
by Routledge
29 West 35th Street, New York, NY 10001

Typeset by Transet Typesetters Ltd, Coventry, England
Printed and bound in Great Britain by Clays Ltd, St. Ives PLC

British Library Cataloguing in Publication Data
A catalogue record for this book is available from the British Library

Library of Congress Cataloguing in Publication Data
A catalogue record for this book is available from the Library of Congress

ISBN 0–415–16140–1 (book)
ISBN 0–415–16141–x (cassette)
ISBN 0–415–16142–8 (book and cassette course)

Contents

Introduction

Colloquial Russian is intended for students working on their own or with a teacher. It covers the situations, vocabulary and grammar required to take students up to GCSE level and in the later chapters it also includes some of the additional structures required at a more advanced level, e.g. participles and gerunds.

Each lesson begins with a text followed by a dialogue. These introduce all the new structures and vocabulary dealt with in that lesson so it is essential to tackle them first, with the help of the vocabulary lists which follow the dialogue. Each lesson, as well as introducing new grammatical structures, also has a theme and will teach the student how to deal with a particular situation or situations in Russian. Only the new vocabulary is explained in each lesson. There is a cumulative Russian–English vocabulary at the back of the book but it is important to try to master the vocabulary for each chapter before moving on to the next. The English–Russian vocabulary does not contain all the words used in the book. It is intended primarily for use with the English–Russian translation and improvisation exercises.

After the dialogue there are communicative and situation-based exercises which give practice in using and understanding the new vocabulary: multiple choice questions, questions on the text, related questions directed at the student and role play. Additional short pieces are associated with the theme of the chapter, such as forms to complete, advertisements, a map, a timetable, a menu, etc. and vocabulary-building exercises. This section is particularly useful for students working towards GCSE and teachers will find plenty of material for oral and group work. Similarly, the *Russian realia* section, which is new to this edition, should provide invaluable practice for GCSE reading exercises. Unlike the other material in the book, this is not specially written for beginners but is drawn straight from Russian everyday life. You will not find every single word and expression used in these extracts explained in the book. Only the minimum of key words is given. Treat this as a real-life exercise. Do no expect to understand every word, just enough to be able to work out the answers to the questions.

Next in each lesson is a grammar section in which the new structures introduced in that lesson are explained. Explanations are strictly related to the material in the lesson and are, therefore, not exhaustive: they do not, for example, cover exceptions which do not appear in the book. It will probably be helpful to glance forward to these explanations when translating the text and dialogue and then work through the section more methodically before attempting the grammar exercises which follow. Finally, there is an English–Russian translation devised to test both vocabulary and structures encountered in the lesson. There is a key to both grammar and translation exercises in the back of the book so that students working on their own can monitor their progress.

At the end of the book is a Grammar summary. This presents the main grammatical forms dealt with in the book in tables for easy reference. Also for reference at the back of the book is a two-way vocabulary and an index to the grammatical points covered in each lesson.

The recordings which may be purchased to accompany the book will not only help the student with pronunciation but also develop oral and aural skills. The symbol ▢▢ indicates which material is on the recordings.

We should like to acknowledge the invaluable assistance in the preparation of this course of Naomi Kay and of the students of the University of Northumbria at Newcastle who were enthusiastic and constructive guinea pigs for its various draft versions. Thanks are also due to Ian Ferguson of the University of Northumbria for granting us permission to use his *Russian Cursive* font for the Handwritten Alphabet section.

Introduction to the Russian language

The alphabet

The alphabet used for Russian has many similarities with the Greek alphabet. This is because it was devised by missionaries from the Greek Orthodox Church. If an earlier form of written Russian existed before the conversion to Christianity in the tenth century, it has not been preserved. The alphabet is known as 'Cyrillic' in honour of the missionary St Cyril, who was once thought to have invented it.

The sounds which the alphabet represents are the same or very similar to sounds which also exist in English. ▫▪

Russian letter		Closest English equivalent	
1	А а	a	as in f*a*ther
2	Б б	b	
3	В в	v	
4	Г г	g	as in *g*irl
5	Д д	d	
6	Е е	ye	as in *ye*s
7	Ё ё	yo	as in *yo*nder
8	Ж ж	zh/s	as in trea*s*ure
9	З з	z	
10	И и	ee	as in f*ee*t
11	Й й	y	as in bu*y*
12	К к	k	
13	Л л	l	
14	М м	m	
15	Н н	n	
16	О о	o	as in *o*r
17	П п	p	
18	Р р	r	
19	С с	s	
20	Т т	t	
21	У у	oo	as in sh*oo*t
22	Ф ф	f	
23	Х х	ch	as in lo*ch*
24	Ц ц	ts	as in bi*ts*
25	Ч ч	ch	as in *ch*imp

26	Ш	ш		sh	as in ru*sh*
27	Щ	щ		shch	as in pu*shch*air
28	·	ъ		hard sign	
29		ы			*i in bit č tongue drawn further back*
30		ь		soft sign	
31	Э	э		e	as in n*e*t
32	Ю	ю		yu/u	as in *u*se
33	Я	я		ya	as in *ya*rd

Learning the alphabet letter by letter

Use the following practice words, many of which are similar to English words, to familiarize yourself with the Russian alphabet. If you have the recordings, you can also listen to the words. It will be useful to study this section in conjunction with the tapes as the English equivalents are only approximate. These practice words are stressed to tell you which syllable to put most emphasis on when the word has more than one syllable. The letter ё is always stressed.

Russian letter	English equivalent	Practice word	Meaning
т	t		
о	o as in *or*		
м	m	том	volume ('tome')
а	a as in f*a*ther	а́том	atom
р	r	мото́р	motor
п	p	порт	port·
с	s	спорт	sport
		стоп	stop
		па́спорт	passport
е	ye as in *ye*s	метр	metre
э	e as in n*e*t	э́ра	era
к	k	э́кспорт	export
		орке́стр	orchestra
н	n	рестора́н	restaurant
и	ee as in f*ee*t	и́мпорт	import
л	l	ла́мпа	lamp
		киломе́тр	kilometer
б	b	бале́т	ballet
		биле́т	ticket
д	d	до́ктор	doctor
у	oo as in sh*oo*t	тури́ст	tourist
		студе́нт	student
ф	f	футбо́л	football

		фрукт	fruit
г	g	грамм	gram
		програ́мма	programme
		килогра́мм	kilogram
з	z	коммуни́зм	communism
й	y as in bu*y*	музе́й	museum
		тролле́йбус	trolleybus
		май	May
		мой	my
ж	zh/s as in trea*s*ure	журна́л	journal
в	v	волейбо́л	volleyball
		Во́лга	Volga
ц	ts as in bi*ts*	центр	centre
		конце́рт	concert
ю	yu/u as in *u*se	ю́мор	humour
		сюже́т	subject
ш	sh as in ru*sh*	шок	shock
щ	shch as in pu*shch*air	това́рищ	comrade
ё	yo as in *yo*nder	ёлка	fir tree
х	ch as in lo*ch*	э́хо	echo
я	ya as in *ya*rd	як	yak
ы	y as in marr*y*	му́зыка	music
ч	ch as in *ch*imp	чемпио́н	champion
		чай	tea
ь		soft sign	

The soft sign does not have a sound of its own. It tells you how to pronounce the consonant which precedes it. Consonants followed by a **ь** are softened or 'palatalized'. That means that they are pronounced with the middle of the tongue rising towards the roof of the mouth: **стиль** 'style'; **фильм** 'film'.

| ъ | | hard sign |

Similarly, the hard sign does not represent a sound of its own. Make a slight break in the word where the hard sign comes: **объе́кт** 'object'.

Pronunciation

You will be surprised how easily you can read Russian aloud once you have mastered the alphabet. The transition from recognizing individual letters to being able to read whole words is much easier in Russian than in English. If you pronounce Russian words letter by letter, as they are written, you will come very close to a correct pronunciation. However, there are some additional points you must take note of if you wish to perfect your pronunciation. They are described below. If you have the recordings, make a particular point of listening for them.

Stress and vowel reduction

Stress marks are used throughout this book to show you which syllable to emphasize in your pronunciation of each word. This phenomenon of stress is not peculiar to Russian. English words also have a stressed syllable. For example, 'el' is pronounced differently in 'éligible', where it is stressed, and 'trável', where it is not stressed. In Russian the emphasis on the stressed syllable is even greater than in English. The unstressed syllables, in consequence, suffer greater reduction.

Reduction of vowels

Vowels in stressed syllables are pronounced with their full value, normally exactly as they are written. Vowels in unstressed syllables are articulated less strongly and this changes the pronunciation of some vowels quite considerably. For example:

Unstressed 'o'

An unstressed 'o' is reduced to either
(a)   a weak 'a' sound if the 'o' is at the beginning of the word or in the syllable immediately before the stress, e.g. **объéкт, мотóр, троллéйбус** or
(b)   an even weaker 'e' (as in fath*er*) in all other unstressed syllables, e.g. **áтом, ю́мор, э́хо, пáспорт**.

Unstressed 'e' and 'я'

When they are not stressed 'e' and 'я' are usually pronounced more like a weak 'и', e.g. **óпера** 'opera', **ресторáн** 'restaurant', **язы́к** 'language'.

At the end of a word they often sound more like the 'e' in fath*er*, e.g. **дóброе** 'good', **фами́лия** 'surname'.

Other vowels are not so greatly affected when they are in unstressed syllables, generally being pronounced like a weak version of themselves.

Because stress can affect the pronunciation of a Russian word to such a significant extent, it is important to adopt good habits from the very beginning, always making every effort to stress words correctly when reading and always learning new words with the correct stress. When the ending on a Russian word changes, the position of the stress may also change. For example, the stress may be on different syllables in the plural and singular forms of a noun or be in a different position in different parts of the same verb. Some common stress patterns are included in the Grammar Summary at the end of this book. It is not necessary to put stress marks on Russian words when writing unless this helps with the learning process. Russians do not use stress marks when they write.

Pronunciation of the vowel 'ы'

There is no exact equivalent sound in English. It is pronounced like 'i' in 'sit' but the tongue is drawn further back: **язык, му́зыка**.

Pronunciation of certain consonants

Some Russian consonants, while very similar to sounds in English, are pronounced in a slightly different way.

The Russian letter **р** (the 'r' sound) is rolled. The tongue vibrates against the front of the palate: **Росси́я** 'Russia'.

Т, д and **н** are pronounced like English 't', 'd' and 'n' except that the tip of the tongue is against the upper teeth, its tip pointing downwards and not with the tongue further back as in English: **том, порт, до́ктор, рестора́н**.

В is pronounced like English 'v' but with the lower lip behind the upper teeth: **Во́лга**.

Л is pronounced like English 'l' but with the back of the tongue low and the tip against the upper teeth: **ла́мпа**.

Ш is pronounced like the 'sh' in 'rush' and **ж** like 's' in 'treasure' but with the lower jaw extended: **шок, журна́л**.

Soft consonants

The effect of a soft sign **ь** on the consonant which precedes it has already been mentioned. Certain vowels have the same effect. They are **е, ё, и, ю, я**. Consonants followed by these vowels are pronounced in the same way as consonants followed by a soft sign, i.e. with the middle of the tongue rising towards the roof of the mouth: **биле́т**.

Most Russian consonants have both this soft form and a hard form which is pronounced with the tongue lower in the mouth. The difference in sound is most noticeable with the consonants л and т: журна́л, стиль; спорт, мать 'mother'.

A small number of Russian consonants have only a hard or only a soft form. Ж, ш, ц are always hard. After them и sounds like ы, е sounds like э and a soft sign ь is ignored: цирк 'circus', центр.

ч and щ are always soft and after them а sounds like я and у like ю: чай.

Consonants at the ends of words

At the end of a word

д is pronounced like т: шокола́д 'chocolate' (pronun. шокола́т)

г is pronounced like к: друг 'friend' (pronun. друк)

в is pronounced like ф: Горбачёв 'Gorbachev' (pronun. Горбачёф)

з is pronounced like с: джаз 'jazz' (pronun. джас)

ж is pronounced like ш: бага́ж 'luggage' (pronun. бага́ш)

б is pronounced like п: гриб 'mushroom' (pronun. грип).

This is because д, г, в, з, ж, б are voiced consonants, i.e. when they are pronounced the vocal chords vibrate. Т, к, ф, с, ш, п are voiceless consonants. They are pronounced with exactly the same shaped mouth and tongue position as their voiced partners but without the vibration of the vocal chords. Consonants at the ends of words in Russian are always pronounced as if they are voiceless, irrespective of how they are written.

When there is a combination of two or more consonants in Russian they are either all pronounced as if voiced or all pronounced as if voiceless. The character of the *last* consonant in the combination determines how the others are pronounced. If it is voiced the others will be voiced: футбо́л (pronun. фудбо́л). If it is voiceless the others will be voiceless: во́дка 'vodka' (pronun. во́тка). This occurs not just within a word but where two words are pronounced without a pause between them: в кино́ 'to the cinema' (pronun. ф кино́).

The handwritten alphabet

А	а	*Аа*	Р	р	*Рр*
Б	б	*Бб*	С	с	*Сс*
В	в	*Вв*	Т	т	*Тт̄*
Г	г	*Гг*	У	у	*Уу*
Д	д	*Дg*	Ф	ф	*Фф*
Е	е	*Ее*	Х	х	*Хх*
Ё	ё	*Ёё*	Ц	ц	*Цц*
Ж	ж	*Жж*	Ч	ч	*Чч*
З	з	*Зz*	Ш	ш	*Шш*
И	и	*Ии*	Щ	щ	*Щщ*
Й	й	*Йй*	Ъ	ъ	*ъ*
К	к	*Кк*	Ы	ы	*ы*
Л	л	*Лл*	Ь	ь	*ь*
М	м	*Мм*	Э	э	*Ээ*
Н	н	*Нн*	Ю	ю	*Юю*
О	о	*Оо*	Я	я	*Яя*
П	п	*Пп*			

1   Do not omit the small hook at the beginning of the letters **м, л, я**:

билéт *билет*   дя́дя *дядя*

2   Put a line over **т** and under **ш**:

том *том*   шок *шок*

3   The only 'tall' letters are **б** and **в**. The letters **л, н, к** are the same size as the letter **а**:

балéт *балет*   волейбóл *волейбол*   кинó *кино*

Practising writing letter by letter

Russian letter			Practice word	
Т	т	*Т т*		
О	о	*О о*		
М	м	*М м*	том	*том*
А	а	*А а*	áтом	*атом*
Р	р	*Р р*	мотóр	*мотор*
П	п	*П п*	порт	*порт*
С	с	*С с*	спорт	*спорт*
			стоп	*стоп*
			пáспорт	*паспорт*
Е	е	*Е е*	метр	*метр*
Э	э	*Э э*	эра	*эра*
К	к	*К к*	экспорт	*экспорт*
			оркéстр	*оркестр*
Н	н	*Н н*	ресторáн	*ресторан*
И	и	*И и*	ímпорт	*импорт*
Л	л	*Л л*	лáмпа	*лампа*
			киломéтр	*километр*
Б	б	*Б б*	балéт	*балет*
			билéт	*билет*
Д	д	*Д д*	дóктор	*доктор*
У	у	*У у*	турíст	*турист*
			студéнт	*студент*
Ф	ф	*Ф ф*	футбóл	*футбол*
			фрукт	*фрукт*
Г	г	*Г г*	грамм	*грамм*
			прогрáмма	*программа*
			килогрáмм	*килограмм*
З	з	*З з*	коммунízм	*коммунизм*
Й	й	*Й й*	музéй	*музей*
			троллéйбус	*троллейбус*
			май	*май*
			мой	*мой*
Ж	ж	*Ж ж*	журнáл	*журнал*
В	в	*В в*	волейбóл	*волейбол*
			Вóлга	*Волга*

Ц	ц	*Ц, ц*	центр	*центр*	
			концéрт	*концерт*	
Ю	ю	*Ю, ю*	ю́мор	*юмор*	
			сюжéт	*сюжет*	
Ш	ш	*Ш, ш*	шок	*шок*	
Щ	щ	*Щ, щ*	товáрищ	*товарищ*	
Ё	ё	*Ё, ё*	ёлка	*ёлка*	
Х	х	*Х, х*	э́хо	*эхо*	
Я	я	*Я, я*	як	*як*	
Ы	ы	*ы*	мýзыка	*музыка*	
Ч	ч	*Ч, ч*	чемпиóн	*чемпион*	
			чай	*чай*	
Ь	ь	*ь*	стиль	*стиль*	
			фильм	*фильм*	
Ъ	ъ	*ъ*	объéкт	*объект*	

Alphabet recognition

Test your knowledge of the alphabet by trying to work out the meaning of the following words:

Sporting terms

тéннис, футбóл, баскетбóл, хоккéй, матч, гол, фи́ниш, спортсмéн, чемпиóн, стадиóн, атлéтика

Out and about

парк, порт, теáтр, ресторáн, кафé, университéт, институ́т, зоопáрк, банк, центр, бульвáр

Things you might order in a café

кóфе, лимонáд, вóдка, бифштéкс, фру́кт, суп

Entertainment

теáтр, концéрт, óпера, балéт, фильм, мýзыка, прогрáмма, рáдио

Useful words for a tourist

пáспорт, тури́ст, трáнспорт, автóбус, троллéйбус, такси́, аэропóрт, багáж

Cities of the world

Лóндон, Москвá, Петербу́рг, Нью-Йóрк, Амстердáм, Эдинбу́рг, Глáзго, Берли́н

Countries of the world

Áнглия, Росси́я, Амéрика, Фрáнция, Гермáния, Австрáлия, Итáлия, Шотлáндия

1 Уро́к пе́рвый

In this lesson you will learn how to:

- Identify yourself – your name, nationality, profession and address
- Ask simple questions
- Describe things using 'my', 'your' and adjectives
- Use the prepositional case

Аэропо́рт. Па́спортный контро́ль 📼

— До́брое у́тро!
— Здра́вствуйте! Ваш па́спорт, пожа́луйста!
— Вот мой па́спорт.
— Как ва́ша фами́лия?
— Моя́ фами́лия – Грин. Пи́тер Грин.
— Грин? Э́то англи́йская фами́лия?
— Да, я англича́нин.
— Ваш а́дрес в Москве́?
— Мой а́дрес? Гости́ница «Росси́я».
— Гости́ница «Росси́я»? Э́то хорошо́, в це́нтре! Вы тури́ст?
— Нет, я не тури́ст, я бизнесме́н.
— Англи́йский бизнесме́н? Э́то ва́ша профе́ссия?
— Моя́ профе́ссия? Нет, я инжене́р.
— А где ва́ша ви́за?
— Ви́за? Ви́за в па́спорте.
— Ах да! Вот ва́ша ви́за! Ну хорошо́! Вот ваш па́спорт.
— Спаси́бо!
— Пожа́луйста!

— Ваш па́спорт, пожа́луйста! Как ва́ша фами́лия?
— Моя́ фами́лия Петро́ва. Мари́на Петро́ва.

— Петро́ва? Э́то ру́сская фами́лия. Вы ру́сская?
— Да, мой оте́ц – ру́сский, моя́ мать – англича́нка.
— Интере́сно! Вы тури́стка?
— Нет, я студе́нтка, студе́нтка МГУ.
— Студе́нтка МГУ? Э́то хорошо́! Ваш а́дрес в Москве́?
— Моско́вский университе́т, МГУ.
— Хорошо́! Вот ваш па́спорт! До свида́ния!
— До свида́ния!

Слова́рь – Vocabulary

а	and, but	мой, моя́, моё	my
а́дрес	address	Москва́	Moscow
англи́йск‖ий, -ая, -ое	English	Моско́вский университе́т	Moscow University
англича́н‖ин (-ка)	Englishman (woman)	не	not
ах!	oh!	нет	no
аэропо́рт	airport	ну	well!
бизнесме́н	businessman	оте́ц	father
в (+ *prep*)	in, at	па́спорт	passport
ваш, ва́ша, ва́ше	your	па́спортный контро́ль (*m*)	passport control
ви́за	visa	пе́рый уро́к	first lesson
вот	here is	профе́ссия	profession
вы	you	Росси́я	Russia
где	where	ру́сск‖ий, -ая	Russian (man); Russian (woman)
гости́ница	hotel	студе́нт, -ка	(male, female) student
да	yes		
и	and	там	there
инжене́р	engineer	тури́ст, -ка	(male, female) tourist
интере́сно	it is interesting		
интере́сн‖ый, -ая, -ое	interesting	фами́лия	surname
как	how	хорошо́	it is good!
Кра́сная пло́щадь (*f*)	Red Square	центр	centre
		э́то	this
Кремль (*m*)	Kremlin	я	I
мать	mother		
МГУ	Moscow State University		

до́брое у́тро!	good morning!	**спаси́бо!**	thank you
здра́вствуйте!	how do you do?	**пожа́луйста!**	please, not at all
	hello!	**как ва́ша**	what is your
до свида́ния!	goodbye	**фами́лия?**	surname?

Other nationalities (**национа́льности**):
америка́нец, америка́нка: American (man, woman); **испа́нец, испа́нка**:
Spaniard (man, woman); **не́мец, не́мка**: German (man, woman)

Language in action

Да или нет? Yes or no?

1   Using the information in the text, decide whether the following statements are true or false. Answer **да** if the statement is true, **нет** if it is false.

Гости́ница «Росси́я» в це́нтре? Пи́тер Грин – англи́йский тури́ст? Пи́тер Грин – ру́сский инжене́р? Петро́ва – ру́сская фами́лия? Мари́на – тури́стка? Мари́на – студе́нтка МГУ? Грин – ру́сская фами́лия? Пи́тер Грин – англича́нин?

2   Choose the correct phrase to complete the sentence:

Пи́тер Грин (англи́йский студе́нт, ру́сский бизнесме́н, англи́йский инжене́р).
Гости́ница «Росси́я» (в Ло́ндоне, в Москве́, в Кремле́).
Мари́на Петро́ва (англи́йская тури́стка, ру́сский инжене́р, студе́нтка).
Грин (англи́йский па́спорт, ру́сская фами́лия, англи́йская фами́лия).
МГУ (Моско́вский Кремль, Моско́вский университе́т, моско́вская гости́ница).
Мари́на и Пи́тер (в Кремле́, в университе́те, в Москве́).

Вопро́сы – Questions

Answer the following questions about yourself in Russian. Try to answer in complete sentences:
Как ва́ша фами́лия?; (to a woman) Вы англича́нка?; (to a man) Вы англича́нин? Вы инжене́р?; (to a woman) Вы студе́нтка?; (to a man) Вы студе́нт? Вы студе́нт(ка) в университе́те? Где ваш университе́т? Ваш оте́ц англича́нин? Ва́ша мать англича́нка?

Импровиза́ция – Improvisation

Use phrases from the dialogue above to improvise your role:

— Здра́вствуйте!
— *Say good morning.*
— Где ваш па́спорт и ва́ша ви́за?
— *Reply that your passport is here and that the visa is in the passport.*
— Вы англича́нин (англича́нка)? Как ва́ша фами́лия?
— *Reply that you are English and give your surname.*
— Ваш оте́ц англича́нин?
— *Reply that your father is an Englishman, a businessman in London and that your mother is English.*
— Вы студе́нт(ка)? Ваш а́дрес в Москве́?
— *Reply that you are not a student but a tourist and that your address in Moscow is the Hotel Russia. Ask if the hotel is in the centre where the Kremlin and Red Square (Кремль и Кра́сная пло́щадь) are.*
— Да, в це́нтре. Там хорошо́. Вот ваш па́спорт. До свида́ния.
— *Say thank you and goodbye.*

Russian realia

ВИЗА
К-III № 1234567
ОБЫКНОВЕННАЯ
ВЪЕЗДНАЯ-ВЫЕЗДНАЯ

Гр.	АНГЛИЯ
Фамилия	ПЕТРОВА
Имя, отчество (имена)	МАРИНА
Дата рождения	05.10.69	Пол ЖЕН
С детьми до 16 лет	ОДНА
Цель поездки	УЧЁБА
в учреждение	МГУ

обыкнове́нная	ordinary
въездна́я-выездна́я	entry-exit
гр. (гражда́нство)	citizenship
да́та рожде́ния	date of birth
пол	sex
муж (мужско́й)	male
жен (же́нский)	female
с детьми́ до 16 лет	with children under 16
оди́н (*m*); одна́ (*f*)	alone
цель пое́здки	object of the trip
учёба	study
в учрежде́ние	organization to be visited

Exercise

Using Marina Petrova's visa as a model, write out your own visa. As an alternative to **учёба** as the object of your trip you could put **бизнес** or **туризм** and the organization to be visited **гостиница Россия**.

Грамма́тика – Grammar

Omission of 'am', 'are', 'is'

In Russian the present tense of the verb 'to be' is usually omitted. Thus the sentence 'Where is your visa?' is translated **Где ва́ша ви́за?** – literally 'Where your visa?' Between two nouns a dash can be used in place of the verb: **Моя́ фами́лия – Грин** 'My surname is Green'.

The word **вот** translates as 'here is/here are' and **это** as 'this is/it is' or 'these are/they are': **вот мой па́спорт** 'here is my passport'; **э́то ва́ша профе́ссия** 'it is your profession'; **э́то я** 'it is I'.

Note the use of **не** in the negative form: **я не тури́ст** 'I am not a tourist'; **э́то не моя́ профе́ссия** 'it is not my profession'.

Absence of 'a' and 'the'

There is no definite article (the word 'the') or indefinite article (the words 'a' or 'an') in Russian. **Я англича́нин** means either 'I am **an** Englishman' or 'I am **the** Englishman' and you have to select the appropriate translation according to the context.

Interrogative sentences

You can ask a question in Russian simply by putting a question mark at the end of a statement or by changing your intonation if you are speaking: **э́то ва́ша профе́ссия** 'it is your profession'; **э́то ва́ша профе́ссия?** 'is it your profession?'

Gender of nouns

Russian has three genders: masculine, feminine and neuter. Nouns denoting male people or animals are masculine and those denoting female people or animals are feminine. Unlike English, not all nouns denoting inanimate objects are neuter. Some are masculine and some are feminine. The gender of a noun in Russian can generally be determined by its last letter. Nouns ending in a consonant are masculine: **па́спорт** 'passport'; **а́дрес** 'address'; **университе́т** 'university'. Nouns ending in **-а** or **-я** are feminine: **фами́лия** 'surname'; **ви́за** 'visa';

профе́ссия 'profession'. Nouns ending in **-о** are neuter: **у́тро** 'morning'. Some nouns ending in **-ь** are feminine, others are masculine so their gender has to be learnt: **пло́щадь** 'square' – feminine; **кремль** 'kremlin' – masculine. Note that there are two forms of the words 'tourist' and 'student': **тури́ст** 'male tourist'; **тури́стка** 'female tourist'; **студе́нт** 'male student'; **студе́нтка** 'female student'.

Possessive adjectives

The words for 'my' and 'your' change according to the gender of the nouns they are describing: **мой па́спорт** 'my passport'; **моя́ фами́лия** 'my surname'; **моё у́тро** 'my morning'. The form **мой** is used with a masculine noun, the form **моя́** with a feminine noun and the form **моё** with a neuter noun. **Ваш па́спорт** 'your passport'; **ва́ша фами́лия**; 'your surname'; **ва́ше у́тро** 'your morning'. The form **ваш** is used with a masculine noun, the form **ва́ша** with a feminine noun and the form **ва́ше** with a neuter noun.

Adjectives

All adjectives change their endings according to the gender of the nouns they are describing: **интере́сный уро́к** 'interesting lesson'; **интере́сная профе́ссия** 'interesting profession'; **интере́сное у́тро** 'interesting morning'. The ending **-ый** is used when the noun it describes is masculine, the ending **-ая** when the noun is feminine and the ending **-ое** when it is neuter.

Note these other examples: **Моско́вский университе́т** 'Moscow University'; **англи́йский бизнесме́н** 'English businessman'; **ру́сская фами́лия** 'Russian surname'. In **Моско́вский** and **англи́йский** the ending is **-ий** rather than the regular **-ый** ending because it is a rule of Russian spelling that **ы** is replaced by **и** after **к**.

The word **ру́сская** as well as being the feminine form of the adjective 'Russian' can also mean 'a Russian woman'. Similarly **ру́сский**, the masculine form, can also mean 'a Russian man'.

In order to translate the adjective in an English expression such as 'it is good' Russian uses a form ending in **-о**: **хорошо́** 'it is good'; **интере́сно** 'it is interesting'. It can also be combined with the word **это**: **э́то хорошо́** 'that is good'.

Cases

Russian is a language with a case system. Nouns appear in different cases, indicated by different endings, according to the role they fulfil in the sentence. There are six cases in Russian: nominative, accusative, genitive, dative, instrumental, prepositional.

Nominative case

The nominative case of a noun is used when that noun is the subject of the sentence. This is the form in which it will be listed in the dictionary and is the form we look at to determine the gender. Most nouns in this chapter are in the nominative case. **Па́спорт**, **фами́лия**, **англича́нин**, **а́дрес** are examples of nouns in the nominative case.

Вот and **э́то** are followed by nouns in the nominative case: **вот па́спорт** 'here is the passport'.

The nominative case is also used after 'am', 'are', 'is' when these words are omitted in Russian: **я англича́нин** 'I am an Englishman'.

Prepositional case

Following a preposition a noun will no longer be in the nominative case and its ending will probably change. The preposition which appears in this chapter is **в**, meaning 'in'. It is followed by the prepositional case although other prepositions in Russian may be followed by other cases such as the accusative or the genitive. The ending for most nouns in the prepositional case in the singular is **-e**. Nouns ending in a consonant add **-e** after the final letter: **центр** 'centre'; **в це́нтре** 'in the centre'. Nouns ending in a vowel and masculine nouns ending in **-ь** change the final letter to **-e**: **Москва́** 'Moscow'; **в Москве́** 'in Moscow'; **Кремль** 'the Kremlin'; **в Кремле́** 'in the Kremlin'.

Упражне́ния – Exercises

1 Using the following words, ask a question and reply in the affirmative.

> *For example:* **Э́то аэропо́рт? Да, э́то аэропо́рт.**

аэропо́рт, бизнесме́н, университе́т, па́спорт, гости́ница, Кремль, Кра́сная пло́щадь, мать, оте́ц, англича́нин, ру́сский.

2 Using the following pairs of words, ask a question and reply in the negative.

> *For example:* **Э́то Москва́? Нет, э́то не Москва́, э́то Ло́ндон.**

Москва́ – Ло́ндон; тури́ст – бизнесме́н; студе́нт – студе́нтка; Кра́сная пло́щадь – аэропо́рт; гости́ница – университе́т; англича́нин – ру́сский.

3 Using the following words, answer the question: **Где тури́ст?**

For example: **Где тури́ст? Тури́ст в Москве́.**

Москва́, Ло́ндон, гости́ница, университе́т, центр.

4 Using the following words, ask a question and reply in the affirmative.

For example: **Э́то ва́ша ви́за? Да, э́то моя́ ви́за.**

ви́за, па́спорт, гости́ница, а́дрес, оте́ц, мать.

5 Using the following words with the adjective **ру́сский**, ask a question and reply in the affirmative.

For example: **Э́то ру́сская гости́ница? Да, э́то ру́сская гости́ница.**

гости́ница, а́дрес, фами́лия, аэропо́рт, университе́т, инжене́р, бизнесме́н, па́спорт, студе́нтка, тури́стка.

6 Using the same words ask a question and reply in the negative replacing **ру́сский** with **англи́йский**.

For example: **Э́то ру́сская гости́ница? Нет, э́то англи́йская гости́ница.**

Перево́д – Translation

— My name is Brown. What is your name?
— My name is Ivanov.
— Are you Russian?
— No, I am English.
— But your name is Russian.
— My father is Russian and my mother is English.
— That's interesting! Where is your hotel in Moscow?
— My hotel is in the centre.
— In the centre? That's nice! The Kremlin and Red Square are in the centre!

2 Урок второй

In this lesson you will learn how to:

- Say which languages you can speak
- Talk about television and newspapers
- Ask more questions
- Use personal pronouns
- Use verbs in the present tense
- Make nouns plural
- Form adverbs
- Use a wider range of adjectives

Кто такой Питер Грин?

Питер Грин – английский бизнесмен. Он работает в Лондоне. Фирма, где он работает, делает компьютеры, и Питер – отличный специалист. Но теперь Питер в Москве, потому что здесь можно делать бизнес. Питер понимает, что делать бизнес в Москве очень трудно. Вот почему он изучает русский язык. «В Москве надо говорить по–русски», – думает он. Но русский язык очень трудный. Надо много работать, читать русские газеты, журналы, слушать радио. Каждое утро Питер слушает русское радио и каждый вечер смотрит русский телевизор. Он уже немного понимает и говорит по–русски. Он часто читает любимый журнал «Огонёк». Журнал «Огонёк» и газета «Московские новости» очень популярные.

Я говорю по-русски

— Добрый вечер!
— Добрый вечер!
— Что вы делаете?

— Я смотрю́ телеви́зор.
— Ру́сский телеви́зор? Вы зна́ете ру́сский язы́к?
— Я немно́го говорю́ по-ру́сски.
— Интере́сно смотре́ть телеви́зор?
— Смотре́ть интере́сно, но понима́ть тру́дно! Ру́сские говоря́т о́чень бы́стро!
— А кака́я э́то програ́мма?
— Э́то но́вости.
— Ру́сские но́вости? Интере́сно смотре́ть но́вости?
— Да, о́чень интере́сно. И зна́ете, э́то – отли́чная пра́ктика. Каки́е но́вости вы смо́трите?
— Я смотрю́ англи́йские но́вости.
— А кака́я ва́ша люби́мая програ́мма?
— Моя́ люби́мая програ́мма – спорт: футбо́л, те́ннис. О́чень интере́сно!

Слова́рь

би́знес	business	**мно́го**	a lot
бы́стро	quickly	**мо́жно**	it is possible
вот почему́	that is why	**мы**	we
второ́й уро́к	second lesson	**на́до**	it is necessary
газе́та	newspaper	**немно́го**	a little
говори́ть II	to speak, say	**но**	but
(**говор‖ю́, -и́шь**)		**но́вость** (f)	news
де́лать I	to do, make	**он, она́, оно́,**	he, she, it,
(**де́ла‖ю, -ешь**)		**они́**	they
до́брый ве́чер	good evening	**отли́чн‖ый,**	excellent
ду́мать I	to think	**-ая, -ое, -ые**	
(**ду́ма‖ю, -ешь**)		**о́чень**	very
журна́л	journal	**понима́ть I**	to understand
здесь	here	(**понима́‖ю,**	
знать I	to know	**-ешь**)	
(**зна́‖ю, -ешь**)		**популя́рн‖ый,**	popular
изуча́ть I	to study	**-ая, -ое, -ые**	
(**изуча́‖ю, -ешь**)		**потому́ что**	because
ка́ждый,	every	**пра́ктика**	practice
-ая, -ое, -ые		**програ́мма**	programme
компью́тер	computer	**рабо́тать I**	to work
люби́м‖ый,	favourite	(**рабо́та‖ю,**	
-ая, -ое, -ые		**-ешь**)	

ра́дио (*n indecl*)	radio	тру́дн‖ый,	difficult
слу́шать I	to listen (to)	-ая, -ое, -ые	
(слу́ша‖ю,		ты	you
-ешь)		уже́	already
смотре́ть II	to watch	фи́рма	firm
(смотр‖ю,		ча́сто	often
-ишь)		чита́ть I	to read
специали́ст	specialist	(чита́‖ю, -ешь)	
телеви́зор	television (set)	что	what, that
тепе́рь	now	язы́к	language
тру́дно	it is difficult		

говори́ть	to speak	по-испа́нски	(in) Spanish
по-ру́сски	(in) Russian	по-неме́цки	(in) German
по-англи́йски	(in) English	францу́зский,	French,
по-францу́зски	(in) French	испа́нский,	Spanish,
		неме́цкий	German

| Кто тако́й Пи́тер Грин? | Who is Peter Green? |
| Кто така́я Мари́на Петро́ва? | Who is Marina Petrova? |

The question words:

кто – who? что – what? где – where? как – how? почему́ – why?
како́й, кака́я, како́е – what kind?

Language in action

Да и́ли нет?

Пи́тер Грин (музыка́нт, спортсме́н, тури́ст, бизнесме́н). Фи́рма, где он рабо́тает, де́лает (телефо́ны, телеви́зоры, ра́дио, компью́теры). Пи́тер изуча́ет ру́сский язы́к, потому́ что (ру́сский язы́к интере́сный, в Москве́ на́до говори́ть по-ру́сски). Пи́тер чита́ет журна́л (Спорт, Спу́тник, Моско́вский би́знес, Огонёк).

Вопро́сы

Где рабо́тает Пи́тер Грин?
Что изуча́ет Пи́тер?
Почему́ он изуча́ет ру́сский язы́к?
Как Пи́тер изуча́ет ру́сский язы́к?
Почему́ он смо́трит ру́сский телеви́зор?

Какóй ваш люби́мый ру́сский (англи́йский) журнáл?
Как вы изучáете ру́сский язы́к?
Вы смóтрите ру́сский (англи́йский) телеви́зор?
Какáя вáша люби́мая (ру́сская, англи́йская) прогрáмма?
Каки́е нóвости вы смóтрите (ру́сские, англи́йские)?

Импровизáция

— Здрáвствуйте. Вы говори́те по-ру́сски?
— *Reply that you are English but do speak Russian, that you are a student in Moscow at the University, studying the Russian language. Ask if she/he is a student.*
— Нет, я не студéнт(ка).
— *Ask where she/he works and what his/her profession is.*
— Я бизнесмéн. Я рабóтаю здесь, в Москвé.
— *Ask whether she/he speaks English.*
— Я немнóго понимáю по-англи́йски.
— *Ask how she/he studies English.*
— Кáждый вéчер я слу́шаю англи́йское рáдио. Вы слу́шаете ру́сское рáдио?
— *Reply that you listen to Russian radio every morning and every evening you watch Russian television.*
— Какáя вáша люби́мая прогрáмма?
— *Reply that your favourite programme is the News, that it is interesting and good practice but that Russians speak very quickly and it is difficult to understand.*
— Вы читáете ру́сские газéты и журнáлы?
— *Reply that you often read Russian newspapers and magazines, that your favourite newspaper is* Moscow News. *Ask if it is a popular newspaper.*
— Да, э́то óчень популя́рная газéта.

Russian realia

Which of the above is a newspaper and which a magazine?

Грамма́тика

Personal pronouns

The personal pronouns in Russian are as follows:

я	'I'	
ты	'you'	(familiar singular)
он	'he'	(male people and animals)
	'it'	(masculine inanimate nouns)
она́	'she'	(female people and animals)
	'it'	(feminine inanimate nouns)
оно́	'it'	(neuter nouns only)
мы	'we'	
вы	'you'	(polite singular and familiar/polite plural)
они́	'they'	(all genders, animate and inanimate)

Note the two forms of 'you'. **Ты** is only used when talking to one person with whom you are on informal terms, the equivalent of 'tu' in French. **Вы** is used both for the plural and when talking to one person with whom you are on polite terms. Even when addressing one person, verbs used with **вы** are always plural.

Present tense of verbs

Russian verbs follow two main patterns. These are known as the 1st and 2nd conjugations.

1st conjugation (I)

Many 1st conjugation verbs have an infinitive ending in **-ать**, e.g. **рабо́тать** 'to work'. To form the present tense remove the **-ть** and add the following endings:

я	рабо́та-ю	мы	рабо́та-ем
ты	рабо́та-ешь	вы	рабо́та-ете
он/она́/оно́	рабо́та-ет	они́	рабо́та-ют

There is only one present tense in Russian so **я рабо́таю** is used to translate both 'I work' and 'I am working'.

2nd conjugation (II)

2nd conjugation verbs often have infinitives ending in **-ить** or **-еть**, e.g. **говори́ть** 'to speak, say'; **смотре́ть** 'to look at, watch'. To form the present tense remove the last **three** letters from the infinitive and add the following endings:

я	говор-ю́	мы	говор-и́м
ты	говор-и́шь	вы	говор-и́те
он/она́/оно́	говор-и́т	они́	говор-я́т

Spelling rule

It is a rule of spelling in Russian that the letter **ы** may never follow the letters **г, к, х, ж, ч, ш, щ**. Instead the letter **и** is written.

Plural of nouns

The usual nominative plural ending for masculine nouns ending in a consonant and feminine nouns ending in -**a** is -**ы**. If, however, that consonant or the letter preceding the -**a** is **г, к, х, ж, ч, ш** or **щ** then the ending will be -**и**: **журна́л** — **журна́лы** and **газе́та** — **газе́ты**, but **язы́к** — **языки́** and **тури́стка** — **тури́стки**. This is because of the spelling rule.

Nouns ending in -**ь** also have their plural in -**и**: **но́вость** – **но́вости**.

Indeclinable nouns

Some nouns, usually of foreign origin, never change their endings, even for the plural, and are indicated by the word 'indeclinable' in the dictionary, e.g. **ра́дио** — 'radio'; **метро́** — 'metro'; **кино́** — 'cinema'.

Adjectives

Adjectives where the last letter before the ending is **г, к, х, ж, ч, ш** or **щ** have the masculine ending -**ий** and the plural ending -**ие**: **Моско́вский университе́т** 'Moscow University'; **Моско́вские но́вости** 'Moscow News'. This is because of the spelling rule. Most other adjectives have the masculine ending -**ый** and the plural ending -**ые**: **ка́ждый ве́чер** 'each evening'; **интере́сные но́вости** 'interesting news'. The feminine ending -**ая** and the neuter ending -**ое** are not affected by this spelling rule: **ру́сская студе́нтка** 'a Russian woman student'; **ру́сское ра́дио** 'Russian radio'.

The same plural endings agree with all genders: **англи́йские тури́сты** 'English tourists'; **англи́йские тури́стки** 'English women tourists'.

Adjectives which are stressed on the ending have the masculine ending -**ой**: **како́й телеви́зор** 'which television'. The feminine, neuter and plural endings follow the pattern already encountered with **ру́сский** and **англи́йский**: **кака́я програ́мма** 'which programme'; **како́е ра́дио** 'which radio'; **каки́е но́вости** 'which news'.

Used together with another adjective, **како́й** can also mean 'what a': **кака́я интере́сная програ́мма** 'what an interesting programme'.

Adverbs

To form an adverb from a Russian adjective, remove the adjective ending and (usually) add **-o**: **бы́стрый — бы́стро** 'quickly'; **отли́чный — отли́чно** 'excellently'. This is the same form used to translate 'it is excellent'.

Мо́жно, на́до

Мо́жно 'it is possible, one may', **на́до** 'it is necessary, one must' are impersonal expressions used with an infinitive: **мо́жно де́лать би́знес** 'it is possible to (one may) do business'; **на́до говори́ть по-ру́сски** 'it is necessary to (one must) speak Russian'.

Accusative case

In a Russian sentence the direct object of a verb goes into the accusative case. In the following example **журна́л** is the object of the verb **чита́ть** and is in the accusative case: **Он чита́ет журна́л** 'He reads a magazine'. There is no difference between the nominative and accusative singular forms of **журна́л**. This is also true of many nouns in the plural: **Фи́рма де́лает компью́теры** 'The firm makes computers'. Here **компью́теры** is in the accusative plural although the form is the same as the nominative plural. You may notice other examples of the accusative case in the texts and exercises for this chapter. However, only words like **журна́л**, whose accusative form is the same as their nominative, have been used in the accusative. There is a full explanation of the accusative case in the next chapter.

Но and a

Но and **a** can both translate the word 'but'. **Но** emphasizes contrast whereas **a** is closer to 'and': **Пи́тер англича́нин, но тепе́рь он в Москве́** 'Peter is an Englishman but now he is in Moscow'; **Пи́тер инжене́р, а Мари́на студе́нтка** 'Peter is an engineer and Marina is a student'.

Упражне́ния

1 Answer the questions using the words in brackets and replacing the nouns with personal pronouns.

For example: **Где Пи́тер Грин? (Москва́) Он в Москве́.**

Где студе́нтка? (университе́т) Где тури́ст? (гости́ница) Где ви́за? (па́спорт) Где гости́ница? (центр) Где но́вости? (газе́та) Где фи́рма? (Ло́ндон) Где университе́т? (Ки́ев)

2 Complete the sentence using the correct form of the adjective.

> *For example:* **Студе́нт ру́сский и студе́нтка ... Студе́нт ру́сский и студе́нтка ру́сская.**

Газе́та интере́сная и журна́л ... Фи́рма популя́рная и компью́теры ...
Тури́стка англи́йская и тури́ст ... Бизнесме́н отли́чный и инжене́р ...
Телеви́зор ру́сский и ра́дио ... Па́спорт ваш и ви́за ...
Ви́за моя́ и па́спорт ... Компью́тер мой и ра́дио ...

3 Answer the questions using the adjective **интере́сный.**

> *For example:* **Кака́я э́то програ́мма? Это интере́сная програ́мма.**

Како́й э́то телеви́зор? Каки́е э́то но́вости? Кака́я э́то газе́та? Каки́е э́то журна́лы? Како́е э́то ра́дио?

> Now use the adjective **отли́чный: Како́й э́то студе́нт? Это отли́чный студе́нт.**

Како́е э́то метро́? Кака́я э́то фи́рма? Каки́е э́то компью́теры? Како́й э́то бизнесме́н?

4 Complete the sentences:

> *(a) For example:* **Ми́ша ру́сский студе́нт. Он зна́ет ру́сский язы́к и говори́т по-ру́сски.**

Мэ́ри англи́йская студе́нтка. Она́ ... А́нна францу́зская студе́нтка. Она́ ... Ге́льмут неме́цкий инжене́р. Он ... Та́ня и Ива́н ру́сские студе́нты. Они́ ... Мари́я испа́нская тури́стка. Она́ ... Мы англи́йские бизнесме́ны. Мы ...

> *(b) For example:* **Джон говори́т по-англи́йски, потому́ что он англича́нин.**

Мэ́ри говори́т по-англи́йски, потому́ что она́ ... Ива́н говори́т по-ру́сски, потому́ что он ... Та́ня говори́т по-ру́сски, потому́ что она́ ... Мари́я говори́т по-испа́нски, потому́ что она́ ... Хосе́ говори́т по-испа́нски, потому́ что он ... Хе́льмут говори́т по-неме́цки, потому́ что он ... Ха́нна говори́т по-неме́цки, потому́ что она́ ...

Перево́д

It is difficult to study Russian. It is necessary to work a lot. I speak English and Russian. It is not difficult to speak English. Russian television is very interesting now. I watch the Russian news every evening. It is possible to listen to Russian radio every morning now. I understand Russian a little, but it is difficult to talk in Russian. The Russian language is very difficult. My favourite newspaper is *Moscow News*.

3 Уро́к тре́тий

In this lesson you will learn how to:

- Ask the way
- Find out about hotel services and facilities
- Describe a room or building
- Use the accusative case
- Use a wider range of possessives and adjectives

Гости́ница «Росси́я»

Гости́ница «Росси́я» – большо́е зда́ние в це́нтре. Ря́дом Кра́сная пло́щадь, Кремль и его́ собо́ры, Истори́ческий музе́й. Фи́рма, где рабо́тает Пи́тер то́же недалеко́, на Арба́те. И Пи́тер уже́ хорошо́ зна́ет доро́гу туда́. Вот его́ типи́чный маршру́т: он идёт че́рез пло́щадь, пото́м нале́во че́рез парк, пото́м напра́во и пря́мо. Здесь уже́ Арба́т и его́ фи́рма. Хорошо́ идти́ на рабо́ту пешко́м! Пи́тер — хоро́ший фото́граф, фотогра́фия — его́ хо́бби. Его́ фотоаппара́т всегда́ в портфе́ле.

Пи́тер уже́ зна́ет, что «Росси́я» неплоха́я гости́ница. Здесь всё есть: по́чта, телегра́ф, магази́ны, рестора́н, кафе́, ба́ры. Но в гости́нице круго́м пробле́мы. Вот, наприме́р, в его́ ко́мнате пло́хо рабо́тает телеви́зор. Ко́мната хоро́шая, больша́я и све́тлая. Окно́ в ко́мнате большо́е. Есть большо́й балко́н. Ме́бель удо́бная: стол, кре́сло, шкаф, больша́я крова́ть. Но на столе́ не рабо́тает ла́мпа. И как тогда́ рабо́тать, как писа́ть? Пи́тер мно́го пи́шет, мно́го чита́ет. И́ли, наприме́р, ва́нная. Отли́чная ва́нная: есть душ, ва́нна, но не рабо́тает кран. Что де́лать? Как реша́ть пробле́мы в Москве́, Пи́тер ещё не зна́ет.

Где буфе́т?

Дежу́рная (*concierge*): Молодо́й челове́к! Куда́ вы идёте?

Пи́тер: Я иду́ в буфе́т. Скажи́те, пожа́луйста, здесь есть буфе́т?

Дежу́рная: Коне́чно, есть. Там напра́во, после́дняя дверь в коридо́ре. Очень хоро́ший буфе́т.

Пи́тер: Там мо́жно за́втракать?

Дежу́рная: Коне́чно, за́втракать мо́жно, всегда́ есть чай, ко́фе, сок, бутербро́ды.

Пи́тер: Большо́е спаси́бо! Извини́те! Вы зна́ете, есть пробле́ма.

Дежу́рная: Да, я слу́шаю. В чём де́ло?

Пи́тер: В но́мере телеви́зор и кран не рабо́тают, ла́мпа на столе́ то́же не рабо́тает.

Дежу́рная: Телеви́зор, кран, ла́мпа не рабо́тают? Это не пробле́ма! На этаже́ есть ма́стер. Како́й ваш но́мер?

Пи́тер: Мой но́мер сто пять.

Дежу́рная: Хорошо́! Но́мер сто пять, не рабо́тают телеви́зор, кран, ла́мпа. А вот уже́ ма́стер здесь!

Пи́тер: Как хорошо́! Большо́е спаси́бо!

Слова́рь

Арба́т	part of old Moscow	**душ**	shower
балко́н	balcony	**его́, её, их**	his, her, their
бар	bar	**есть**	there is, there are
большо́й	big	**ещё**	yet, still; ~ **не** not yet
бутербро́д	sandwich	**за́втракать I**	to have breakfast
буфе́т	snack bar	**зда́ние**	building
в (+ *acc*)	to, into	**идти́ пешко́м**	to go (on foot)
ва́нна	bath; ~**я** bathroom	(ид‖у́, -ёшь)	
всё	everything	**и́ли**	or
всегда́	always	**истори́ческий музе́й**	historical museum
дверь (*f*)	door		
де́ло	business, matter	**кафе́** (*n indecl*)	café
доро́га	road	**ко́мната**	room

коне́чно	of course	плохо́й	bad
коридо́р	corridor	портфе́ль (m)	briefcase
ко́фе (m indecl)	coffee	после́дн‖ий,	last
кран	tap	-яя, -ее, -ие	
кре́сло	armchair	пото́м	then; afterwards
крова́ть (f)	bed	по́чта	post office
круго́м пробле́мы	problems all	пря́мо	straight on
	around	рабо́та	work
ла́мпа	lamp	рестора́н	restaurant
магази́н	shop	реша́ть I	to solve
маршру́т	route	ря́дом	near, nearby
ма́стер	workman	све́тлый	light
ме́бель (f)	furniture	собо́р	cathedral
метро́ (n indecl)	metro	сок	juice
молодо́й челове́к	young man	стол	table
на (+ acc)	to, into; onto;	телегра́ф	telegraph office
	(+ prep) on, at, in	типи́чный	typical
нале́во	to/on the left	тогда́	then
напра́во	to/on the right	то́же	also
наприме́р	for example	тре́тий уро́к	third lesson
недалеко́	not far	удо́бный	comfortable,
неплохо́й	not bad		convenient
но	but	фотоаппара́т	camera
но́мер	room (in hotel);	фото́граф	photographer; ~ия
	number; ~ сто		photography;
	пять number		photograph
	hundred and five	хо́бби (n indecl)	hobby
окно́	window	хоро́ший	good
парк	park	чай	tea
писа́ть I (пишу́,	to write	че́рез (+ acc)	through, across
пи́шешь)		шкаф	cupboard
пло́хо	badly	эта́ж	floor (storey)

В чём де́ло?	What's the matter?
Скажи́те, пожа́луйста!	Tell me please!
Извини́те!	I am sorry! Excuse me!
Большо́е спаси́бо!	Thank you very much!
Что де́лать?	What is to be done?

N.B. **Куда́ вы идёте?**	Where are you going?
Я иду́ сюда́ (туда́)	I am going here (there)
but	
Где вы?	Where are you?
Я здесь (там)	I am here (there)

Language in action
Да или нет?

Гости́ница «Росси́я» (в Ло́ндоне, в Кремле́, на Арба́те, в це́нтре).

Пи́тер рабо́тает (в гости́нице, в магази́не, в университе́те, в фи́рме).

Его́ хо́бби — (спорт, му́зыка, фотогра́фия, поли́тика).

В его́ ко́мнате не рабо́тает (телефо́н, ра́дио, телеви́зор, ла́мпа).

В гости́нице «Росси́я» есть (теа́тр, библиоте́ка, музе́й, по́чта).

В буфе́те мо́жно (смотре́ть телеви́зор, слу́шать ра́дио, за́втракать).

Вопро́сы

Что Пи́тер де́лает в Москве́?
Где он рабо́тает?
Как Пи́тер идёт на рабо́ту?
Кака́я гости́ница «Росси́я»?
Кака́я ме́бель в ко́мнате?
Каки́е пробле́мы в гости́нице?

Импровизáция

Imagine you are in the location indicated. Use the map of Moscow to give directions in Russian.

1 **На Арбáте**
   Скажúте, пожáлуйста, где Исторúческий музéй?
   (useful expression for your reply: **идúте** 'go!' imperative)

2 **В музéе**
   Скажúте, пожáлуйста, где собóр?

3 **В пáрке**
   Вы не знáете, где Крáсная плóщадь?

4 **В гостúнице**
   Скажúте, пожáлуйста, где парк?

5 **На Арбáте**
   Вы не знáете, где ГУМ (State Department Store)?

6 **В ГУМе**
   Скажúте, пожáлуйста, где Арбáт?

7 **На Арбáте**
   Скажúте, пожáлуйста, где Кремль?

8 **В гостúнице**
   Скажúте, пожáлуйста, где метрó?

9 **В метрó**
   Вы не знáете, где гостúница «Россúя»?

10 **В метрó**
   Скажúте, пожáлуйста, где Исторúческий музéй?

Граммáтика
Gender of nouns

Nouns ending in **-й** are masculine: **музéй, чай**. Nouns ending in **-e** are neuter: **здáние, кафé**. (Except **кóфе**, which is masculine.)

Spelling rule

In Russian an unstressed letter **o** may *never* follow the letters **ж, ч, ш, щ, ц**. It is replaced by **e**. This spelling rule affects the neuter ending of some adjectives – see below.

Adjectives

Adjectives like **типи́чный** are called 'hard' adjectives. Another, much smaller group of adjectives is described as soft. Note the difference in the endings:

	Masculine	Feminine	Neuter	Plural
Hard	типи́чный	типи́чная	типи́чное	типи́чные
Soft	после́дний	после́дняя	после́днее	после́дние

Some adjectives have a mixture of hard and soft endings resulting from the influence of the spelling rules and of stress:

Masculine	Feminine	Neuter	Plural
ру́сский	ру́сская	ру́сское	ру́сские
како́й	кака́я	како́е	каки́е
большо́й	больша́я	большо́е	больши́е
хоро́ший	хоро́шая	хоро́шее	хоро́шие

The words **ва́нная** 'bathroom' and **дежу́рная** 'concierge', although they translate words that are nouns in English, are feminine adjectives in Russian. Thus their plural forms are: **ва́нные**, **дежу́рные**.

Accusative case

In a Russian sentence the direct object of the verb goes into the accusative case. This is often identical with the nominative case. For example, neuter nouns, inanimate masculine nouns and feminine nouns ending in **-ь** do not change their endings in the accusative: **у́тро** — **у́тро**; **зда́ние** — **зда́ние**; **авто́бус** — **авто́бус**; **пло́щадь** — **пло́щадь**. Feminine nouns ending in **-a** change that ending in the accusative singular to **-y**. Those ending in **-я** change the ending to **-ю**: **доро́га** — **доро́гу**; **фами́лия** — **фами́лию**. **Он зна́ет доро́гу** 'He knows the way'.

Accusative case after prepositions

The accusative case is used after the prepositions **че́рез** 'through'; **в** 'to, into'; **на** 'to, on to': **идёшь че́рез пло́щадь** 'you go through the square'; **я иду́ в буфе́т** 'I am going to the buffet'; **он идёт на рабо́ту** 'he goes to work'.

Note the difference in use between **в** followed by the accusative, as here, and **в** followed by the prepositional case, as explained in Chapter 1: **он в буфе́те** 'he is in the buffet'; **он идёт в буфе́т** 'he is going to the buffet'. In the first example **в** is translated 'in' or 'inside' and indicates location and in the second it is translated as 'to' or 'into' and indicates motion. Similarly, the preposition **на** is used with either the prepositional or the accusative case, depending on whether you want to convey the idea of location or motion: **он на рабо́те** 'he is at work'; **он идёт на рабо́ту** 'he is going to work'.

Generally **на** is used to translate 'to' or 'at' before a noun indicating an activity or event and **в** before nouns indicating buildings or parts of buildings. There are some exceptions to this general rule: **он идёт на по́чту** 'he is going to the post office'; **он на по́чте** 'he is at the post office'.

Куда́, туда́, сюда́

Куда́ is used to translate 'where' when it means 'where to': **куда́ вы идёте?** 'where are you going?' Contrast: **где буфе́т?** 'where is the buffet?' Similarly there are two words for 'there': **там** and **туда́** and two words for 'here': **здесь** and **сюда́**. **Туда́** is used in the sense of '(to) there' and **сюда́** in the sense of '(to) here': **я иду́ туда́** 'I am going there'; **Пи́тер идёт сюда́** 'Peter is coming here'. Contrast: **буфе́т там** 'the buffet is there'; **рестора́н здесь** 'the restaurant is here'.

Possessive adjectives

Его́ (pronounced 'ye-vó') 'his, its', **её** (ye-yó) 'her' and **их** 'their' do *not* alter according to the gender of the noun they describe. In this respect they are like English possessive adjectives and unlike the Russian possessives **мой** and **ваш** (see Chapter 1): **его́ телеви́зор** 'his television'; **его́ ко́мната** 'his room'; **мой телеви́зор** 'my television'; **моя́ ко́мната** 'my room'; **её па́спорт** 'her passport'; **её фами́лия** 'her surname'; **ваш па́спорт** 'your passport'; **ва́ша фами́лия** 'your surname'; **их телеви́зор** 'their television'; **их ко́мната** 'their room'.

Наш 'our' and **твой** 'your' (corresponding to the singular, familiar form of 'you', **ты**) change their endings in the same way as **ваш** and **мой**: **наш телеви́зор** 'our television'; **на́ша ко́мната** 'our room'; **на́ше зда́ние** 'our building'; **твой телеви́зор** 'your television'; **твоя́ ко́мната** 'your room'; **твоё зда́ние** 'your building'. The plurals of **мой, твой, наш** and **ваш** are the same whatever the gender of noun they are used with. They are **мои́, твои́, на́ши, ва́ши**: **на́ши телеви́зоры** 'our televisions'; **на́ши ко́мнаты** 'our rooms'; **мои́ телеви́зоры** 'my televisions'; **мои́ ко́мнаты** 'my rooms'.

Present tense of verbs

1st conjugation

Писа́ть 'to write'

я	пиш-у́	мы	пи́ш-ем
ты	пи́ш-ешь	вы	пи́ш-ете
он/она́/оно́	пи́ш-ет	они́	пи́ш-ут

Note that although the present tense of this verb is not formed in the regular way from the infinitive, it does have regular first conjugation endings. The endings -y (1st person singular) and -ут (3rd person plural) occur regularly after a consonant.

Идти́ 'to go'

я	ид-у́	мы	ид-ём
ты	ид-ёшь	вы	ид-ёте
он/она́/оно́	ид-ёт	они́	ид-у́т

Because the endings on this verb are stressed ё has replaced e.

Есть

Есть is used to mean 'there is, there are'. It is followed by the nominative case: есть пробле́ма 'there is a problem'; в гости́нице есть рестора́н 'there is a restaurant in the hotel'; всё есть 'there is everything'.

Упражне́ния

1 Put the adjectives into the correct form to agree with the nouns:

(большо́й) парк, пробле́ма, окно́, столы́; (после́дний) дверь, зда́ние, магази́н, маршру́ты; (удо́бный) ме́бель, шкаф, кре́сло, ла́мпы; (хоро́ший) ра́дио, крова́ть, ма́стер, студе́нты; (истори́ческий) пло́щадь, метро́, музе́й, собо́ры; (популя́рный) хо́бби, челове́к, газе́та, рестора́ны.

2 Put the possessive adjectives into the correct form to agree with the nouns:

(мой) оте́ц, мать, окно́, журна́лы; (твой) фами́лия, а́дрес, ра́дио, но́вости; (наш) гости́ница, би́знес, метро́, магази́ны; (ваш) ви́за, зда́ние, портфе́ль, телеви́зоры; (его́) пробле́ма, де́ло, па́спорт, прое́кты; (её) ко́мната, кре́сло, а́дрес, пла́ны; (их) балко́н, хо́бби, фирма, фотоаппара́ты.

3   Ask a question using the correct form of **какóй**. Then answer it using the adjective in brackets.

> *For example:* **гостíница (отлíчный). Какáя э́то гостíница? Э́то отлíчная гостíница.**

собóр, кафé, нóвости (отлíчный), фотогрáфия, телевíзор, метрó, кóмнаты (плохóй); вáнная, ресторáн, здáние, собóры (хорóший); кóмната, парк, окнó, гостíницы (удóбный).

4   Complete the sentences using the words in brackets in the correct case:

Он идёт в ...	Он рабóтает в ... (институ́т)
Онá идёт в ...	Онá рабóтает в ... (гостíница)
Я иду́ в ...	Я рабóтаю в ... (магазíн)
Ты идёшь на ...	Ты рабóтаешь на ... (пóчта)
Вы идёте в ...	Вы рабóтаете в ... (метрó)
Они иду́т в ...	Они рабóтают в ... (буфéт)

5   Choose the appropriate word:

Я иду́ ..., потому́ что буфéт ... (там — тудá)
Он идёт ..., потому́ что вáнная ... (здесь — сюдá)
... он идёт? ... он рабóтает? (где — кудá)

6   Answer the questions using the words in brackets:

> *For example:* **Где мóжно зáвтракать? (ресторáн) Мóжно зáвтракать в ресторáне.**

Где мóжно зáвтракать? (кафé, буфéт, гостíница, кóмната) Где тепéрь Пи́тер? (рабóта, музéй, университéт, кафé, пóчта, собóр) Кудá идёт Пи́тер? (аэропóрт, кóмната, буфéт, рабóта, библиотéка, метрó, пóчта, бар).

Перевóд

Every morning I go to work on foot. I know the way there well. My favourite route is through the park. I work in a hotel right in the centre. It is very interesting to work there. The building is big and there is everything in the hotel: shops, restaurants and a post office. I have my breakfast at the snack bar. There are always sandwiches, tea and coffee. The room where I work is very nice. There is a big window and a balcony. Nearby is a park.

4 Уро́к четвёртый

In this lesson you will learn how to:

- Order a meal
- Describe your day
- Use the genitive case
- Use short adjectives

Типи́чный день

Уже́ две неде́ли Мари́на студе́нтка университе́та. Её день — типи́чный день студе́нта МГУ. Но Мари́на живёт в общежи́тии, далеко́ от це́нтра, а её факульте́т в це́нтре го́рода. Это зна́чит: на́до ра́но встава́ть. Мари́на встаёт ра́но, принима́ет душ, за́втракает. Обы́чно она́ ма́ло ест у́тром, на за́втрак то́лько пьёт ча́шку и́ли две ча́шки ча́я без молока́ и са́хара. Остано́вка авто́буса напро́тив общежи́тия и че́рез два́дцать четы́ре мину́ты Мари́на уже́ на факульте́те. До обе́да у Мари́ны три ле́кции, и пото́м обе́д. Обе́дает Мари́на в кафе́, недалеко́ от университе́та. Но ча́сто там дли́нная о́чередь. Стоя́ть в о́череди не о́чень прия́тно. Тогда́ Мари́на идёт в буфе́т: там всегда́ продаю́т бутербро́ды и́ли пирожки́. Мари́на покупа́ет в буфе́те два бутербро́да и́ли пирожка́, пьёт оди́н стака́н со́ка и́ли молока́. Тепе́рь она́ гото́ва рабо́тать до ве́чера. По́сле обе́да у Мари́ны ещё одна́ ле́кция, и пото́м она́ свобо́дна. Но э́то не зна́чит, что мо́жно отдыха́ть, тепе́рь на́до рабо́тать в библиоте́ке. Мари́на пи́шет диссерта́цию «Рефо́рма образова́ния в Росси́и». Рабо́ты здесь мно́го. То́лько ве́чером по́сле у́жина она́ отдыха́ет, смо́трит телеви́зор, слу́шает му́зыку. Иногда́, когда́ у Мари́ны нет рабо́ты, она́ идёт в кино́, в теа́тр и́ли на конце́рт.

В кафе́ 📼

Мари́на:	Ми́ша, ты гото́в? Куда́ идём обе́дать сего́дня?
Ми́ша:	В кафе́! Я зна́ю хоро́шее кафе́ на Арба́те.
Мари́на:	Ой, кака́я больша́я о́чередь!
Ми́ша:	Э́то ра́зве о́чередь! Она́ идёт бы́стро.
Мари́на:	А что сего́дня в меню́?
Ми́ша:	В меню́ сего́дня: борщ, бифште́кс, ры́ба, макаро́ны и мя́со по-ру́сски.
Мари́на:	Хорошо́! Тогда́ ры́бу, пожа́луйста. И компо́т.
Официа́нт (*waiter*):	Ры́бы нет, есть то́лько мя́со.
Ми́ша:	Моя́ подру́га вегетариа́нка, она́ не ест мя́са. У вас есть омле́т?
Официа́нт:	Омле́та то́же нет, есть грибы́ в смета́не.
Мари́на:	Грибы́ в смета́не! Моё люби́мое блю́до!
Ми́ша:	И мя́со по-ру́сски, пожа́луйста.
Официа́нт:	Вот ва́ши грибы́. А мя́со ещё не гото́во. На́до ждать.
Ми́ша:	Бо́же мой! Опя́ть на́до ждать. Я так го́лоден.

Слова́рь

библиоте́ка	library	**есть (ем, ешь,**	to eat
блю́до	dish	**ест, еди́м,**	
борщ	borsh (beetroot soup)	**еди́те, едя́т)**	
		ждать I	to wait
вегетариа́н‖ец, -ка	vegetarian (man, woman)	**(жд‖у, -ёшь)**	
ве́чером	in the evening	**жить I**	to live
встава́ть I ра́но (встаʼю, -ёшь)	to get up early	**(жив‖у́, -ёшь)**	
		за́втрак	breakfast
		заку́ска	hors d'oeuvre; snack
голо́дный	hungry		
го́род	town	**зна́чит**	it means
гото́вый	ready	**иногда́**	sometimes
грибы́ в смета́не	mushrooms in sour cream	**кино́** (*n indecl*)	cinema
		когда́	when
день (*m*)	day	**конце́рт**	concert
диссерта́ция	dissertation, thesis	**ле́кция**	lecture
дли́нный	long	**ма́ло**	a little

меню́ (*n indecl*)	menu	принима́ть I	to take
мину́та	minute	(душ, ва́нну)	(a shower, bath)
молоко́	milk	прия́тно	it's pleasant
мя́со	meat	продава́ть I	to sell
напи́ток	drink	(прода‖ю́, -ёшь)	
неде́ля	week	ра́зве	really
обе́д	lunch, dinner;	рефо́рма	reform
	~ать to have	ры́ба	fish
	lunch, dinner	са́хар	sugar
образова́ние	education	свобо́дный	free
общежи́тие	hostel	сего́дня	today
обы́чно	usually	(*pronun.* сево́дня)	
ой!	oh!	стака́н	glass
опя́ть	again	стоя́ть II	to stand
остано́вка	stop	то́лько	only
отдыха́ть I	to relax, rest	у́жин	supper; ~ать
о́чередь (*f*)	queue		to have supper
пирожо́к	pirozhok (little pie)	у́тром	in the morning
пить I	to drink	факульте́т	faculty
(пь‖ю, -ёшь)		ча́шка	cup
подру́га	girl friend	четвёртый	fourth
покупа́ть I	to buy		

бо́же мой!	my God! (my goodness!)
Ра́зве э́то о́чередь!	You call that a queue!
мя́со по-ру́сски	meat à la Russe
на пе́рвое (второ́е)	for the first (second) course
на сла́дкое	for the sweet course
на за́втрак (обе́д, у́жин)	for breakfast (lunch, supper)
Да́йте, пожа́луйста!	Give (bring) me please!
У вас есть?	Do you have?

N.B. Numerals in this lesson: оди́н, одна́, одно́ (one); два, две (two); три (three); четы́ре (four); два́дцать четы́ре (twenty-four). Prepositions taking the genitive: без (without); до (until); из (from); напро́тив (opposite); из, с (from, out of); от (from); о́коло (near); по́сле (after); у (at, by); далеко́ от (far from).

Language in action
Да или нет?

Общежи́тие Мари́ны (в це́нтре го́рода, далеко́ от це́нтра, о́коло кинотеа́тра, напро́тив стадио́на?)

Мари́на ест на за́втрак (мно́го, ма́ло, грибы́, пирожки́?) По́сле обе́да она́ идёт (в бар, в библиоте́ку, на ле́кцию, в кино́?) По́сле у́жина она́ (рабо́тает в библио́теке, смо́трит телеви́зор, идёт в буфе́т?) Мари́на обе́дает (в общежи́тии, в гости́нице, в кафе́?)

Вопро́сы

Где живёт Мари́на в Москве́?
Что де́лает Мари́на у́тром?
Где обе́дает Мари́на?
Что де́лает она́ по́сле обе́да?
Что пи́шет Мари́на?

Как Мари́на отдыха́ет?
Что вы де́лаете у́тром?
Вы вегетариа́нец (вегетариа́нка)?
Где вы обе́даете?
Как вы отдыха́ете ве́чером?

МЕНЮ́

ЗАКУ́СКИ

грибы́ в смета́не
сала́т мясно́й

ПЕ́РВЫЕ БЛЮ́ДА

борщ
суп грибно́й

ВТОРЫ́Е БЛЮ́ДА

мя́со по-ру́сски
бифште́кс
котле́ты
ро́стбиф
ры́ба по-по́льски
о́млет
пи́цца

СЛА́ДКОЕ

компо́т
пу́динг
фру́кты

НАПИ́ТКИ

сок
лимона́д
кока-ко́ла
чай
ко́фе

Импровизáция

Ask the waitress what is on the menu today.

ОФИЦИА́НТКА: Вот меню́, но бифште́кса сего́дня нет.

Ask if they have beetroot soup without meat in it.

ОФИЦИА́НТКА: Нет. Есть суп грибно́й без мя́са.

Order two first courses from the menu, one suitable for a vegetarian.

ОФИЦИА́НТКА: А на второ́е?

*Give one order from the menu, then ask if there is a dish (**блю́до**) without meat. Explain that you are a vegetarian and do not eat meat.*

ОФИЦИА́НТКА: Есть омле́т и ры́ба, но ры́ба не о́чень хоро́шая.

Make your choice.

ОФИЦИА́НТКА: А на сла́дкое?

Order two sweets and also order two drinks.

Russian realia

The following are advertisements for three Moscow restaurants. Answer the questions on them below.

Restaurant 1

В НАШЕМ КАФЕТЕРИИ
(НА 1-ОМ ЭТАЖЕ)
ГОТОВЯТ ПО-ДОМАШНЕМУ
ГОРЯЧИЕ БЛЮДА
КУРЫ-ГРИЛЬ, ВЕНСКИЕ СОСИСКИ, ЛЮБИТЕЛЬСКИЕ СОСИСКИ,
СОЛЯНКА МЯСНАЯ, ЖУЛЬЕНЫ ИЗ ШАМПИНЬОНОВ,
БЛИНЫ С ДЖЕМОМ, МЁДОМ, БЛИНЧИКИ С ТВОРОГОМ
ГАРНИРЫ
ФАСОЛЬ С ЛУКОМ И КРАСНЫМ ВИНОМ, КАПУСТА С БЕКОНОМ И БЕЛЫМ
ВИНОМ
ПИЦЦА
С ГРИБАМИ, С ОЛИВКАМИ, С ПЕРЦЕМ
НАПИТКИ ГОРЯЧИЕ
КОФЕ: ЭСПРЕССО, МОККО, ПО-ИРЛАНДСКИ, ЧАЙ
ПРОХЛАДИТЕЛЬНЫЕ НАПИТКИ И СОКИ НАТУРАЛЬНЫЕ
ПИВО
ИМПОРТНОЕ: ХЁЛСТЕН БИНТБУРГЕР, КЕСТРИЦЕР
ВЫПЕЧКА
ПИРОЖКИ С КАПУСТОЙ, С ЯБЛОКАМИ, БУЛОЧКИ СЛОЁНЫЕ С НАЧИНКОЙ
БУТЕРБРОДЫ В АССОРТИМЕНТЕ
С ИКРОЙ, С КОЛБАСОЙ ПО-НОВОАРБАТСКИ, С СЫРОМ, С КРАБАМИ
МОРОЖЕНОЕ В АССОРТИМЕНТЕ
ФИРМА ШОЛЛЕР, ФИРМА БАСКИН РОББИНС

Приятного аппетита

Restaurant 2

Restaurant 3

В КАФЕ «КУПИНА»
для вас
**ПОРЦИОННАЯ ПИЦЦА
САРДЕЛЬКИ И
СОСИСКИ
КУРЫ-ГРИЛЬ
ШАШЛЫК
ГОРЯЧИЕ ЗАКУСКИ
НАПИТКИ** *«от А до Я»*

горя́чие блю́да	hot dishes
пирожки́ с капу́стой	cabbage pies
с я́блоками	apple pies
бутербро́д с икро́й	caviare
с колбасо́й, с сы́ром	salami, cheese
с кра́бами	crab sandwiches
моро́женое	ice-cream

1 Which restaurant describes itself as a cafeteria?
2 Would the 'solyanka' soup served in restaurant 1 be suitable for vegetarians?
3 How many different kinds of pizza does restaurant 1 serve? Can you identify one of the toppings?
4 How does restaurant 1 describe its fruit juices?
5 Which different kinds of pie does restaurant 1 serve?
6 Name two kinds of sandwich on sale in restaurant 1?
7 Does restaurant 2 serve cold starters?
8 How do you think chicken (ку́ры) is cooked in both restaurants 1 and 2?
9 Does restaurant 1 have imported beer?
10 Which famous American ice-cream is sold by restaurant 1?
11 Which floor of the building is restaurant 1 on?
12 What kind of food does restaurant 3 serve?
13 Which famous Moscow street is restaurant 3 situated near?
14 How many kinds of coffee are served by restaurant 1? Name two of them.
15 Name one topping you can have on the Russian pancakes (bliny) in restaurant 1?
16 Which other hot drink does restaurant 1 serve beside coffee?
17 Can you identify the Russian expression for *bon appetit*?

Грамма́тика
Genitive case

Endings of the genitive singular

Masculine nouns ending in a consonant add **-а** and neuter nouns ending in **-о** replace it by **-а**: студе́нт — студе́нта; молоко́ — молока́. Masculine nouns ending in **-ь** or **-й** and neuter nouns ending in **-е** replace these endings by

-я: Кремль — Кремля́; чай — ча́я; общежи́тие — общежи́тия.

Some masculine nouns drop the vowel **о**, **е** or **ё** from the last syllable of the nominative form when other endings are added: пирожо́к — пирожка́; день — дня; оте́ц — отца́.

Feminine nouns ending in **-а** replace it by **-ы** and those ending in **-я** or **-ь** replace them by **-и**: рабо́та — рабо́ты; неде́ля — неде́ли; о́чередь — о́череди. Note the nouns мать and дочь 'daughter': мать — ма́тери; дочь — до́чери. Sometimes feminine endings are affected by the spelling rule: ча́шка — ча́шки.

Uses of the genitive case

1 To translate 'of': стака́н молока́ 'a glass of milk'

2 To translate '-'s': день студе́нта 'a student's day'.

3 The genitive case is used after certain prepositions: по́сле 'after'; без 'without'; до 'until'; напро́тив 'opposite'; о́коло 'around, near'; у 'by, near'; от 'from'; из 'from, out of'; с 'from, out of': без молока́ 'without milk'; до обе́да 'until lunch'; по́сле обе́да 'after lunch'; напро́тив общежи́тия 'opposite the hostel'; о́коло общежи́тия 'near the hostel'; у библиоте́ки 'by the library'; далеко́ от це́нтра 'far from the centre'; из общежи́тия 'out of/from the hostel'; с рабо́ты 'from work'.

Note that из is the opposite of в and с is the opposite of на: в общежи́тие 'to/into the hostel'; из общежи́тия 'from/out of the hostel'; на рабо́ту 'to work'; с рабо́ты 'from work'.

От translates 'from' in the expression далеко́ от 'far from' and also 'from a person': от Мари́ны 'from Marina'.

4 The genitive singular is used after the numerals два/две 'two'; три 'three'; and четы́ре 'four': два бутербро́да 'two sandwiches'; две неде́ли 'two weeks'; три ле́кции 'three lectures'.

Note that **два** is used with masculine and neuter nouns and **две** with feminine nouns. Compound numerals ending with **два/две, три** or **четы́ре** are also followed by the genitive singular: **два́дцать четы́ре мину́ты** 'twenty four minutes'.

5 The genitive is used after **мно́го** 'a lot of, much' and **ма́ло** 'little, few': **мно́го рабо́ты** 'a lot of work'; **ма́ло рабо́ты** 'little work'.

6 The direct object of a negative verb may be put in the genitive instead of the accusative: **Она́ не ест мя́са** 'She does not eat meat'.

7 The genitive is used after the word **нет** 'there is no, there is not any': **Нет ры́бы** 'There is no fish'.

8 The genitive is used after the preposition **у** 'in the possession of, to have': **У Мари́ны ле́кция** 'Marina has a lecture' (literally 'In the possession of Marina is a lecture'). This is the most usual way to translate 'to have' into Russian, i.e. not by a verb but by using the preposition **у**. Marina is in the genitive case and 'lecture' is in the nominative case. Note the change if the sentence is in the negative: **У Мари́ны нет ле́кции** 'Marina does not have a lecture' (literally 'In the possession of Marina there is no lecture'). In this example **ле́кции** is in the genitive after **нет**.

The preposition **у** can also mean 'at the house of': **у Мари́ны** 'at Marina's house'.

Present tense of verbs

1st conjugation

Жить 'to live'

я	жив-у́	мы	жив-ём
ты	жив-ёшь	вы	жив-ёте
он/она́/оно́	жив-ёт	они́	жив-у́т

Ждать 'to wait for'

я	жд-у	мы	жд-ём
ты	жд-ёшь	вы	жд-ёте
он/она́/оно́	жд-ёт	они́	жд-ут

Note that the endings of these verbs follow the same pattern as **идти́**.

Пить 'to drink'

я	пь-ю́	мы	пь-ём
ты	пь-ёшь	вы	пь-ёте
он/она́/оно́	пь-ёт	они́	пь-ют

Встава́ть 'to get up, stand up'

я	встаю́	мы	встаём
ты	встаёшь	вы	встаёте
он/она́/оно́	встаёт	они́	встаю́т

There are several verbs in Russian ending in **-авать** which follow this pattern.

2nd conjugation

Стоя́ть 'to stand' is a regular verb of the 2nd conjugation

я	сто-ю́	мы	сто-и́м
ты	сто-и́шь	вы	сто-и́те
он/она́/оно́	сто-и́т	они́	сто-я́т

Есть 'to eat' is an irregular verb. In the plural, however, it has 2nd conjugation endings.

я	ем	мы	ед-и́м
ты	ешь	вы	ед-и́те
он/она́/оно́	ест	они́	ед-я́т

Prepositional case endings

Most nouns take the ending **-e** in the prepositional case. There are some exceptions which take the ending **-и**. For example:

(a) Feminine nouns ending in **-ь**: **о́чередь** 'queue'; **в о́череди** 'in a queue'.

(b) Neuter nouns ending in **-ие**: **общежи́тие** 'hostel'; **в общежи́тии** 'in a hostel'.

(c) Feminine nouns ending in **-ия**: **ле́кция** 'lecture'; **на ле́кции** 'at a lecture'.

Short adjectives

The adjectives introduced in the first three chapters are called long adjectives. Russian also has a short adjective form, sometimes called the predicative form. Short adjectives can *only* be used in one type of construction: **де́вушка голодна́** 'the girl is hungry', i.e. where the verb 'to be' comes between the noun (or pronoun) and adjective. Contrast the long adjective which may be used in both the above type of construction and standing right next to the noun: **де́вушка голо́дная** 'the girl is hungry'; **голо́дная де́вушка** 'the hungry girl'.

Not all adjectives have a short form. Adjectives without a short form include those ending in **-ский** and all soft adjectives.

To form a short adjective remove the ending **-ый** or **-ий** from the long adjective. This will give you the masculine short form. For the feminine form add **-а**, for the neuter add **-о** and for the plural add **-ы**.

Гото́вый 'ready'; short forms **гото́в, гото́ва, гото́во, гото́вы: обе́д гото́в** 'dinner is ready'; **де́вушка гото́ва** 'the girl is ready'; **мя́со гото́во** 'the meat is ready'; **они́ гото́вы** 'they are ready'. Note that the plural form is used with **вы** even when referring to one person: **Вы гото́вы?** 'Are you ready?'

If the masculine form ends in two consonants a vowel is sometimes inserted between them. This vowel is only present in the masculine. Before the consonant **н** the vowel is usually **е**. **Голо́дный** 'hungry' short forms **го́лоден, голодна́, го́лодно, го́лодны: он го́лоден** 'he is hungry'; **она́ голодна́** 'she is hungry'.

Masculine nouns ending in -a

Nouns ending in **-а** or **-я** in the nominative singular are usually feminine. However, if a noun ending in **-а** or **-я** refers to a male it is masculine. Diminutives of boys' names, for example, commonly end in **-а** or **-я**. These nouns take masculine agreements but their endings will change in the same way as feminine nouns ending in **-а** or **-я**: **Ми́ша го́лоден** 'Misha is hungry'; **я зна́ю Ми́шу** 'I know Misha'.

Expressions of time

Note the following expressions, which do not have a preposition in Russian: **у́тром** 'in the morning'; **днём** 'in the daytime'; **ве́чером** 'in the evening'; **но́чью** 'at night'. The word **сего́дня** 'today' can be combined with these expressions: **сего́дня у́тром** 'this morning'.

The preposition **че́рез** means 'later' or 'in' in the sense of 'after a certain period of time': **че́рез два́дцать четы́ре мину́ты** 'twenty-four minutes later', 'in twenty-four minutes'.

One

'One' is translated by **оди́н** (masculine), **одна́** (feminine), **одно́** (neuter) dependent on the gender of the noun it describes: **оди́н стака́н** 'one glass'; **одна́ ча́шка** 'one cup'; **одно́ блю́до** 'one dish'.

Упражне́ния

1   Ask whether (омле́т, ры́ба, мя́со, чай, макаро́ны, бифште́кс, ко́фе, бутербро́ды, Мари́на, Ми́ша) are 'ready'. Reply first in the affirmative and then in the negative.

> *For example:* **Омле́т гото́в? — Да, гото́в. — Нет, ещё не гото́в.**

Now ask whether (Мари́на, тури́ст, студе́нтка, Пи́тер, студе́нты, Ми́ша, дежу́рная, ма́стер, тури́сты) are 'hungry' and reply in the same way.

> *For example:* **Мари́на голодна́? — Да, голодна́. — Нет, ещё не голодна́.**

2   Change 'I am going to …' to 'I am coming from …'.

> *For example:* **Я иду́ на рабо́ту. Я иду́ с рабо́ты. Я иду́ в теа́тр. Я иду́ из теа́тра.**

Я иду́ (на уро́к, на конце́рт, в рестора́н, в ко́мнату, в собо́р, на по́чту, в музе́й, на Арба́т, в общежи́тие, в парк, на факульте́т, в центр го́рода).

3   Using the pairs of words in brackets complete the question **Здесь есть …?** Reply that there is the first but not the second.

> *For example:* **(газе́та и журна́л) Здесь есть газе́та и журнал? Газе́та есть, а журна́ла нет.**

(паспо́рт и ви́за; телеви́зор и ра́дио; ко́фе и чай; стака́н и ча́шка; теа́тр и кино́.)

4   Complete the sentence: **Скажи́те, пожа́луйста, где …** using the pairs of words in brackets and linking them by the genitive.

> *For example:* **(общежи́тие — Мари́на) Скажи́те, пожа́луйста, где общежи́тие Мари́ны?**

(стол — студе́нт, журна́л — Ми́ша, телеви́зор — подру́га Мари́ны, остано́вка — авто́бус, гости́ница — Пи́тер, оте́ц — студе́нтка, рабо́та — оте́ц, ча́шка — мать, за́втрак — тури́ст.)

5   Choose the correct word to ask the question: (**где, когда́, что, куда́, почему́, как**)

... вы живёте? ... вы еди́те на за́втрак? ... вы обе́даете? ... вы идёте ве́чером? ... вы отдыха́ете? ... Мари́на не ест мя́са?

Перево́д

I usually get up very early. I am not hungry in the morning and only drink a cup of coffee without milk and sugar. For lunch I always buy a sandwich at the snack bar and drink a glass of milk. But in the evening I am very hungry. Today we are going to the Russian restaurant. It is nice to have supper there. I eat a lot: soup, fish or meat. My favourite dish is steak, a nice, big steak! We usually relax after supper, go to a film, or concert. Sometimes we watch television.

5 Уро́к пя́тый

In this lesson you will learn how to:

- Deal with introductions
- Understand Russian names
- Talk about your family, their characters, hobbies and work
- Use personal pronouns in the accusative and genitive
- Form expressions for 'must' and 'all'

Ро́дственники Мари́ны

Ро́дственники Мари́ны живу́т в це́нтре Москвы́. Э́то типи́чная моско́вская семья́. Роди́тели и де́ти, все живу́т вме́сте. Оте́ц (его́ зову́т Алексе́й Ива́нович Петро́в) рабо́тает в больни́це, он де́тский врач и прекра́сный специали́ст. Вся Москва́ зна́ет его́. Мать (её зову́т Гали́на Серге́евна Петро́ва) — учи́тельница, преподаёт англи́йский язы́к в шко́ле. Гали́на Серге́евна — отли́чная хозя́йка и прекра́сно гото́вит, когда́ у неё хоро́шее настрое́ние. Но ча́сто у Гали́ны Серге́евны настрое́ние ужа́сное. Гла́вная пробле́ма — сын Ди́ма. Дочь Та́ня — молоде́ц! Она́ уже́ студе́нтка, изуча́ет матема́тику в университе́те. Все говоря́т, что Та́ня о́чень спосо́бная де́вушка. Она́ отли́чно игра́ет в ша́хматы, игра́ет на скри́пке. Гали́на Серге́евна сча́стлива, что у неё така́я дочь.

Но вот Ди́ма! Гали́на Серге́евна не зна́ет, что де́лать. Ди́ма несерьёзный ма́льчик. Пра́вда, Ди́ма ещё в шко́ле, но он не лю́бит шко́лу. Он лю́бит то́лько футбо́л и гото́в весь день игра́ть в футбо́л. Он не хо́чет чита́ть серьёзные кни́ги, всё вре́мя говори́т то́лько о спо́рте и поп-му́зыке. Ве́чером он не гото́вит уро́ки, а игра́ет на гита́ре. А Та́ня тепе́рь студе́нтка.

Она́ должна́ мно́го рабо́тать до́ма. Как она́ мо́жет рабо́тать, когда́ в до́ме така́я атмосфе́ра? Почему́ брат и сестра́ таки́е ра́зные, почему́ у них ра́зные интере́сы, вку́сы? Но Алексе́й Ива́нович, её муж, споко́ен. Он говори́т, что э́то норма́льно. Про́сто, у Ди́мы тако́й во́зраст.

А́ДРЕС СА́ШИ: метро́ Черта́новская у́лица (street) **Крыло́ва дом** (house) 5 **кварти́ра** (flat) 4

Меня́ зову́т ...

— Здра́вствуйте! Вы бизнесме́н из А́нглии? Я Алекса́ндр Петро́вич Гу́ров, гла́вный архите́ктор фи́рмы.

— О́чень рад! Меня́ зову́т Пи́тер Грин.

— О́чень прия́тно! Пи́тер — э́то ва́ше и́мя, а Грин — ва́ша фами́лия! А как ва́ше о́тчество?

— О́тчество? О́тчество — э́то второ́е и́мя?

— Нет! Ну, вот ваш оте́ц. Как его́ зову́т?

— Его́ зову́т Ро́берт.

— Зна́чит, ва́ше о́тчество Робе́ртович. Вы Пётр Робе́ртович Грин.

— Поня́тно! Но вы мо́жете звать меня́ про́сто Пи́тер.

— Хорошо́! А вы меня́ Са́ша! Пи́тер! Я приглаша́ю вас в го́сти.

— Спаси́бо за приглаше́ние! С удово́льствием!

— Вот мой а́дрес: Черта́ново, у́лица Крыло́ва дом 5, кварти́ра 4.

Слова́рь

атмосфе́ра	atmosphere	о (+ *prep*)	about
больни́ца	hospital	поня́тно	I understand; quite!
весь, вся, всё, все	all, every	поп-му́зыка	pop music
вме́сте	together	пра́вда	truth; it is true
во́зраст	age	прекра́сно	splendidly
врач	doctor	прекра́сный	splendid, excellent
вре́мя (*n*)	time	преподава́ть I (преподаю́)	to teach
гла́вный	chief		
архите́ктор	architect	приглаша́ть I (в го́сти)	to invite (for a visit)
гото́вить II (гото́в‖лю, -ишь)	to prepare, to cook	прия́тный	pleasant
		про́сто	simply
~ уро́ки	to do home work	пя́тый	fifth
де́тский врач	pediatrician	ра́зные вку́сы и интере́сы	different tastes and interests
для (+*gen*)	for		
до́лжен, должн‖а́, -о́, -ы́	must	ро́дственник	relative
		семья́	family
за (+ *acc*)	for	серьёзный	serious
звать I (зов‖у́, -ёшь)	to call	скри́пка	violin
		споко́йный	quiet, calm
игра́ть I	to play	спосо́бная де́вушка	gifted, clever girl
и́мя (*n*) и о́тчество	(first) name and patronymic		
		счастли́вый	happy
кварти́ра	flat	так‖о́й, -а́я, -о́е, -и́е	such, so
кни́га	book		
люби́ть II (люб‖лю́, -ишь)	to love	ужа́сное настрое́ние	horrible mood
		учи́тель, -ница	teacher (man, woman)
ма́ленький	small		
матема́тика	mathematics	хозя́йка	hostess
молоде́ц!	clever boy (girl)! well done!	хоте́ть (хочу́, хо́чешь, ... хоти́м ... хотя́т)	to wish, want
мочь (могу́, мо́жешь ... мо́гут)	to be able		
несерьёзный ма́льчик	thoughtless boy	ша́хматы (*pl*)	chess
		шко́ла	school
норма́льно	OK (*coll*), normal		

Меня́ (его́, её) зову́т.	My (his, her) name is (They call me)
Как вас (тебя́) зову́т?	What is your name? (What do they call you?)
Как ва́ше и́мя и о́тчество?	What is your first name and patronymic?
о́чень ра́д(а)!	delighted!
о́чень прия́тно!	very pleased!
с удово́льствием!	with pleasure!
спаси́бо за приглаше́ние!	thanks for the invitation!

Words associated with the family (**семья́**):

роди́тели и де́ти	parents and children
муж и жена́	husband and wife
брат и сестра́	brother and sister
сын и дочь	son and daughter

N.B. Я до́ма. I am at home. But ... **Я иду́ домо́й.** I go home.

N.B. (for musical instruments) **игра́ть на** (+*prep*)
(for games and sports) **игра́ть в** (+*acc*)
игра́ть на гита́ре / скри́пке to play the guitar/violin
игра́ть в футбо́л / ша́хматы to play football/chess

Language in action

Вопро́сы

Где живу́т ро́дственники Мари́ны?
Кака́я э́то семья́?
Как зову́т отца́, мать, бра́та, сестру́?
Где рабо́тают оте́ц и мать?
Что де́лает Та́ня?
Почему́ у Гали́ны Серге́евны плохо́е настрое́ние?
Что лю́бит де́лать Ди́ма?
Кака́я семья́ у вас?
У вас есть брат, сестра́ (сын, дочь)?
Как их зову́т?

Choose the name!

(Ми́ша, Са́ша, Ка́тя, И́ра, Людми́ла Ива́новна, Ю́рий Петро́вич, Фёдор Миха́йлович)

For example: **Это мой брат. Егó зовýт Мúша. Это моя́ сестрá. Её зовýт Кáтя.**

Это (моя́ дочь, мой сын, моя́ мать, мой отéц, мой врач).

Complete the questionnaire ...

АНКЕ́ТА	
фамúлия	
úмя	óтчество
вóзраст	национáльность
национáльность отцá	
национáльность мáтери	
профéссия	мéсто рабóты
профéссия отцá	профéссия мáтери
ваш áдрес	
вáши хóбби и интерéсы	

Импровизáция

— Дóброе ýтро. Я Галúна Алексáндровна Петрóва, глáвный инженéр фúрмы.

— *Say hello, pleased to meet you and introduce yourself.*

— Óчень рáда.

— *Explain that you are in Russia on business from England, that your firm makes computers and wants to sell them in Russia. Tell her that you have a very good model* (**модéль** *f*).

— Это интере́сно. У вас есть информа́ция (*information*) о компью́тере?

— *Give her a prospectus* (**проспе́кт**), *tell her that all the information is in the prospectus. Make sure she knows the name and address of your firm and your address in Moscow.*

Russian realia

Can you identify any other products apart from computers sold by the firm *Mikst*?

ф и р м а

МИКСТ

предлагает

Широкий ассортимент вычислительной и оргтехники:

☐ компьютеры 80386 и 80486 различной конфигурации
☐ ксероксы, факсы, телефоны
☐ бухгалтерские калькуляторы
☐ лазерные принтеры, сканеры
☐ тонеры, картриджи, кассеты и.т.п.

Грамма́тика
Personal pronouns

The accusative and genitive forms of personal pronouns are the same:

Nominative	я	ты	он/оно́	она́	мы	вы	они́
Accusative/Genitive	меня́	тебя́	его́	её	нас	вас	их

After a preposition **eró**, **eë** and **их** change to **неró**, **неё** and **них**: **у неё дочь** 'she has a daughter'. The **н** is not added when **eró**, **eë** and **их** are used as the possessive 'his, her, its, their': **у её семьи большáя квартúра** 'her family has a big flat'.

Есть 'there is/are' may be incorporated in this construction with y: **у меня есть проблéмы** 'I have problems'.

Accusative of masculine nouns

The accusative of masculine *animate* nouns is the same as the genitive: **онá лю́бит сы́на** 'she loves (her) son'.

Neuter nouns in -мя

There are ten nouns in Russian with the nominative ending -мя. These nouns are all neuter. The endings of these nouns in the cases covered so far are as follows:

	и́мя 'name'	**врéмя** 'time'
Nominative	**и́мя**	**врéмя**
Accusative	**и́мя**	**врéмя**
Genitive	**и́мени**	**врéмени**
Prepositional	**и́мени**	**врéмени**

Present tense of verbs

1st conjugation

Звать 'to call'

я	зов-ý	мы	зов-ём
ты	зов-ёшь	вы	зов-ёте
он/онá/онó	зов-ёт	они́	зов-ýт

2nd conjugation

Verbs of the 2nd conjugation with a stem ending in **б** or **в** insert an -л- between the stem and the ending in the 1st person singular (the **я** form).

Люби́ть	'to love'	**Гото́вить**	'to cook, prepare'
я	лю́б-л-ю	я	гото́в-л-ю
ты	лю́б-ишь	ты	гото́в-ишь
он/онá/онó	лю́б-ит	он/онá/онó	гото́в-ит

мы	лю́б-им	мы	гото́в-им
вы	лю́б-ите	вы	гото́в-ите
они́	лю́б-ят	они́	гото́в-ят

2nd conjugation verbs with stems ending in **п**, **ф** and **м** follow the same pattern.

Irregular verbs

Мочь	'to be able, can'	**Хоте́ть**	'to want'
я	мог-у́	я	хоч-у́
ты	мо́ж-ешь	ты	хо́ч-ешь
он/она́/оно́	мо́ж-ет	он/она́/оно́	хо́ч-ет
мы	мо́ж-ем	мы	хот-и́м
вы	мо́ж-ете	вы	хот-и́те
они́	мо́г-ут	они́	хот-я́т

Names

Russians have three names: **и́мя** 'first name'; **о́тчество** 'patronymic or father's name'; **фами́лия** 'surname'. The patronymic is formed from the father's first name with the suffix **-ович** or **-евич** for a son, **-овна** or **-евна** for a daughter. **Алексе́й Ива́нович Петро́в** has a son **Дми́трий Алексе́евич Петро́в** and a daughter **Татья́на Алексе́евна Петро́ва**. Note that there is also a feminine form of the surname, ending in **-а**. Patronymics end in **-евич, -евна** if they are derived from a name ending in a vowel and **-ович, -овна** if the name ends in a consonant.

Ди́ма is the diminutive form of **Дми́трий** and **Та́ня** the diminutive form **Татья́на**. Such diminutives are very common in Russian.

In order to ask someone's name in Russian you may use the verb **звать**: **Как вас зову́т?** 'What are you called?" (literally 'How do they call you?') You reply: **Меня́ зову́т Пи́тер Грин** 'I am called Peter Green'.

Alternatively: **Как ва́ша фами́лия/ва́ше и́мя?** 'What is your surname/first name?' **Моя́ фами́лия Грин, моё и́мя Пи́тер** 'My surname is Green, my first name is Peter'.

До́лжен

До́лжен 'must' has four forms like those of a short adjective:

Masculine	Feminine	Neuter	Plural
до́лжен	должна́	должно́	должны́

It changes according to the number and gender of the subject: **Та́ня должна́ рабо́тать** 'Tanya must work'; **мы должны́ понима́ть** 'we must understand'.

Весь

Весь 'all, the whole' has different forms for masculine, feminine, neuter and plural:

Masculine	Feminine	Neuter	Plural
весь	вся	всё	все

весь день 'all day, the whole day'; **вся семья́** 'the whole family'; **всё вре́мя** 'all the time'; **все де́ти** 'all children'.

The neuter form **всё** is also used to mean 'everything' and the plural form **все** is used for 'all, everyone': **всё о́чень интере́сно** 'everything is very interesting'; **все говоря́т** 'everyone says'.

Упражне́ния

1 Put the verb **идти** and the pronouns in brackets into the correct form:

For example: **Я ... без (ты) Я иду́ без тебя́**

Ты ... без (она́) Он ... без (я) Она́ ... без (он) Мы ... без (вы) Вы ... без (мы) Они́ ... без (они).

2 Put the words in brackets into the right case:

У (Та́ня) ро́дственники в Москве́. У (я) большо́й брат. У (Гали́на Серге́евна) прекра́сная дочь. У (они́) хоро́шие роди́тели. У (мы) ру́сский телеви́зор. У (брат и сестра́) ра́зные интере́сы. У (он) интере́сная рабо́та. У (оте́ц) хоро́ший сын. У (Пи́тер) больша́я пробле́ма. У (вы) отли́чный вкус. У (мать) плохо́е настрое́ние. У (она́) интере́сная профе́ссия. У (дочь) ужа́сная кварти́ра.

3   Put the pronouns in brackets into the correct form:

Я хорошо́ зна́ю (она́). Я де́лаю э́то для (она́).
Он ждёт (он). У (он) ма́ленькая дочь.
Я приглаша́ю (они́) в го́сти. Я иду́ домо́й без (они́).

4   Use the correct forms of **до́лжен** and then of the verbs **хоте́ть** and **мочь** to complete the sentences.

> *For example:* **Мари́на ... идти́ домо́й. Мари́на должна́ идти́ домо́й. Мари́на хо́чет идти́ домо́й. Мари́на мо́жет идти́ домо́й.**

Пи́тер ... рабо́тать до́ма. Я ... изуча́ть ру́сский язы́к. Они́ ... говори́ть по-ру́сски. Ты ... жить в Москве́. Он ... есть мно́го. Она́ ... отдыха́ть ве́чером. Мы ... игра́ть на гита́ре. Вы ... игра́ть в футбо́л. Они́ ... принима́ть душ.

5   Complete the sentences:

> *For example:* **Я ... скри́пку и ... Я люблю́ скри́пку и игра́ю на скри́пке.**

Ты ... футбо́л и ... Он ... гита́ру и ... Мы ... те́ннис и ... Вы ... фле́йту (*flute*) и ... Они́ ... ша́хматы и ...

Перево́д

I have a small family: a father, a mother and a sister. We do not live together now, because my sister (her name is Anne) is a doctor. She works in a hospital in London. She loves living in London. She says that London is such a big, interesting city. Anne loves the theatre very much. She knows all the theatres in London. Anne does not like cooking. She does not have time. She usually eats in a restaurant or café. I am a student at the university now. I study maths. I want to teach maths in a school after university. My father is a teacher and a very good one. The whole town knows him.

6 Уро́к шесто́й

In this lesson you will learn how to:

- Receive guests and be a guest yourself
- Describe a day in the country
- Talk about clothing
- Refer to days of the week
- Use reflexive verbs
- Use the dative case

Пи́тер идёт в го́сти

Воскресе́нье. У́тро. Пи́теру совсе́м не хо́чется встава́ть. Но сего́дня Пи́тер идёт в го́сти к Са́ше, Алекса́ндру Петро́вичу Гу́рову. Там у Са́ши ждёт его́ большо́й обе́д. Са́ша хоро́ший друг Пи́тера. Он всегда́ помога́ет Пи́теру, сове́тует ему́, как отдыха́ть, куда́ идти́ ве́чером. Без него́ и его́ по́мощи Пи́теру тру́дно в Москве́. Пи́тер уже́ всё зна́ет о семье́ Са́ши: зна́ет, что его́ жену́ зову́т Тама́ра, до́чку — И́рочка, что у них есть соба́ка — фокстерье́р Фо́мка и кот Том. Он зна́ет, что Тама́ра по профе́ссии — инжене́р, но тепе́рь она́ дома́шняя хозя́йка. Тама́ре тепе́рь тру́дно: у них нет ба́бушки, в де́тский сад идти́ И́рочке ещё ра́но, и Тама́ра должна́ сиде́ть до́ма. Са́ша, коне́чно, стара́ется помога́ть Тама́ре. Семья́ живёт в микрорайо́не Черта́ново, при́городе Москвы́. Там у них но́вая кварти́ра. К сожале́нию, э́то далеко́: на́до де́лать две переса́дки на метро́, а пото́м е́хать на авто́бусе.

Пи́тер волну́ется: он идёт в го́сти в пе́рвый раз. Он зна́ет, что есть ру́сская тради́ция — дари́ть цветы́ же́нщине. К сча́стью, цветы́ всегда́ продаю́тся у метро́, а для Са́ши у него́ есть буты́лка ви́ски. Са́ша всегда́ говори́т, что он предпочита́ет во́дке ви́ски. Мечта́ть, коне́чно, хорошо́! Но на́до встава́ть.

Пи́тер встаёт, умыва́ется, одева́ется. Сего́дня ему́ не на́до надева́ть костю́м, га́лстук. Он надева́ет руба́шку, сви́тер, джи́нсы и удо́бные спорти́вные ту́фли. По-ру́сски они́ называ́ются кроссо́вки, и они́ о́чень удо́бны для прогу́лки по ле́су.

Спаси́бо за обе́д 🔲🔲

ПИ́ТЕР: Большо́е спаси́бо за вку́сный обе́д. Мне о́чень нра́вятся ва́ши пирожки́.

ТАМА́РА: Я ра́да, что вам нра́вится ру́сская ку́хня.

СА́ША: А тепе́рь пора́ гуля́ть! Ребёнку ну́жен све́жий во́здух.

ПИ́ТЕР: С удово́льствием! У вас здесь так хорошо́. Лес, река́.

ТАМА́РА: Да, нам нра́вится жить здесь. А для И́рочки здесь рай. Она́ весь день игра́ет на во́здухе.

СА́ША: Зна́ешь, Пи́тер, недалеко́ отсю́да есть о́зеро. Там мно́го ры́бы. Е́сли ты лю́бишь лови́ть ры́бу, для тебя́ здесь то́же рай.

ТАМА́РА: Са́ша — стра́стный рыба́к. Его́ интересу́ет то́лько ры́бная ло́вля. Он гото́в весь день сиде́ть у о́зера.

СА́ША: А Тама́ра предпочита́ет собира́ть грибы́. Она́ прекра́сно гото́вит их. О́чень вку́сно!

Слова́рь

ба́бушка	grandmother	**е́хать I**	to go, ride
буты́лка	bottle	(е́д||у, -ешь)	
в пе́рвый раз	for the first time	**жена́**	wife
ви́ски (*m indecl*)	whisky	**же́нщина**	woman
вку́сный	tasty	**идти́ в го́сти к**	to go for a visit
волнова́ться I	to be excited	(+ *dat*)	
(волну́||юсь,		**интересова́ть I**	to interest
-ешься)		(интересу́||ю, -ешь)	
га́лстук	tie	**к** (+ *dat*)	to, towards
дари́ть II цветы́	to give flowers	**к сожале́нию**	unfortunately
де́тский сад	kindergarten	**к сча́стью**	fortunately
джи́нсы (*pl*)	jeans	**костю́м**	suit
дома́шняя хозя́йка	housewife	**кот** (**ко́шка**)	tom (cat)
до́чка	little daughter	**кроссо́вки**	trainers,
друг	friend		sports shoes
е́сли	if	**ку́хня**	kitchen, cooking

лес	wood, forest	прогу́лка	walk
лови́ть II ры́бу (ловлю́, ло́вишь)	to fish	рай	paradise
		ребёнок	child
		река́	river
лу́чше	better	руба́шка	shirt
мечта́ть I	to dream	ры́бная ло́вля	fishing
микрорайо́н	district (of a city)	све́жий во́здух	fresh air
надева́ть I (надева́ю ...)	to put on	сви́тер	sweater
		сиде́ть II до́ма (сижу́, сиди́шь)	to stay (sit) at home
называ́ться I	to be called		
недалеко́ отсю́да	not far from here	соба́ка	dog
но́вый	new	собира́ть I грибы́	to pick mushrooms
нра́виться II (нра́в‖люсь, -ишься)	to like		
		сове́товать I (сове́ту‖ю, -ешь) (+ dat)	to advise
ну́жный	necessary		
одева́ться I (одева́юсь ...)	to get dressed	совсе́м	quite, entirely; ~ не not at all
о́зеро	lake		
переса́дка	change; де́лать переса́дку to change (on transport)	стара́ться I	to try
		стра́стный рыба́к	keen fisherman
		так	so
		тради́ция	tradition
по (+ dat)	along, about	ту́фля	shoe; спорти́вные ту́фли sports shoes
помога́ть I (+ dat)	to help		
по́мощь (f)	help		
пора́ гуля́ть I	it is time to go for a walk	умыва́ться I	to wash (oneself)
		фокстерье́р	fox terrier
предпочита́ть I	to prefer	хоте́ться (хо́чется)	to feel like
при́город	suburb	шесто́й	sixth

Дни неде́ли (days of the week) are used in the accusative case after **в** 'on':

понеде́льник	Monday	в понеде́льник	on Monday
вто́рник	Tuesday	во вто́рник	on Tuesday
среда́	Wednesday	в сре́ду	on Wednesday
четве́рг	Thursday	в четве́рг	on Thursday
пя́тница	Friday	в пя́тницу	on Friday
суббо́та	Saturday	в суббо́ту	on Saturday
воскресе́нье	Sunday	в воскресе́нье	on Sunday

N.B. Называ́ться 'to be called'   (things and places)
Звать 'to be called'   (people and animals)

Фильм называ́ется ...   The film is called ...
Ко́шку зову́т ...   The cat is called ...

Сде́лайте вы́бор! – Make a choice!

1 Choose the correct phrase to complete the statement (игра́ть на
гита́ре, гото́вить, собира́ть грибы́, лови́ть ры́бу, фотографи́ровать,
игра́ть в футбо́л):

Хо́бби Са́ши — ры́бная ло́вля. Зна́чит, он лю́бит ...
Хо́бби Тама́ры — грибы́. Зна́чит, она́ лю́бит ...
Хо́бби Пи́тера — фотогра́фия. Зна́чит он лю́бит ...
Хо́бби Ди́мы — поп-му́зыка. Зна́чит, он лю́бит ...
Хо́бби Ми́ши — спорт. Зна́чит, он лю́бит ...
Хо́бби Гали́ны Серге́евны — ру́сская ку́хня. Зна́чит, она́ лю́бит ...

2 Choose a suitable name from the following list and use it with **звать**
or **называ́ться** to name the people and places below (Ло́ндон, Том,
«Три сестры́», «Октя́брьская», «Росси́я», Ле́на, Та́ня, Ми́ша,
Пётр Ильи́ч, Фо́мка, Ни́на Петро́вна).

For example: Э́то де́вушка. Её зову́т Та́ня. Э́то го́род.
Он называ́ется Ло́ндон.

Э́то (де́вушка, го́род, фокстерье́р, оте́ц, дочь, ста́нция метро́,
дра́ма Че́хова, мать, кот, сын, гости́ница).

3 Choose a nationality and profession for **Пи́тер Грин, Са́ша Гу́ров,
Ни́на Ивано́ва, Джейн Но́рис, Джон Смит, Мэ́ри Вест**
(англича́нин, англича́нка, ру́сский, ру́сская; архите́ктор, врач,
учи́тельница, инжене́р, фото́граф, фи́зик).

For example: **Пи́тер Грин по национа́льности англича́нин.
По профе́ссии он инжене́р.**

4 Choose the item or items of clothing from the following list you
would wear for the occasions below (брю́ки 'trousers', джи́нсы,
руба́шка, сви́тер, ку́ртка 'anorak', кроссо́вки, ту́фли, костю́м и
га́лстук, пла́тье (dress), ю́бка и блу́зка 'skirt and blouse'.

For example: **Когда́ я иду́ на рабо́ту я надева́ю костю́м
и га́лстук.**

Когда́ я иду́ (на рабо́ту, в кино́, на конце́рт, в го́сти, на ре́ку, на стадио́н, в институ́т, в лес) я надева́ю ...

5 Complete the sentence by choosing a suitable day of the week for each activity:

(в понеде́льник, во вто́рник, в сре́ду, в четве́рг, в пя́тницу, в суббо́ту, в воскресе́нье)

... я рабо́таю в библиоте́ке. ... я рабо́таю до́ма. ... я помога́ю ба́бушке. ... я игра́ю в те́ннис. ... я приглаша́ю дру́га в го́сти. ... я смотрю́ футбо́л по телеви́зору. ... я гото́влю обе́д.

Language in action

Study the Moscow metro map opposite and find the following stations:

1 Гости́ница «Росси́я», где живёт Пи́тер, о́коло ста́нции метро́ *Кита́й-го́род*.
2 Са́ша живёт недалеко́ от ста́нции метро́ *Черта́новская*.
3 Фи́рма «Прогре́сс», где рабо́тает Пи́тер и Са́ша, о́коло метро́ *Арба́тская*.
4 Мари́на живёт недалеко́ от ста́нции метро́ *Университе́т*.

Decide which station they have to change at:

1 Пи́тер е́дет к Са́ше от метро́ *Кита́й-го́род*. Где он до́лжен де́лать переса́дку?
2 Ко́гда Са́ша е́дет на рабо́ту от метро́ *Черта́новская*, где он до́лжен де́лать переса́дку?
3 Когда́ Пи́тер е́дет на рабо́ту на метро́ от гости́ницы «Росси́я», где он до́лжен де́лать переса́дку?

Вопро́сы

Почему́ Пи́теру сего́дня не на́до ра́но встава́ть?
К кому́ Пи́тер идёт сего́дня в го́сти?
Что зна́ет Пи́тер о семье́ Са́ши?
Почему́ Тама́ра не рабо́тает?
Где живёт семья́ Са́ши?
Что надева́ет Пи́тер сего́дня?
Как называ́ются по-ру́сски спорти́вные ту́фли?
Как называ́ется го́род, где вы живёте?
Как вы отдыха́ете в воскресе́нье?

СХЕМА МОСКОВСКОГО МЕТРОПОЛИТЕНА

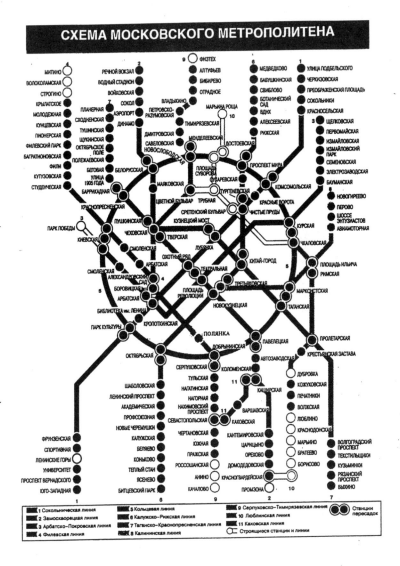

Импровиза́ция (Ру́сский гость обе́дает у вас)

— Здра́вствуйте! Я Ива́н Па́влович Петро́вский.
— *Introduce yourself and ask him if he is the engineer from Moscow.*
— Да, я здесь у вас в А́нглии две неде́ли.
— *Ask him if his wife is in England too.*
— К сожале́нию, нет. Она́ до́ма в Москве́.
— *Tell him that you want to invite him to your house.*
— Спаси́бо за приглаше́ние! С удово́льствием!
— *Ask him if he is free on Sunday.*
— Да, в воскресе́нье я свобо́ден.
— *Tell him that you are expecting (vb* жда́ть*) him on Sunday and give him your address.*
— *Greet your guest and introduce him to your wife/husband, explaining who he is and what he is doing in England.*
— О́чень прия́тно! Вот вам цветы́! Это на́ша ру́сская тради́ция!
— *Say thank you for the flowers. Ask him what he wants to drink – ask him whether he likes whisky.*
— Да, мне о́чень нра́вится ви́ски.
— *Explain that you are giving him a typical English lunch of roast beef (*ро́стбиф*). Ask him whether he likes English food.*
— Да, о́чень нра́вится!
— *Ask him whether he would like to go for a walk after lunch. Say that you can even go fishing as there is a lake nearby.*
— С удово́льствием! Ры́бная ло́вля – моё хо́бби!

Грамма́тика
Reflexive verbs

Reflexive verbs are formed in Russian by adding -**ся** or -**сь** to the end of the verb. After a consonant or **ь** add -**ся** and after a vowel -**сь**. When a verb is described as reflexive it means that the subject is performing the action of the verb on itself:

Одева́ться 'to dress oneself'

я одева́юсь	'I dress myself'
ты одева́ешься	'you dress yourself'
он/она́ одева́ется	'he/she dresses him/herself'
мы одева́емся	'we dress ourselves'
вы одева́етесь	'you dress yourself'
они́ одева́ются	'they dress themselves'

Contrast the use of **одева́ться** with **одева́ть**: **Пи́тер одева́ется** 'Peter dresses himself/gets dressed'; **Тама́ра одева́ет И́рочку** 'Tamara dresses Irochka'. In the second example Tamara is performing the action of dressing not on herself but on the direct object Irochka, so the verb is not reflexive.

Reflexive verbs can be used in Russian to translate the passive: **Они́ называ́ются кроссо́вки** 'They are called (call themselves) trainers'; **цветы́ продаю́тся** 'flowers are sold'.

Some Russian verbs with an ending **-ся**, e.g. **стара́ться** 'to try' do not have an obvious reflexive or passive meaning.

Dative case

Endings of the dative singular

Masculine nouns ending in a consonant add **-у** and neuter nouns ending in **-о** replace it by **-у**: **дом — до́му**; **у́тро — у́тру**. Masculine nouns ending in **ь** or **й** and neuter nouns ending in **-е** replace those endings by **-ю**. **Кремль — Кремлю́**; **чай — ча́ю**; **сожале́ние — сожале́нию**.

Feminine nouns take the same endings for the dative singular as they do for the prepositional singular: **же́нщина — же́нщине**; **профе́ссия — профе́ссии**; **по́мощь — по́мощи**. Note **дочь — до́чери**; **мать — ма́тери**.

Neuter nouns ending in **-мя** take the ending **-ени**: **и́мя — и́мени**.

The dative of personal pronouns

Nominative	я	ты	он/оно́	она́	мы	вы	они́
Dative	мне	тебе́	ему́	ей	нам	вам	им

Uses of the dative case

1 In a Russian sentence the indirect object of the verb goes into the dative case. Verbs such as 'to give', 'to explain', 'to tell', 'to show', 'to offer' are often followed by an indirect as well as a direct object. In English this indirect object may be preceded by the preposition 'to': **он даёт сви́тер Тама́ре** 'he gives the sweater to Tamara'.

2 After certain Russian verbs: **помога́ть** 'to help'; **сове́товать** 'to advise' the dative is used in Russian although they take a direct object in English: **Са́ша сове́тует Пи́теру** 'Sasha advises Peter'; **он помога́ет Тама́ре** 'he helps Tamara'.

3 The dative case is used after the prepositions **к** and **по**. Both these prepositions have a variety of meanings.

К 'towards'; 'to (the house of)'; 'by (in expressions of time)'; 'to (in certain specific expressions)': **он идёт к дому** 'he walks towards the house'; **он идёт в гости к Саше** 'he is paying a visit to Sasha's house'; **к утру** 'by morning'.

По 'along'; 'through'; 'according to'; 'by': **по дороге** 'along the way'; **прогулка по лесу** 'a walk through the forest'; **Тамара по профессии — инженер** 'Tamara is an engineer by profession'.

4 The dative can be combined with impersonal expressions formed from adjectives such as **трудно** 'it is difficult' **Питеру трудно** 'it is difficult for Peter'.

It can also be used with expressions such as **надо** 'it is necessary': **Питеру надо вставать** 'it is necessary for Peter to get up/Peter has to get up'.

5 The dative can be combined with certain reflexive verbs. In these constructions the verb is used in the third person singular (**оно** form) and the subject of the English sentence goes into the dative.

Хотеться 'to feel like': **Питеру не хочется вставать** 'Peter does not feel like getting up'. Contrast: **Питер не хочет вставать** 'Peter does not want to get up'.

6 **Нравиться** 'to like':
Питеру нравится Москва 'Peter likes Moscow' (literally 'Moscow is pleasing to Peter'). 'Moscow', the object of the sentence in English, is the subject in Russian and 'Peter', the subject of the English sentence, goes into the dative. In the following example **нравиться** occurs in the plural to agree with the subject **пирожки** 'pirozhki': **мне нравятся ваши пирожки** 'I like your pirozhki' (literally 'your pirozhki are pleasing to me').

Нравится can also be followed by an infinitive: **мне нравится ловить рыбу** 'I like to fish'.

7 The short adjective **нужен, нужна, нужно, нужны** is used with the dative to translate 'to need': **ей нужен свежий воздух** 'she needs fresh air' (literally 'fresh air is necessary to her'); **Питеру нужна помощь** 'Peter needs help'; **Ирочке нужны туфли** 'Irochka needs shoes'; **мне нужно молоко** 'I need milk'.

Present tense of verbs

1st conjugation

Éхать 'to go' (in or on a vehicle)

я	éд-у	мы	éд-ем
ты	éд-ешь	вы	éд-ете
он/она́/оно́	éд-ет	они́	éд-ут

Verbs whose infinitive ends in -овать change -ова- to -у- in the present tense:

Сове́товать 'to advise'

я	сове́тую	мы	сове́туем
ты	сове́туешь	вы	сове́туете
он/она́/оно́	сове́тует	они́	сове́туют

2nd conjugation

Verbs with the infinitive ending with -дить or -деть have a 1st person singular ending in -жу. The other endings are regular.

Сиде́ть 'to sit'

я	сиж-у́	мы	сид-и́м
ты	сид-и́шь	вы	сид-и́те
он/она́/оно́	сид-и́т	они́	сид-я́т

Кто and что

Кто 'who' and что 'what' change their form according to the case they are in.

Nominative	кто	что
Accusative	кого́	что
Genitive	кого́	чего́
Dative	кому́	чему́
Prepositional	ком	чём

Кому́ ты помога́ешь? 'Whom are you helping?' О чём ты говори́шь? 'What are you talking about?

Prepositional case

Prepositional case of personal pronouns

Nominative	я	ты	он/оно́	она́	мы	вы	они́
Prepositional	мне	тебе́	нём	ней	нас	вас	них

Prepositional case after о

The preposition **о** 'about, concerning' is followed by the prepositional case: **о рабо́те** 'about work'. Before the vowels **а, э, и, о, у** it changes to **об**: **об университе́те** 'about the university'. Note also **обо мне́** 'about me'.

В/во, к/ко and с/со

The preposition **в** changes to **во**, the prepostion **к** to **ко** and the preposition **с** to **со** before some words beginning with more than one consonant: **во Фра́нции** 'in France'; **со стадио́на** 'from the stadium'.

Упражне́ния

1 Replace the verb **люби́ть** with **нра́виться**.

> *For example:* **Я люблю́ лес. Мне нра́вится лес.**

Ты лю́бишь метро́. Он лю́бит Тама́ру. Она́ лю́бит Пи́тера. Мы лю́бим грибы́. Вы лю́бите смотре́ть телеви́зор. Я люблю́ гуля́ть по ле́су. Пи́тер лю́бит жить в Москве́. Гали́на Петро́вна лю́бит гото́вить.

2 Create new sentences following the examples:

> *For example:* **Мой па́спорт — Мне ну́жен па́спорт. Твоя́ ви́за – Тебе́ нужна́ ви́за.**

Моя́ ла́мпа. Моё ра́дио. Мои́ кроссо́вки. Твой телеви́зор. Твоё письмо́. Твои́ журна́лы. Его́ га́лстук. Его́ джи́нсы. Его́ руба́шка. Её сви́тер. Её цветы́. Наш дом. На́ша маши́на. На́ши компью́теры. Ва́ша гости́ница. Ваш костю́м. Их кварти́ра. Их сад. Их кни́ги.

3   Replace the verb **хоте́ть** with **хоте́ться**.

For example: **Я хочу́ пить. Мне хо́чется пить.**

Ты хо́чешь игра́ть. Он хо́чет гуля́ть по ле́су. Она́ хо́чет есть.
Мы не хоти́м идти́ в кино́. Вы не хоти́те встава́ть. Они́ не
хотя́т смотре́ть телеви́зор.

4   Use an alternative expression for the following sentences:

For example: **Он до́лжен встава́ть. Ему́ на́до встава́ть.**

Она́ должна́ рабо́тать. Я до́лжен идти́ на рабо́ту. Я должна́
идти́ в го́сти. Ты до́лжен е́хать в го́род. Ты должна́ мно́го
гуля́ть. Мы должны́ говори́ть по-ру́сски. Вы должны́ чита́ть
газе́ты. Они́ должны́ гото́вить обе́д.

5   Put the words in brackets into the correct form:

У́тром я (встава́ть) ра́но, бы́стро (умыва́ться, одева́ться) и
иду́ на (остано́вка автобуса). Он всегда́ (волнова́ться), когда́
нет (автобус). Мой друг (сове́товать) мне е́хать в (Росси́я).
Сего́дня мы идём в го́сти к (Алекса́ндр и Тама́ра). До́ма я
всегда́ помога́ю (оте́ц и мать). (Они́) тру́дно рабо́тать в до́ме.

6   Put the question words **кто, что** into the appropriate case:

На (что) игра́ет Йрочка? (что) вы надева́ете у́тром? О (что)
они́ говоря́т? К (кто) вы идёте в го́сти сего́дня? У (кто) есть
соба́ка? (кто) помога́ет Са́ша?

Перево́д

Every Sunday I visit grandmother. She lives in a suburb a long way
from Moscow. The suburb is called Rublevo. She has a wonderful
house near the river. Of course, there is no metro there, so I have to go
by bus. I always put on trainers when I go there. They are comfortable
for walking through the wood. I like walking through the wood.
Sometimes on the way (**по доро́ге**) I pick mushrooms. Grandmother
likes mushrooms very much. It is difficult for her now, so I help her. I
work in the house and prepare lunch or supper.

7 Урок седьмой

In this lesson you will learn how to:

- Talk about sport
- Talk about careers
- Use the imperfective past tense
- Use the instrumental case
- Use **чей**

Спортивная семья

(рассказ Саши)

У нас в семье мы все интересуемся спортом. Я с детства увлекаюсь футболом. Моя мечта была играть в команде Динамо. Там играл мой любимый игрок, вратарь Яшин. Когда в детстве меня спрашивали, кем я хочу быть, я всегда отвечал: вратарём, чемпионом мира по футболу! Наш школьный тренер говорил, что меня ждёт прекрасное спортивное будущее! Конечно, я должен был много тренироваться. И я тренировался много. Я занимался спортом зимой и летом, весной и осенью. Зимой было трудно. Мы жили далеко от стадиона, я должен был рано вставать. Часто не было автобуса, и я шёл на стадион пешком. Мне так хотелось быть футболистом!

Но мои родители были против. Отец думал, что спорт — несерьёзное дело. «Тебе нужна профессия. Архитектура — прекрасная профессия», — говорил он. У нас в семье все — архитекторы, все строили дома: отец с матерью и дедушка. Я тоже любил архитектуру. В школе я хорошо рисовал, интересовался живописью. Матери и отцу нравились мои рисунки. «Ты должен быть архитектором», — говорили они.

И вот я архитектор. Мне нравится моя профессия. Но когда я смотрю футбол на стадионе, мне жаль, что я не футболист. Конечно, мы с Тамарой теперь тоже занимаемся спортом. Три, четыре раза в месяц посещаем наш спортивный центр. Там есть бассейн, теннисные корты, гимнастический зал. Тамара тоже хорошая спортсменка. В школе она занималась гимнастикой и даже была чемпионкой города по гимнастике. Теперь мы увлекаемся плаванием, летом играем в теннис. Раз в неделю Тамара с Ирочкой плавают в бассейне. Маленькая Ирочка плавает, как рыба. Она молодец! Я думаю: её ждёт прекрасное спортивное будущее!

Я люблю рисовать

ПИТЕР:	Саша, чья это картина? Твоя? А чей это рисунок? Неужели твой? Ты настоящий художник! Это рисунок карандашом?
САША:	Да, я люблю рисовать карандашом, иногда рисую фломастером. Я архитектор. Это мой инструмент.
ПИТЕР:	А мои инструменты теперь фотоаппарат и видеокамера. Снимать фотоаппаратом и видеокамерой Москву — для меня удовольствие.
САША:	А я люблю рисовать футбол. В футболе так много движения: удар мячом и гол! Рисовать это на бумаге — очень трудно.
ПИТЕР:	Вчера, когда я шёл к тебе в гости, я видел афишу у метро, перед стадионом: Футбольный матч. Играют Спартак и Динамо. Ты идёшь на матч?
САША:	Конечно! Я болельщик Динамо. Всегда болел и теперь болею за Динамо.

Словарь

архитектура	architecture	**быть против**	to be against
афиша	poster	(+ *gen*)	
бассейн	pool	**весна**	spring
болельщик	fan, supporter	**видеть II** (**вижу,**	to see
болеть I	to support	**видишь**)	
(**за** + *acc*)		**вратарь** (*m*)	goalkeeper
будущее (*noun*)	future	**вчера**	yesterday
бумага	paper	**гимнастика**	gymnastics

гимнасти́ческий зал	gym	посеща́ть I	to visit
гол	goal	расска́з	story
да́же	even	рисова́ть I	to draw
движе́ние	movement	рису́нок карандашо́м	pencil drawing
де́душка	grandfather	седьмо́й	seventh
де́тство	childhood	снима́ть I	to video;
жи́вопись (f)	painting	видеока́мерой	
занима́ться I (+ inst)	to be engaged in, to study	(фотоаппара́том)	take photographs
зима́	winter	спра́шивать I	to ask
игро́к	player	стро́ить II дома́	to build houses
инструме́нт	instrument	те́ннисный корт	tennis court
интересова́ться I (+ inst)	to be interested in	тренирова́ться I	to train
		увлека́ться I (+ inst)	to be keen on
как ры́ба	like a fish	уда́р мячо́м	shot
каранда́ш	pencil	удово́льствие	pleasure
карти́на	picture	флома́стер	felt-tip pen
кома́нда	team	футболи́ст	footballer
ле́то	summer	худо́жник	artist
матч	match	чей, чья, чьё, чьи	whose
ме́сяц	month	чемпио́н ми́ра по футбо́лу	football world champion
мечта́	dream		
настоя́щий	genuine	шёл (past tense of идти́)	went
неуже́ли?	really? is it possible?	шко́льный тре́нер	school coach
о́сень (f)	autumn		
отвеча́ть I	to answer		
пла́вание	swimming		
пла́вать I	to swim		

N.B. весно́й (in spring); зимо́й (in winter); ле́том (in summer); о́сенью (in autumn).

мне жаль	I feel sorry
два ра́за в неде́лю, в ме́сяц	twice a week, a month
Спарта́к и Дина́мо	two popular football teams

Prepositions taking the instrumental:
с (with); за (behind); под (under); пе́ред (in front of).

Language in action
Кто чем занима́ется и кто чем увлека́ется?

Алексе́й Ива́нович по профе́ссии врач. Он занима́ется (медици́на) и увлека́ется (поли́тика). Гали́на Серге́евна по профе́ссии учи́тельница. Она́ занима́ется (рефо́рма образова́ния) и увлека́ется (ку́хня). Са́ша по профе́ссии архите́ктор. Он занима́ется (архитекту́ра) и увлека́ется (футбо́л). Пи́тер по профе́ссии инжене́р. Он занима́ется (би́знес) и увлека́ется (фотогра́фия).

Вопро́сы

Чем Са́ша увлека́лся в де́тстве?
Кем Са́ша хоте́л быть в де́тстве?
Почему́ Са́ша боле́л за кома́нду Дина́мо?
Почему́ роди́тели Са́ши бы́ли про́тив футбо́ла?
Кем по профе́ссии был оте́ц Са́ши?
Чем Са́ша с Тама́рой увлека́ются тепе́рь?
Чем вы интересу́етесь (интересова́лись в де́тстве)?
Вы занима́етесь (занима́лись) спо́ртом?
Кем вы хоти́те (хоте́ли) быть?

Импровиза́ция

— Скажи́те пожа́луйста, где в го́роде мо́жно занима́ться спо́ртом?
— *Explain that there is a very good sports centre not far from the centre of town. You can walk there. There are tennis courts, a swimming pool and a gym.*
— Вы ча́сто занима́етесь спо́ртом там?
— *Say that you visit the sports centre twice a week with your brother. In winter you swim in the pool and in summer you play tennis. Your brother also trains there three times a week. He wants to be a football champion and his coach says that he has a great future.*
— Вы то́же хоти́те быть футболи́стом?
— *Explain that you enjoy tennis and swimming but you prefer to watch football on television. You used to be a … supporter but now you support …*
— Кем вы хоти́те быть, е́сли не футболи́стом?
— *Say that you would like to be an artist or an architect because you are interested in painting and love to draw.*

АФИ́ША
Центра́льный стадио́н

Больша́я спорти́вая аре́на	Дворе́ц спо́рта (*Palace of sport*)
Футбо́л (чемпиона́т Росси́и)	Хокке́й
В суббо́ту игра́ют:	В воскресе́нье игра́ют:
Спарта́к (Москва) —	кома́нда Росси́и —
Дина́мо (Петербу́рг)	кома́нда Кана́ды
В сре́ду игра́ют:	В пя́тницу игра́ют:
Торпе́до (Томск) —	кома́нда Украи́ны —
Арсена́л (Омск)	кома́нда Росси́и

Биле́ты продаю́тся в ка́ссе стадио́на

1 На како́й футбо́льный (хокке́йный) матч вы хоти́те идти́?
2 Каки́е кома́нды игра́ют?
3 В како́й день они́ игра́ют?
4 За кого́ вы боле́ете?
5 Где продаю́тся биле́ты?

Russian realia

Read the following report of a sporting event and answer the questions on it:

 euro 96

МА́ТЧ No. 18. Группа В
ФРА́НЦИЯ · БОЛГА́РИЯ 3:1
МА́ТЧ No. 20. Группа В
РУМЫ́НИЯ · ИСПА́НИЯ 1:2

МА́ТЧИ No.17 ШОТЛА́НДИЯ · ШВЕЙЦА́РИЯ
и No.19 ГОЛЛА́НДИЯ · А́НГЛИЯ в группе А
закончились вчера поздно вечером

СЕГО́ДНЯ ИГРА́ЮТ
МА́ТЧ No. 21. Группа С
РОССИ́Я · ЧЕ́ХИЯ
Ливерпуль. Стадион «*Энфильд Роуд*». 22.30
МА́ТЧ No. 22. Группа D
ХОРВА́ТИЯ · ПОРТУГА́ЛИЯ
Ноттингем. Стадион «*Сити Граунд*». 19.30
МА́ТЧ No. 23. Группа С
ИТА́ЛИЯ · ГЕРМА́НИЯ
Манчестер. Стадион «*Олд Траффорд*». 22.30
МА́ТЧ No.24. Группа D
ТУ́РЦИЯ · ДА́НИЯ
Шеффилд. Стадион «*Хиллсборо*». 19.30

1 Who beat whom in match number 18?
2 How many goals did Spain score against Rumania?
3 Why is no result given for the Scotland–Switzerland match?
4 Which other match is in the same position?
5 Who are Russia's opponents today?
6 Which ground is Portugal playing at?
7 Which teams are playing at Old Trafford?
8 When is the kick-off in the Croatia–Portugal match?
9 Which number match is Denmark playing in?
10 In which English city is Turkey playing?

Look at the poster advertising a sporting event and answer the questions on it:

ЦЕНТРАЛЬНЫЙ СТАДИОН
ПРОФСОЮЗОВ
(ул. Студенческая, 17)
=========================
ФУТБОЛ
КУБОК РОССИИ
СРЕДИ ЖЕНСКИХ КОМАНД
8
ПОНЕДЕЛЬНИК ИЮЛЯ 1996 г.
ЭНЕРГИЯ   ЛАДА
ВОРОНЕЖ   ТОЛЬЯТТИ
НАЧАЛО В 18 ЧАС 30 МИН.
Продажа билетов с 8 июля 1996

1 What is the event?
2 Where is it taking place?
3 When is it taking place
4 Which are the two teams competing?
5 When can tickets be bought?

Грамма́тика
Past tense of verbs

To form the past tense of most Russian verbs, remove the -ть from the infinitive and replace it by:

-л masculine singular; -ла feminine singular; -ло neuter singular; -ли all plurals.

The verb agrees with the number and gender of the subject and not according to whether it is first, second or third person (я, ты, он, etc.)

Игра́ть 'to play'

я/ты/он	игра́л	мы/вы/они́	играли
я/ты/она́	игра́ла		
оно́	игра́ло		

The endings on reflexive verbs are -лся, -лась, -лось, -лись.

Одева́ться 'to get dressed'

я/ты/он	одева́лся	мы/вы/они́	одева́лись
я/ты/она́	одева́лась		
оно́	одева́лось		

This is called the imperfective past. As there are only two types of past tense in Russian it is the equivalent of more than one English form. **Игра́л** may translate 'played', 'was playing', 'used to play'.

Irregular past tenses

идти́ 'to go': шёл, шла, шло, шли

есть 'to eat': ел, е́ла, е́ло, е́ли

мочь 'to be able': мог, могла́, могло́, могли́

The past tense of **быть** 'to be' is **был, была́, бы́ло, бы́ли**. Note how it is combined with the following constructions in the past tense:

Са́ша до́лжен был мно́го тренирова́ться 'Sasha had to train a lot'.

Тама́ра должна́ была́ занима́ться гимна́стикой 'Tamara had to do gymnastics'.

До́лжен agrees with the subject in number and gender and so does the form of **был** used with it.

Пи́теру нужна́ была́ по́мощь 'Peter needed help'.

Нужна́ agrees with the word **по́мощь** in number and gender and so does the form **была́**.

Им на́до бы́ло рабо́тать 'they had to work'.

Бы́ло тру́дно тренирова́ться 'it was difficult to train'.

Мо́жно бы́ло смотре́ть телеви́зор 'it was possible to watch television'.

На́до, тру́дно and **мо́жно** are impersonal expressions so are used with the neuter singular form of the verb.

Э́то была́ моя́ мечта́ 'it was my dream'.

As in the present, **э́то моя́ мечта́** 'it is my dream', **мечта́** is in the nominative, i.e. it is the subject of the sentence and so the past tense of **быть** agrees with it in number and gender.

У меня́ была́ сестра́ 'I had a sister'.

In this type of construction with **у** the verb **была́** agrees with the subject **сестра́**.

Не́ было авто́буса 'there was no bus'.

Не́ было is the past tense of **нет** and is followed by the genitive case.

Нра́виться

Make sure the verb agrees with the subject of the Russian sentence. Remember that it will be different from the subject of the English sentence. For example, in the Russian sentence **Отцу́ нра́вились мои́ рису́нки** 'Father liked my drawings', **рису́нки** is the subject. When followed by an infinitive **нра́виться** is in the neuter singular form: **мне нра́вилось рисова́ть** 'I liked to draw'. The same applies to **хоте́ться**: **Са́ше хоте́лось быть футболи́стом.** 'Sasha wanted to become a footballer'.

Instrumental case

Endings of the instrumental singular

Masculine nouns ending in a consonant add -ом and neuter nouns ending in -o replace it by -ом. Note that the spelling rule which states that unstressed o may not be written after ж, ч, ш, щ, ц will affect the instrumental ending of some of these nouns: спорт — спо́ртом; ле́то — ле́том; каранда́ш — карандашо́м; матч — ма́тчем; but врач — врачо́м.

Masculine nouns ending in -ь or -й and neuter nouns ending in -e replace these endings by -ем, or -ём if the ending is stressed: музе́й — музе́ем; врата́рь — вратарём; пла́вание — пла́ванием.

Neuter nouns ending in -мя take the ending -енем: и́мя — и́менем. Nouns ending in -a in the nominative replace this by -ой in the instrumental or -ей if the noun is affected by the spelling rule. Nouns ending in -я replace it by -ей, or -ёй if the ending is stressed. Feminine nouns ending in -ь have the instrumental ending -ью: гимна́стика — гимна́стикой; гости́ница — гости́ницей; Са́ша — Са́шей; фотогра́фия — фотогра́фией; земля́ — землёй; о́сень — о́сенью; мать — ма́терью; дочь — до́черью. (Note that all forms of мать and дочь apart from nominative and accusative have -ep- before the ending).

Alternative feminine instrumental endings -ою, -ею also exist.

The instrumental case of personal pronouns

Nominative	я	ты	он/оно́	она́	мы	вы	они́
Instrumental	мной	тобо́й	им	ей	на́ми	ва́ми	и́ми
	(мно́ю)	(тобо́ю)		(е́ю)			

The forms in brackets are alternatives.

The instrumental of кто is кем and of что is чем: Кем он хо́чет быть? 'What (lit. who) does he want to be?' Чем ты интересу́ешься? 'What are you interested in?'

Uses of the instrumental case

1   The instrumental case is used to translate 'with' or 'by' denoting the instrument with which an action is performed: рисова́ть каранда́шо́м 'to draw with a pencil'; снима́ть фотоаппара́том 'to take with a camera (photograph)'.

2   The instrumental case is used after certain verbs: **занима́ться** 'to be engaged in, to study'; **интересова́ться** 'to be interested in'; **увлека́ться** 'to be fond of'; **станови́ться** 'to become': **мы интересу́емся спо́ртом** 'we are interested in sport'; **я увлека́лся футбо́лом** 'I was fond of football'.

3   The instrumental case is frequently used as the complement of **быть** 'to be' when this verb is in the infinitive form or past or future tense: **я хоте́л быть футболи́стом** 'I wanted to be a footballer'; **Тама́ра была́ чемпио́нкой** 'Tamara was a champion'.

4   The instrumental case is used after certain prepositions.

Пе́ред 'in front of', 'just before': **пе́ред стадио́ном** 'in front of the stadium'; **пе́ред обе́дом** 'just before dinner'.

Под 'under': **под столо́м** 'under the table'.

Note that **под** will be followed by the accusative and NOT the instrumental if motion into a position under is being described: **он идёт под мост** 'he is going under the bridge'.

С 'together with', 'accompanied by': **он рабо́тает с Пи́тером** 'he works with Peter'.

Note the following construction: **мы с Тама́рой занима́емся спо́ртом** 'Tamara and I (literally 'we with Tamara') go in for sport'.

Other prepositions taking the instrumental which you will encounter later include: **над** 'over' and **за** 'behind, beyond'. Note that, like **под**, **за** may also take the accusative.

5   The expressions for 'in spring', 'in the morning', etc. are formed from the instrumental case of the appropriate noun, without a preposition: **весна́** 'spring' **весно́й** 'in spring'; **ле́то** 'summer' **ле́том** 'in summer'; **о́сень** 'autumn' **о́сенью** 'in autumn'; **зима́** 'winter' **зимо́й** 'in winter'; **у́тро** 'morning' **у́тром** 'in the morning'; **день** 'day' **днём** 'in the daytime'; **ве́чер** 'evening' **ве́чером** 'in the evening'; **ночь** 'night' **но́чью** 'at night'.

Чей

Чей, чья, чьё, чьи means 'whose'. It changes to agree with the noun it describes in number, gender and case: **чей рису́нок** 'whose drawing'; **чья карти́на** 'whose picture'. Note particularly how it is combined with **э́то** in questions: **Чей э́то рису́нок?** 'Whose drawing is this?' **Чья э́то карти́на?** 'Whose picture is this?' **Чьё э́то зда́ние?** 'Whose building is this?' **Чьи э́то кроссо́вки?** 'Whose trainers are these?' **Чей** may also be used in cases other than the nominative: **Чьим рису́нком он интересу́ется?** 'Whose drawing is he interested in?' For the full declension, see the Grammar summary at the back of the book.

У меня́ used as possessive

As well as meaning 'I have' **у меня́** is sometimes used instead of **мой** to translate 'my': **у меня́ в ко́мнате** 'in my room'. **У тебя́**; **у него́**, etc. may be used similarly: **у нас в семье́** 'in our family'.

Expressions of time

'From, since' is translated by **с** followed by the genitive case: **с де́тства** 'since childhood'.
'In' is translated by **в** followed by the prepositional case in some expressions: **в де́тстве** 'in childhood'.

Упражне́ния

1 Using the words given in brackets, complete the sentences: Я изуча́ю ... Я занима́юсь ... (исто́рия, му́зыка, архитекту́ра, спорт, фотогра́фия, би́знес, образова́ние, футбо́л, литерату́ра, жи́вопись).

> *For example:* **Я изуча́ю исто́рию. Я занима́юсь исто́рией.**

2 Using the pair of words given in brackets, complete the sentence: Я интересова́лся ... и хоте́л быть ...

> *For example:* (**му́зыка — музыка́нт**) **Я интересова́лся му́зыкой и хоте́л быть музыка́нтом.**

(архитекту́ра — архите́ктор, жи́вопись — худо́жник, образова́ние — учи́тель(ница), футбо́л — врата́рь, фотогра́фия — фото́граф, медици́на — врач, би́знес — бизнесме́н).

3 Put these phrases into the past tense:

(a) На́до встава́ть. Мо́жно рабо́тать. Пора́ за́втракать.
(b) Мне ну́жен журна́л. Мне нужна́ кни́га. Мне ну́жно ра́дио. Мне нужны́ студе́нты.

(c) У меня́ есть сестра́, брат, ра́дио, руба́шка, сви́тер, джи́нсы.

(d) Он до́лжен мно́го рабо́тать. Она́ должна́ идти́ домо́й. Мы должны́ говори́ть по–ру́сски.

(e) У него́ нет кни́ги, журна́ла, карти́ны, телеви́зора, ра́дио.

4 Put the following sentences into the past tense:

Мне хо́чется есть. Ему́ не хо́чется идти́ на рабо́ту. Я хочу́ жить в гости́нице. Он хо́чет идти́ в кино́. Мы хоти́м лови́ть ры́бу. Мне нра́вится ваш го́род. Мне нра́вится Москва́. Москвичи́ мне то́же нра́вятся. Мне нра́вится гуля́ть по ле́су. Са́ше нра́вится игра́ть в футбо́л. Я могу́ рабо́тать до́ма. Пи́тер мо́жет говори́ть по–ру́сски. Мари́на не мо́жет идти́ в кино́ сего́дня. Они́ мо́гут занима́ться спо́ртом.

5 Put the words in brackets into the correct form, using both present and past tenses of the verbs:

Худо́жник (рисова́ть) карти́ну (каранда́ш). Пи́тер (снима́ть) фильм (кинока́мера). У́тром Мари́на (есть) ма́ло, она́ то́лько (пить) ча́шку ко́фе. Тама́ра (писа́ть) (флома́стер). Пе́ред (дом) (быть) большо́й сад. Мы с (брат) (увлека́ться) (футбо́л). Я (ви́деть), как Тама́ра с (до́чка) (идти́) в бассе́йн. Мать с (дочь) (интересова́ться) (жи́вопись). В шко́ле она́ (занима́ться) (гимна́стика). Кни́ги (быть) под (крова́ть). Под (ла́мпа) (быть) газе́та, под (газе́та) (быть) па́спорт.

6 Form questions by using **чей, чья, чьё, чьи** with the following nouns: **журна́л, кни́га, кроссо́вки, сви́тер, окно́, газе́ты, мяч, карти́на**

For example: **Чей э́то журна́л?**

Перево́д

At school I was interested in football and played football every day. On Sunday I always watched the match on television. I especially liked the team Spartak. It was an excellent team and I still support it. My brother was fond of swimming and used to swim twice a week at the pool. We had a very good swimming pool not far from school. My sister was also keen on sport. She went in for gymnastics and was a gymnastics champion. We are still interested in sport, play tennis in summer and swim in winter. And of course, I am still a Spartak supporter.

8 Уро́к восьмо́й

In this lesson you will learn how to:

- Discuss the weather
- Talk about holidays
- Refer to months of the year
- Use adjectives, possessives, **этот**, **тот**, **весь** and **оди́н** in cases other than the nominative
- Use **свой**

Как проводи́ть о́тпуск?

О́сень. Сентя́брь. В Москве́ уже́ прохла́дно. Ча́сто иду́т дожди́. Но́чью быва́ют за́морозки. Но днём ча́сто стои́т прекра́сная пого́да, и под Москво́й в э́то вре́мя го́да о́чень живопи́сно. Дере́вья уже́ не зелёные, а жёлтые и́ли кра́сные. Не́бо голубо́е. Тама́ра лю́бит гуля́ть в осе́ннем лесу́ в таку́ю пого́ду.

Но когда́ пого́да меня́ется, и стано́вится хо́лодно, настрое́ние у Тама́ры меня́ется, и ей стано́вится гру́стно. В про́шлом году́ они́ проводи́ли свой о́тпуск в дере́вне в Подмоско́вье, но тогда́ о́тпуск у Са́ши был ле́том, в ию́ле. А в э́том году́ его́ о́тпуск в сентябре́, и Тама́ре о́чень хо́чется отдыха́ть на ю́ге. Там в э́то вре́мя го́да ещё тепло́, но уже́ не жа́рко. Днём мо́жно купа́ться. Вода́ в мо́ре тёплая. Ве́чером в хоро́шую пого́ду мо́жно гуля́ть вдоль морско́го бе́рега, любова́ться ю́жной приро́дой.

Тама́ра понима́ет, что э́то то́лько мечта́. Но Са́ша на про́шлой неде́ле говори́л, что ему́ предлага́ют путёвку на три неде́ли в дом о́тдыха в Я́лте. Дом о́тдыха нахо́дится пря́мо на берегу́ мо́ря. Ра́ньше Тама́ра не люби́ла тако́й о́тдых. Они́ с Са́шей предпочита́ли проводи́ть свои́ кани́кулы в турпохо́де. Они́ путеше́ствовали по всей стране́, бы́ли на Ура́ле, на Се́вере, на Да́льнем Восто́ке, в Сре́дней А́зии, на Се́верном Кавка́зе, в Восто́чной и За́падной Сиби́ри. Одна́жды да́же пла́вали на большо́м теплохо́де по вели́кой сиби́рской реке́ Енисе́ю.

А тепе́рь у них ребёнок. С ма́леньким ребёнком путеше́ствовать не сто́ит. Лу́чше отдыха́ть в до́ме о́тдыха. Я́лта прекра́сный го́род. Там не ску́чно. Всегда́ есть интере́сные экску́рсии, прогу́лки на теплохо́де по Чёрному мо́рю. «Всё, — реша́ет Тама́ра, — е́дем в Крым! Но как е́хать? На по́езде или на самолёте?»

Пого́да была́ ужа́сная ...

Пи́тер:	Са́ша! Я так рад тебя́ ви́деть. Где ты был?
Са́ша:	Я был в о́тпуске, отдыха́л в до́ме о́тдыха в Крыму́. Бы́ло прекра́сно! Пого́да, мо́ре, всё!
Пи́тер:	Вот почему́ ты так хорошо́ вы́глядишь! А здесь пого́да была́ ужа́сная, весь ме́сяц шёл дождь.
Са́ша:	А где ты собира́ешься отдыха́ть? Е́дешь домо́й?
Пи́тер:	Я ещё не зна́ю. Я уже́ отдыха́л ле́том в ию́не две неде́ли в Ита́лии. Хочу́ тепе́рь отдыха́ть зимо́й. Но не сто́ит е́хать домо́й на неде́лю!
Са́ша:	Зи́мний о́тдых — э́то хорошо́! Осо́бенно, е́сли ты ката́ешься на лы́жах.
Пи́тер:	Я о́чень люблю́ ката́ться на лы́жах, ка́ждую зи́му ката́юсь во Фра́нции. Но в про́шлом году́ там почти́ не́ было сне́га.
Са́ша:	Я рекоменду́ю тебе́ Кавка́з. Туда́ сто́ит е́хать, зимо́й там всегда́ мно́го сне́га.

Слова́рь

бе́рег мо́ря (**морско́й бе́рег**)	sea shore	**восто́к**	east; **на ~е** in the east; **восто́чный** eastern
быва́ть I	to happen, be		
вдоль (+ *gen*)	along	**восьмо́й**	eighth
вели́кий	great	**вы́глядеть II** (**вы́гляжу, вы́глядишь**)	to look (like)
вода́	water		

год	year	приро́да	nature, countryside
гру́стный	sad	проводи́ть II	to spend, pass
дере́вня	village, country	(провожу́,	(time)
дере́вья	trees	прово́дишь)	
(де́рево)		прогу́лка на	trip by boat
днём	in the daytime	теплохо́де	
дождь (*m*)	rain; идёт ~ it	путёвка в дом	place in a holiday
	rains	о́тдыха	home
живопи́сный	picturesque	путеше́ствовать I	to travel
за́морозки (*pl*)	(light) frosts	райо́н	area, district
no sing		ра́ньше	before, earlier
за́пад	west; на ~е in the	рекомендова́ть I	to recommend
	west; за́падный	свой, своя́, своё,	my, your, his, etc.
	western	свои́	
кани́кулы (*pl*)	vacation	се́вер	north; на ~е in the
ката́ться I на	to ski		north; се́верный
лы́жах			northern
краси́вый	beautiful	сиби́рский	Siberian
купа́ться I	to bathe	Сиби́рь (*f*)	Siberia
любова́ться I	to admire	ску́чно	boring
(+ *inst*)		снег	snow; идёт ~ it
меня́ться I	to change		snows
находи́ться II	to be situated	собира́ться I	to be going to,
(нахожу́сь,			plan to
нахо́дишься)		Сре́дняя А́зия	Central Asia
не́бо	sky	станови́ться II	to become
одна́жды	once	сто́ит (не сто́ит)	it is worth (not
осе́нний	autumnal	(+ *inf*)	worth)
осо́бенно	especially	страна́	country, land
о́тдых	rest; holiday	турпохо́д	hiking trip
о́тпуск	leave, holiday	экску́рсия	excursion
пого́да	weather	юг	south; на ~е in the
почти́	almost		south; ю́жный
предлага́ть I	to offer		southern

в про́шлом/э́том году́	last/this year
на про́шлой/э́той неде́ле	last/this week
в э́то вре́мя го́да	at this time of year

All months of the year in Russian are masculine:
янва́рь, февра́ль, март, апре́ль, май, ию́нь, ию́ль, а́вгуст, сентя́брь, октя́брь, ноя́брь, дека́брь. To say 'in January', etc. use the prepositional case: **в январе́, феврале́** etc.

N.B. **путешéствие** (*travel*); **на пóезде** (*by train*); **на самолёте** (*by plane*); **на теплохóде** (*by boat*); **на автóбусе** (*by bus*); **на машúне** (*by car*)

под Москвóй (в Подмоскóвье) near Moscow
в Крымý (Crimea), **в Сибúри** (Siberia)
But ... **на Украúне** (Ukraine), **на Кавкáзе** (Caucasus), **на Урáле** (Urals), **на Дáльнем Востóке** (Far East)

More colours: **жёлтый** (*yellow*); **зелёный** (*green*); **голубóй** (*sky blue*); **сúний** (*blue*); **чёрный** (*black*); **крáсный** (*red*)

О погóде (About the weather)

погóда жáркая (*the weather is hot*) = **жáрко** (*it is hot*)
погóда прохлáдная (*the weather is cool*) = **прохлáдно** (*it is cool*)
погóда тёплая (*the weather is warm*) = **теплó** (*it is warm*)
погóда холóдная (*the weather is cold*) = **хóлодно** (*it is cold*)

Language in action

Study the map of Russia and identify the rivers, lakes, seas, main regions and towns marked on it and the countries bordering with Russia. Then try to answer the following questions:

1 Как называются реки Сибúри?
2 Какáя рекá нахóдится в Европéйской чáсти Россúи?
3 Где нахóдится óзеро Байкáл?
4 Какóй гóрод нахóдится на Урáле?
5 Какúе городá нахóдятся на Дáльнем Востóке?
6 На какóй рекé нахóдится Санкт-Петербýрг?
7 Где путешéствовали Тамáра с Сáшей? (*find the places on the map*)

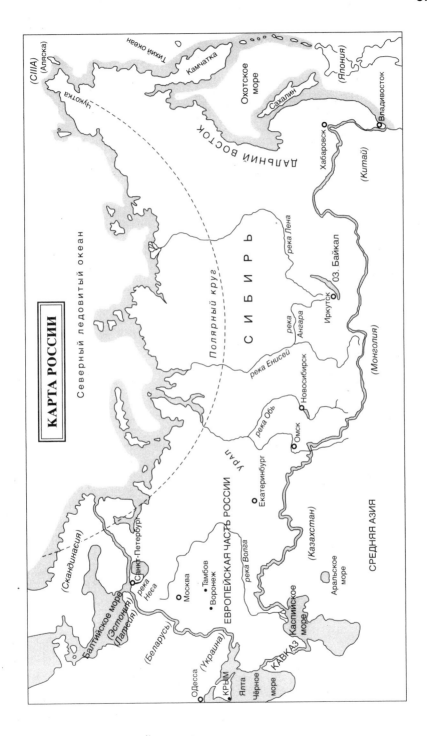

КАРТА РОССИИ

Северный ледовитый океан

СИБИРЬ

ДАЛЬНИЙ ВОСТОК

Тихий океан

(США) (Аляска)

Чукотка

Камчатка

Охотское море

Сахалин

(Япония)

Владивосток

Хабаровск

(Китай)

река Лена

оз. Байкал

Иркутск

река Ангара

(Монголия)

Полярный круг

река Енисей

Новосибирск

Омск

река Обь

Урал

Екатеринбург

(Казахстан)

Аральское море

СРЕДНЯЯ АЗИЯ

ЕВРОПЕЙСКАЯ ЧАСТЬ РОССИИ

река Волга

Тамбов
Воронеж

Москва

Санкт-Петербург

река Нева

(Скандинавия)

Балтийское море

(Эстония) (Латвия)

(Беларусь)

(Украина)

Одесса

КРЫМ

Ялта

Чёрное море

КАВКАЗ

Каспийское море

Сде́лайте вы́бор!

1 Тама́ре гру́стно, потому́ что (пого́да стои́т хоро́шая, идёт дождь, под Москво́й живопи́сно?)

Тепе́рь Тама́ра предпочита́ет отдыха́ть (под Москво́й, в до́ме о́тдыха, в турпохо́де?)

В хоро́шую пого́ду в Крыму́ мо́жно (собира́ть грибы́, лови́ть ры́бу, купа́ться в мо́ре?)

В Я́лте мо́жно любова́ться (се́верной приро́дой, о́зером Байка́л, ю́жной приро́дой?)

В Крыму́ мо́жно гуля́ть (по ле́су, вдоль реки́, вдоль бе́рега мо́ря?)

Зимо́й на Кавка́зе мо́жно (ката́ться на лы́жах, игра́ть в футбо́л, пла́вать?)

2 Choose the right form:

Сего́дня ... день. Сего́дня ... (тёплый, тепло́).

Э́то ... челове́к. Он говори́т обо всём ... (серьёзный, серьёзно).

О́сенью под Москво́й о́чень ... Под Москво́й о́сень о́чень ... (краси́вая, краси́во).

В сентябре́ в Москве́ ... Сентя́брь в Москве́ ... (прохла́дный, прохла́дно).

Вопро́сы

Кака́я пого́да обы́чно стои́т под Москво́й в сентябре́?

Почему́ Тама́ра лю́бит гуля́ть в э́то вре́мя го́да?

Как Тама́ра с Са́шей ра́ньше проводи́ли кани́кулы?

Куда́ е́дут Тама́ра с Са́шей в э́том году́?

Где нахо́дится дом о́тдыха?

Како́е ва́ше люби́мое вре́мя го́да и почему́?

Где вы обы́чно прово́дите свои́ кани́кулы (свой о́тпуск)?

Импровиза́ция

— Где вы бы́ли на про́шлой неде́ле?

— *Reply that you were on holiday (vb* **отдыха́ть***) in the south of France.*

— Где вы жи́ли?

— *Explain that you stayed in a small hotel, right on the coast, the weather is very hot at this time of year and every day you went swimming in the warm sea.*

— Вы всегда́ прово́дите о́тпуск во Фра́нции?

— *Say that last year you didn't have a summer holiday, but a winter holiday in the north of Italy in December. You wanted to ski but the weather was terrible, it rained all the time and there was no snow. Ask where s/he is going on holiday this year.*

— Не зна́ю. Что вы рекоменду́ете?

— *Suggest the Black Sea. Say you can get there by plane from Moscow, the weather is always good in summer and even in September it is still warm. If s/he doesn't like bathing there are interesting excursions and boat trips.*

Прогно́з пого́ды на сего́дня (Weather forecast)

> Сего́дня в Москве́ и Подмоско́вье прохла́дная пого́да, небольшо́й дождь, тума́н *(fog)*, ве́тер *(wind)* ю́жный. Но́чью возмо́жны за́морозки, небольшо́й снег. Температу́ра во́здуха (плюс) +5, +4 гра́дуса тепла́, но́чью (ми́нус) −1, −2 гра́дуса моро́за.

1 Како́й прогно́з пого́ды на сего́дня в ва́шем райо́не?
2 Кака́я пого́да была́ вчера́?

Грамма́тика
Adjectives

Adjectives change their endings to agree with the noun they describe in gender, case and number: **в хоро́шую пого́ду** 'in fine (feminine accusative singular to agree with **пого́ду)** weather'; **на большо́м теплохо́де** 'on a large (masculine prepositional singular to agree with **теплохо́де**) boat'. Comprehensive tables giving the endings of adjectives can be found in the Grammar summary at the end of the book.

Note: the accusative of the masculine adjective is like the nominative when used to describe an inanimate noun and like the genitive when used to describe an animate noun: **я зна́ю отли́чный буфе́т** 'I know an excellent buffet'; **я зна́ю отли́чного студе́нта** 'I know an excellent student'.

The masculine and neuter genitive endings **-ого**, **-его** are pronounced 'ovo', 'yevo'.

Words like **ванная** 'bathroom' and **дежурная** 'concierge' which, although they translate English nouns, are adjectives in Russian, take adjectival endings in all cases: **я знаю хорошую дежурную** 'I know a good concierge'.

Possessives

The possessives **мой** and **ваш** also change according to the number, gender and case of the noun they are describing: **без моего отца** 'without my (masculine genitive singular to go with **отца**) father'; **с вашей дочерью** 'with your (feminine instrumental singular to go with **дочерью**) daughter'. Comprehensive tables are given in the Grammar summary.

Мой translates both 'my' and 'mine' and **ваш** translates both 'your' and 'yours'. In other words, they can be used with or without a noun: **Это ваш паспорт?** 'Is this your passport?'; **Да, мой** 'Yes, mine'.

Наш 'our, ours' takes the same endings as **ваш**. **Твой** 'your, yours' takes the same endings as **мой** and is the form of the possessive which corresponds to **ты** (i.e. the singular, familiar form).

The possessives **его** 'his, its', **её** 'her, hers', **их** 'their, theirs' *never* change their endings.

Свой

Under certain circumstances **свой** is used instead of the forms above. **Свой** takes the same endings as **мой** and **твой**. **Свой** is used as the possessive when it refers to the subject of the clause as the owner: **Саша любит свою жену** 'Sasha loves his wife'. This means that Sasha loves his own wife. **Саша любит его жену** 'Sasha loves his wife'. Here, Sasha loves someone else's wife. In order to make this distinction clear **свой** MUST be used instead of **его**, **её**, **их** when referring to ownership by the subject of the clause.

Under these same circumstances **свой** is often used instead of **мой**, **твой**, **наш**, **ваш**: **Ты любишь свою жену?** 'Do you love your wife?' Where there is no danger of ambiguity, possessives are more frequently omitted in Russian than in English: **Она любит мать** 'She loves her mother'.

Свой refers to the subject of a clause but is never part of the subject. Thus **свой** does not normally appear in the nominative. The only major exception is in sentences where 'to have' is translated by the preposition **у**: **У ка́ждого студе́нта своя́ ко́мната** 'Each student has his own room'.

It is important to be sure that **свой** refers to the subject of the clause it is in, not the subject of a clause earlier in the sentence:

Са́ша зна́ет, кто лю́бит его́ жену́ 'Sasha knows who loves his wife'.

Provided the wife in question is Sasha's, the correct translation of 'his' is **его́** not **свою́** because Sasha is the subject of the clause 'Sasha knows', while 'who' is the subject of the clause with the word 'his' in it.

Э́тот, тот, весь, оди́н

Э́тот is the demonstrative pronoun 'this'. It agrees in number, gender and case with the noun to which it refers: **Я интересу́юсь э́тим музе́ем** 'I am interested in this museum'.

Similarly, **тот** 'that', **весь** 'all, the whole' and **оди́н** 'one' also agree with the noun they describe. Tables showing the endings of э́тот, тот, весь and оди́н are given in the Grammar summary.

Prepositional case ending in -у

Some masculine nouns take the ending -у́ in the prepositional case after the prepositions **в** and **на** when they denote location: **Дом нахо́дится в лесу́** 'The house is situated in the forest'. Other nouns taking this -у́ ending include: **сад** 'garden', **бе́рег** 'bank', **пол** 'floor', **у́гол** 'corner', **шкаф** 'cupboard', **Крым** 'Crimea'. Note also **в про́шлом году́** 'last year'. This -у́ ending occurs only after **в** and **на**. After other prepositions taking the prepositional case e.g. **о** 'about', the regular prepositional ending -е is used: **исто́рия о ле́се** 'a story about the forest'.

Expressions of time

На + accusative is only used to translate 'for' in expressions of time when the subject sets out with the intention of spending a specified period of time on an activity. There is often a verb of motion in such constructions: **Я е́ду в Сиби́рь на́ год** 'I am going to Siberia for a year'. Otherwise the period of time goes into the accusative without **на**; **Я была́ в Сиби́ри год** 'I was in Siberia (for) a year'. In such cases 'for' is often omitted in English.

Упражне́ния

1   Put the phrases in brackets into the genitive case:

О́тпуск (мой муж) в э́том году́ в октябре́. Тама́ра лю́бит гуля́ть вдоль (морско́й бе́рег). Зда́ние (э́та моско́вская гости́ница) нахо́дится недалеко́ от (Кра́сная пло́щадь). У (моя́ дочь) хоро́ший вкус. Хорошо́ сиде́ть на берегу́ (краси́вое о́зеро). Напро́тив (на́ше общежи́тие) большо́й бассе́йн, о́коло (э́тот бассе́йн) стадио́н.

2   Put the phrases in brackets into the accusative case:

В (хоро́шая пого́да) хорошо́ сиде́ть в саду́. В э́том году́ они́ е́дут на (Се́верный Ура́л), а пото́м в (Сре́дняя А́зия). Тама́ра лю́бит (ю́жная приро́да). У стадио́на я ви́жу (гру́стный Са́ша и серьёзный Пи́тер). Мать одева́ет (ма́ленькая дочь). Он хорошо́ зна́ет (э́тот ру́сский врата́рь и э́та англи́йская гимна́стка). Вчера́ я ви́дела (ва́ша сестра́ и её муж).

3   Put the phrases in brackets into the dative case:

Мы пла́вали по (Чёрное мо́ре) и по (вели́кая ру́сская река́ Во́лга). Хорошо́ гуля́ть по (прекра́сный го́род Влади́мир)! Пи́тер бы́стро шёл по (больша́я доро́га) к (свой дом). Та́ня всегда́ помога́ет (своя́ мать). (Мой оте́ц) ну́жен хоро́ший о́тдых. (Англи́йская тури́стка) нра́вится ру́сская ку́хня.

4   Put the phrases in brackets into the instrumental case:

В Крыму́ на́до любова́ться (ю́жная приро́да). Два ра́за в неде́лю я занима́юсь (ру́сский язы́к). Мой оте́ц интересу́ется то́лько (класси́ческая му́зыка). Мой сын хо́чет быть (отли́чный врата́рь). Я всегда́ путеше́ствую со (своя́ ма́ленькая дочь).

5 Put the phrases in brackets into the prepositional case:

Мне не хо́чется стоя́ть в (дли́нная о́чередь). Интере́сно проводи́ть кани́кулы в (студе́нческий турпохо́д) на (Да́льний Восто́к). На (про́шлая неде́ля) я была́ в (Большо́й теа́тр). Са́ша всегда́ ду́мает о (своя́ ма́ленькая дочь) и (её бу́дущее). Дом о́тдыха нахо́дится в (большое зда́ние) в (живопи́сный лес).

6 Insert a suitable possessive using **свой** whenever possible:

Мы всегда́ прово́дим ... о́тпуск на ю́ге. Он говори́т, что в э́том году́ ... мать не е́дет с ним. Са́ша сове́тует ... дру́гу е́хать на Кавка́з. Тама́ра не зна́ет, что ... муж говори́т о ... рабо́те. Ди́ма хорошо́ зна́ет ... при́город. Она́ не зна́ет, что сейча́с де́лает ... дочь. Де́ти пи́шут письмо́ ... англи́йскому дру́гу. Та́ня чита́ет кни́гу ... ма́ленькому бра́ту. Вы должны́ ду́мать о ... бу́дущем.

7 Complete the sentences using the correct expression of time:

(a) Они́ жи́ли на Кавка́зе ... Они е́дут на Кавка́з ... (всё ле́то — на всё ле́то).

(b) Са́ша е́дет рабо́тать в Сиби́рь ... Са́ша рабо́тал в Сиби́ри ... (год — на́ год).

(c) Я жду тебя́ ... Я иду́ к Тама́ре ... (два часа́ — на два часа́).

(d) Я в Лондо́не ... Я е́ду в Лондон ... (четы́ре дня — на четы́ре дня).

Перево́д

Last year we spent our holidays in the Northern Caucasus. We stayed in a small village not far from the Black Sea. We were there in the autumn, so it was not very hot. It was nice to swim in the warm sea and walk along the beautiful sea shore. We also travelled while we were there. We saw the beautiful lake Rizza (**Ри́цца**) with its blue water. For three days we stayed on the shore of the lake, and admired the picturesque Caucasian countryside. It was so marvellous there that we did not feel like going to Moscow.

9 Уро́к девя́тый

Встре́ча Но́вого го́да

Сего́дня пе́рвое декабря́. До Но́вого го́да ещё ме́сяц, но в общежи́тии друзья́ Мари́ны уже́ обсужда́ют, как они́ бу́дут встреча́ть Но́вый год. Вот уже́ четы́ре го́да они́ встреча́ют Но́вый год вме́сте. В про́шлом году́ они́ встреча́ли Но́вый год под Москво́й на да́че у подру́ги Со́ни. Бы́ло прекра́сно. Как в ска́зке! Дом находи́лся пря́мо в лесу́, вокру́г лежа́л бе́лый снег. Бы́ло ти́хо. В ту ночь стоя́л си́льный моро́з. А в до́ме бы́ло тепло́ и ую́тно. Посреди́ ко́мнаты стоя́ла больша́я ёлка. Они́ са́ми украша́ли её, са́ми гото́вили нового́дний у́жин. Пото́м всю ночь они́ танцева́ли вокру́г ёлки, пи́ли шампа́нское. В по́лночь поздравля́ли друг дру́га с Но́вым го́дом, жела́ли друг дру́гу сча́стья и дари́ли друг дру́гу пода́рки. Бы́ло так ве́село! До́лго пото́м друзья́ вспомина́ли ту нового́днюю ночь.

Но как встреча́ть Но́вый год в э́том году́? Э́то бу́дет их после́дний Но́вый год вме́сте. В бу́дущем году́ они́ уже́ не бу́дут вме́сте. Мо́жет быть, бу́дут рабо́тать далеко́ от Москвы́. Коне́чно, они́ бу́дут ду́мать друг о дру́ге, бу́дут вспомина́ть друг дру́га, бу́дут писа́ть друг дру́гу. В э́том году́ студе́нты в общежи́тии устра́ивают бал. Ка́ждому ну́жен бу́дет маскара́дный костю́м. По́сле ба́ла бу́дет ко́нкурс на лу́чший костю́м, бу́дут призы́. Но костю́м до́лжен быть интере́сным. Кто хо́чет идти́ на нового́дний бал в костю́ме Снегу́рочки и́ли Де́да Моро́за? Друзья́, мно́го спо́рят и, наконе́ц, реша́ют: пусть э́то бу́дет сюрпри́з. Пусть ка́ждый реша́ет сам, в како́м костю́ме идти́ на бал.

Приглашаем на ёлку!

Како́е сего́дня число́? 🔲

ПИ́ТЕР:	Како́е сего́дня число́?
СА́ША:	Сего́дня два́дцать пе́рвое декабря́.
ПИ́ТЕР:	Два́дцать пе́рвое декабря́? Че́рез четы́ре дня Рождество́!
СА́ША:	Рождество́? На́ше Рождество́ седьмо́го января́!
ПИ́ТЕР:	Седьмо́го января́? Везде́ в ми́ре пра́зднуют Рождество́ два́дцать пя́того декабря́.
СА́ША:	Нет, не везде́! Правосла́вное Рождество́ седьмо́го января́.
ПИ́ТЕР:	Но снача́ла мы бу́дем пра́здновать англи́йское Рождество́. Приглаша́ю тебя́ и Тама́ру ко мне на Рождество́. И на день рожде́ния!
СА́ША:	На твой день рожде́ния? Спаси́бо! Тама́ра бу́дет о́чень ра́да! А где ты собира́ешься встреча́ть Но́вый год?

ПИ́ТЕР: Ещё не зна́ю!
СА́ША: Тогда́ приглаша́ю тебя́ к нам на Но́вый год!
ПИ́ТЕР: С удово́льствием!

Слова́рь

бе́лый	white	нового́дний	New Year
везде́ в ми́ре	everywhere in the world	обсужда́ть I	to discuss
		пода́рок	present
ве́село	merrily	поздравля́ть I	to congratulate
вокру́г (+ gen)	around	(пол)ночь (f)	(mid)night
вспомина́ть I	to remember one	посреди́ (+ gen)	in the middle of
друг дру́га	another	правосла́вный	Orthodox (rel.)
встре́ча	meeting	пра́здник	holiday, festival
встреча́ть I	to meet; ~ Но́вый	пра́здновать I	to celebrate
Но́вый год	год to see the New Year in	Рождество́	Christmas
		приз	prize
дари́ть II	to give, present	пусть	let
да́ча	country house	сам, сама́, само́,	myself, yourself,
Дед Моро́з и	Father Christmas	са́ми	etc.
Снегу́рочка	and Snow-Maiden	си́льный моро́з	hard frost
		ска́зка	fairy tale
день рожде́ния	birthday	снача́ла	at first
до́лго	for a long time	спо́рить II	to argue
друзья́	friends	сюрпри́з	surprise
ёлка	Christmas tree; Christmas party	танцева́ть I (танцу́||ю, -ешь)	to dance
жела́ть I	to wish happiness	ти́хо	quiet; quietly
сча́стья		уже́ не	no longer
ко́нкурс на	competition for the	украша́ть I	to decorate
лу́чший костю́м	best fancy dress	устра́ивать I	to arrange a ball
лежа́ть II	to lie	бал	
маскара́дный	fancy dress	ую́тный	cosy
костю́м		число́	number; date
мо́жет быть	perhaps	шампа́нское	champagne
наконе́ц	at last, finally		

с Но́вым го́дом!	Happy New Year!
с Рождество́м!	Happy Christmas!
с днём рожде́ния!	Happy Birthday!
Како́е сего́дня число́?	What is the date today?
Како́го числа́?	On what date?
в бу́дущем году́	next year
Пусть ка́ждый реша́ет сам!	Let everybody decide for himself!

Language in action

Сде́лайте вы́бор!
(You can make more than one choice!)

Вы лю́бите Но́вый год, потому́ что (э́то весёлый пра́здник, вам да́рят пода́рки, у вас кани́кулы?)

Вы собира́етесь встреча́ть Но́вый год (на балу́, в рестора́не, до́ма, в общежи́тии?)

В нового́днюю ночь (вы танцу́ете, пьёте шампа́нское, смо́трите телеви́зор?)

Вы идёте на бал (в костю́ме Де́да Моро́за, в дли́нном пла́тье, в кра́сном сви́тере, в маскара́дном костю́ме?)

Вопро́сы

Како́го числа́ Но́вый год?

Где друзья́ Мари́ны встреча́ли Но́вый год в про́шлом году́?

Где нахо́дится да́ча Со́ни?

Кака́я была́ пого́да в день Но́вого го́да?

Как друзья́ встреча́ли Но́вый год?

Почему́ они́ хотя́т встреча́ть Но́вый год вме́сте в э́том году́?

Как они́ собира́ются встреча́ть Но́вый год?

Импровиза́ция

— Когда́ вы пра́зднуете Рождество́ в А́нглии и как?

— *Say when Christmas is celebrated in England. Explain that we buy a tree and decorate it, give one another presents. Describe some of the presents that you gave and received last year.*

— Я зна́ю, что у вас есть традицио́нный (*traditional*) рожде́ственский (*Christmas* adj.) обе́д.

— *Describe what you eat for Christmas dinner (**инде́йка** 'turkey'; **пу́динг** 'pudding') and what you drink with it.*

— И как вы встреча́ете Но́вый год?

— *Say that you often go to a New Year dance or party (**ве́чер**). Describe a typical New Year's Eve party with dancing, champagne, congratulations at midnight, etc.*

Нового́дняя откры́тка (*postcard*) от Са́ши и Тама́ры

С Но́вым го́дом!

Дорого́й Пи́тер!
Поздравля́ем тебя́ с Но́вым го́дом! Жела́ем тебе́ большо́го
сча́стья, весёлого настрое́ния и успе́ха (success) **в твое́й**
рабо́те! Пусть в э́том году́ испо́лнятся (come true) **все твои́**
мечты́!
Тама́ра, Са́ша, Йрочка

Write in Russian your **нового́днюю (рожде́ственскую) откры́тку**.

Грамма́тика
Future tense

The future tense of быть 'to be':

я	бу́ду	мы	бу́дем
ты	бу́дешь	вы	бу́дете
он/она́/оно́	бу́дет	они́	бу́дут

Form the future tense of the other Russian verbs you have encountered by combining the future tense of **быть** with the infinitive of the verb.

Игра́ть 'to play'

я	бу́ду	игра́ть	мы	бу́дем	игра́ть
ты	бу́дешь	игра́ть	вы	бу́дете	игра́ть
он/она́/оно́	бу́дет	игра́ть	они́	бу́дут	игра́ть

This is called the imperfective future. As there are only two types of future tense in Russian it is the equivalent of more than one English form. **Бу́дет игра́ть** may translate 'will be playing' or 'will play' – particularly when the latter refers to an habitual or repeated action.

Note how the future tense of **быть** is used in the following constructions.

Бу́дет интере́сно 'it will be interesting'.
Им на́до бу́дет рабо́тать 'they will have to work'.
Интере́сно and **на́до** are impersonal expressions, so are used with the third person singular ('it') form of **быть**.

Мы должны́ бу́дем пра́здновать Рождество́ 'We will have to celebrate Christmas'

Я должна́ бу́ду жить там 'I shall have to live there'.
The form of **до́лжен** changes to agree with the subjects **мы** and **я** and so does the form of **быть**.

Ка́ждому ну́жен бу́дет костю́м 'Everyone (each) will need a costume'.

Нам ну́жны бу́дут призы́ 'We will need prizes'.

The form of **ну́жен** agrees with subjects **костю́м** and **призы́** and so does the form of **быть**.

У них бу́дут призы́ 'They will have prizes'.

Призы́ is the subject of the Russian sentence, so the plural form **бу́дут** is used.

Не бу́дет пу́динга 'There will be no pudding'. **Не бу́дет** is the future tense of **нет** 'there is not' and is used in exactly the same way, i.e. followed by the genitive case.

Numerals

Cardinal numbers 1 – 30

one	оди́н/одна́/одно́	thirteen	трина́дцать
two	два/две	fourteen	четы́рнадцать
three	три	fifteen	пятна́дцать
four	четы́ре	sixteen	шестна́дцать
five	пять	seventeen	семна́дцать
six	шесть	eighteen	восемна́дцать
seven	семь	nineteen	девятна́дцать
eight	во́семь	twenty	два́дцать
nine	де́вять	twenty-one	два́дцать оди́н/одна́/одно́
ten	де́сять	twenty-two	два́дцать два/две
eleven	оди́ннадцать	twenty-three	два́дцать три
twelve	двена́дцать	thirty	три́дцать

Ordinal numbers 1st – 30th

Ordinal numbers have adjectival endings and agree with the noun they describe.

first	пе́рвый -ая-ое-ые	thirteenth	трина́дцатый -ая-ое-ые
second	второ́й -ая-ое-ые	fourteenth	четы́рнадцатый -ая-ое-ые
third	тре́тий -ья-ье-ьи	fifteenth	пятна́дцатый -ая-ое-ые
fourth	четвёртый -ая-ое-ые	sixteenth	шестна́дцатый -ая-ое-ые
fifth	пя́тый -ая-ое-ые	seventeenth	семна́дцатый -ая-ое-ые
sixth	шесто́й -ая-ое-ые	eighteenth	восемна́дцатый -ая-ое-ые
seventh	седьмо́й -ая-ое-ые	nineteenth	девятна́дцатый -ая-ое-ые
eighth	восьмо́й -ая-ое-ые	twentieth	двадца́тый -ая-ое-ые
ninth	девя́тый -ая-ое-ые	twenty-first	два́дцать пе́рвый -ая-ое-ые
tenth	деся́тый -ая-ое-ые	twenty-second	два́дцать второ́й -ая-ое-ые
eleventh	оди́ннадцатый -ая-ое-ые	thirtieth	тридца́тый -ая-ое-ые
twelfth	двена́дцатый -ая-ое-ые		

In compound numerals, e.g. два́дцать пе́рвый 'twenty-first' it is only the last element, i.e. пе́рвый which has the adjectival ending and agrees with the noun described. Earlier elements remain unchanged.

All the above are hard adjectives with the exception of тре́тий, which is a soft adjective although it does not follow exactly the same pattern as regular soft adjectives, such as после́дний. A table of endings is given in the Grammar Summary.

Dates

To ask the date in Russian you say: **Какóе сегóдня числó?** 'What is the date today?'. **Какóе** is the neuter form, agreeing with the neuter noun **числó** 'date'. A typical reply would be: **Сегóдня пéрвое декабря́** 'Today is the first of December'. The adjective **пéрвое** 'first' is in the neuter to agree with **числó** although the word **числó** is rarely actually included in the answer. 'Of' is translated by putting December into the genitive case. Note the following example: **два́дцать пéрвое декабря́** 'the twenty first of December'. In compound ordinal numbers only the last element is a proper ordinal with an adjectival ending. The preceding elements are simply cardinal numbers as in English.

To translate 'on' a date in Russian use the genitive of the date: **пéрвого декабря́** 'on the first of December'; **два́дцать пéрвого декабря́** 'on the twenty first of December'; **какóго числá?** 'on what date?'.

Expressions of time

Note the use of the accusative case after the prepositions **в** and **на** in the following expressions of time: **в ту ночь** 'on that night'; **в новогóднюю ночь** 'on New Year's Eve'; **в пóлночь** 'at midnight'; **на Нóвый год** 'at New Year', 'for New Year'; **на Рождествó** 'at Christmas', 'for Christmas'.

Spelling rule

It is a rule of spelling in Russian that the letters **я** and **ю** may NEVER follow the letters **г, к, х, ж, ч, ш, щ, ц**. They are replaced by **а** and **у** respectively. This spelling rule affects the endings of some verbs — see below.

Present tense of verbs
Second conjugation verbs with stems ending in -ч, -ж, -ш, -щ

лежа́ть 'to lie'

я	лежу́	мы	лежи́м
ты	лежи́шь	вы	лежи́те
он/она́/онó	лежи́т	они́	лежа́т

слы́шать 'to hear'

я	слы́шу	мы	слы́шим
ты	слы́шишь	вы	слы́шите
он/она́/онó	слы́шит	они́	слы́шат

Note the endings **-у** and **-ат** which result from the spelling rule.

Друг дру́га

Друг дру́га translates 'one another'. The first half never alters. The second half declines like the singular of the noun **друг** 'friend'. The case depends on the verb or preposition used with it. *Thus*:

> **Поздравля́ть** + *accusative* 'to congratulate someone': **они́ поздравля́ют друг дру́га** 'they congratulate one another'.

> **Писа́ть** + *dative* 'to write to someone': **они́ пи́шут друг дру́гу** 'they write to one another'.

If there is a preposition it is inserted between the two elements;

> **О** + *prepositional* 'about': **они́ бу́дут ду́мать друг о дру́ге** 'they will think about one another'.

Упражне́ния

1 Put these sentences first into the past and then into the future:

(a) Хо́лодно. Тепло́. Интере́сно. Жа́рко. Прекра́сно. Прохла́дно. Отли́чно.

(b) Я до́ма. Тама́ра до́ма. Они́ до́ма. В го́роде но́вая гости́ница. У него́ о́тпуск в ию́ле. У Мари́ны кани́кулы. Сего́дня мой день рожде́ния. Рождество́ два́дцать пя́того декабря́.

2 Put these sentences first into the past and then into the future:

Он встаёт и умыва́ется. Я живу́ в го́роде. Она́ интересу́ется спо́ртом. Они́ пра́зднуют Рождество́. Он ест мя́со и пьёт вино́. Стои́т си́льный моро́з. Идёт дождь. Он хорошо́ поёт. Они́ е́дут на по́езде. Они́ мно́го путеше́ствуют. Я иду́ домо́й.

3 Put **нет** first into the past and then into the future in these sentences:

У меня́ нет кни́ги. У него́ нет дру́га. В магази́не нет молока́. В э́том году́ нет сне́га. Его́ нет до́ма. У Мари́ны нет костю́ма. У неё нет газе́ты.

4 Put the sentences first into the past and then into the future:

(a) На́до чита́ть бы́стро. На́до говори́ть по-ру́сски. Мо́жно занима́ться спо́ртом. Пора́ идти́ на бал.

(b) Мари́не нужна́ кни́га. Ребёнку ну́жен све́жий во́здух. Пи́теру нужна́ гости́ница. Мне нужны́ газе́ты. Ему́ ну́жен дом. Нам нужна́ да́ча. Ей нужны́ журна́лы.

(c) Я до́лжен идти́ домо́й. Она́ должна́ рабо́тать в библиоте́ке. Студе́нты должны́ отдыха́ть. Ты до́лжен помога́ть мне. Вы должны́ занима́ться спо́ртом. Я не до́лжен е́хать на юг. Она́ не должна́ встава́ть ра́но сего́дня. Они́ не должны́ идти́ туда́.

5   Insert the following dates in the sentences: **Сего́дня ... мы е́дем в Москву́.**

> *For example:* (**1.I.**) **Сего́дня пе́рвое января́. Пе́рвого января́ мы е́дем в Москву́.**

1. II; 2. III; 4. I; 5. IV; 6. V; 7. VI; 8. VII; 9. VIII; 10. IX; 25. X; 11. XI; 12. XII.

6   Complete the sentences

> *For example:* **Са́ша лю́бит Тама́ру. Тама́ра лю́бит Са́шу. Они́ лю́бят друг дру́га.**

Я понима́ю тебя́. Ты понима́ешь меня́. Мы ...
Он говори́т с ней. Она́ говори́т с ним. Они́ ...
Он пи́шет письмо́ ей. Она́ пи́шет письмо́ ему́. Они́ ...
Пи́тер смо́трит на Мари́ну. Мари́на смо́трит на Пи́тера. Они́ ...
Я ду́маю о тебе́. Ты ду́маешь обо мне. Мы ...
Пи́тер помога́ет Са́ше, а Са́ша Пи́теру. Они́ ...
Ребёнок игра́л с ма́терью, а мать с ребёнком. Они́ ...

Перево́д

My favourite holiday is Christmas. Every year we celebrate Christmas at my grandmother's in the country. I like being there in winter, especially when it snows. Last year there was a lot of snow. It snowed for three days and everything was white. It was a real white Christmas and grandmother's house was so beautiful. This year we are planning to go to Italy for Christmas and New Year. We shall be skiing there and shall stay in a hotel in a small village. I have seen a photograph. It is very picturesque there. I think that we shall have a good holiday and that there will be plenty of snow.

10 Урóк деся́тый

In this lesson you will learn how to:

- Hold a telephone conversation
- Make a date
- Use verbs of motion

Встрéча на Арбáте

Кáждый день Пи́тер хóдит на рабóту на Арбáт. Обы́чно он хóдит пешкóм, но иногдá, когдá на у́лице идёт си́льный дождь, он éздит на автóбусе. Пи́тер ужé хорошó знáет Арбáт — стáрый райóн Москвы́. Он знáет, что слóво Арбáт знáчит по–арáбски при́город. В пятнáдцатом вéке здесь был ры́нок, и шла торгóвля с Арáвией. В настоя́щее врéмя Арбáт — пéрвая пешехóдная зóна столи́цы. Здесь нет движéния, и мóжно спокóйно ходи́ть по у́лице. На Арбáте всегдá мнóго молодёжи. Здесь поэ́ты читáют свои́ стихи́, бáрды пою́т под гитáру свои́ пéсни. Пи́теру нрáвится атмосфéра на Арбáте. У негó здесь ужé есть знакóмые худóжники. Вот идёт знакóмый худóжник и несёт мольбéрт. Сейчáс он бу́дет рисовáть портрéты. А вон идёт другóй знакóмый. Он ведёт марионéтку, и любопы́тные мальчи́шки бегу́т за ним. Вот так кáждый день, с утрá до вéчера он мéдленно хóдит по Арбáту, вóдит свою́ марионéтку, и мальчи́шки бéгают за ним. А вот и трéтий: высóкий худóжник с бородóй. Обы́чно он вóзит свои́ карти́ны на велосипéде, но сегóдня везёт их в дéтской коля́ске.

«Как делá?» — спрáшивает Пи́тер у худóжника. «Плóхо, — говори́т худóжник, — здесь не покупáют мои́ карти́ны!» Пи́теру нрáвятся карти́ны э́того худóжника, осóбенно сéрия «Стáрая Москвá». Пи́тер идёт дáльше, но вдруг останáвливается. Незнакóмый худóжник рису́ет дéвушку. Дéвушка ка́жется Пи́теру знако́мой. Де́вушка смо́трит на него́ и улыба́ется. Пи́тер вдруг вспомина́ет: коне́чно, он лете́л с ней на самолёте в Москву́. Это же Мари́на! Пра́вда, с тех пор он уже́ два ра́за лета́л в Ло́ндон, но он хорошо́ по́мнит свой пе́рвый прие́зд: э́то бы́ло три ме́сяца наза́д. Вре́мя лети́т так бы́стро.

Телефо́нный разгово́р 🔳

Пи́тер:	Алло́! Скажи́те, пожа́луйста, э́то общежи́тие МГУ? Мо́жно Мари́ну к телефо́ну?
Го́лос (*voice*):	Нет, э́то кварти́ра. А како́й но́мер вам ну́жен?
Пи́тер:	Мне ну́жен но́мер 105–36–23.
Го́лос:	А э́то 105–36–24.
Пи́тер:	Извини́те, пожа́луйста! (*dials again*) Мари́ну мо́жно к телефо́ну?
Мари́на:	Да, я слу́шаю! Мари́на у телефо́на!
Пи́тер:	Мари́на! Это Пи́тер! Как у тебя́ дела́?
Мари́на:	Прекра́сно!
Пи́тер:	Ты сего́дня свобо́дна? Здесь в кино́ идёт фильм «Ма́ленькая Ве́ра».
Мари́на:	Ой! Как жаль! Я мно́го слы́шала об э́том фи́льме. Но я о́чень за́нята. За́втра у меня́ семина́р. Но послеза́втра я свобо́дна.
Пи́тер:	Хорошо́! Тогда́ до за́втра!
Мари́на:	Нет, до послеза́втра!

Слова́рь

ара́бский	Arabic	**высо́кий**	tall, high
Ара́вия	Arabia	**да́льше**	further
бард	bard	**движе́ние**	traffic
бе́гать I/	to run	**де́тская коля́ска**	pram
бежа́ть		**е́здить II**	to go (by vehicle),
борода́	beard		ride
вдруг	suddenly	**же**	*emphatic particle*
век	century	**за́втра**	tomorrow;
велосипе́д	bicycle	**по́сле~** the day
води́ть II/вести́ I	to lead, guide (on		after tomorrow
	foot)	**за́нятый**	busy
вози́ть II/	to take, drive	**знако́мый** (*adj*)	familiar; (as noun)
везти́ I	(by vehicle)		acquaintance,
вон	(over) there		friend

каза́ться I (+ *inst*)	to seem	пешехо́дная зо́на	pedestrian zone
ка́жется		по́мнить II	to remember
лета́ть I/ лете́ть II	to fly	портре́т	portrait
		поэ́т	poet
любопы́тный	curious	прие́зд	arrival
мальчи́шка	boy, urchin	ры́нок	market
марионе́тка	puppet	сейча́с	now
ме́дленно	slowly	семина́р	seminar
молодёжь (*f*)	young people	се́рия	series
мольбе́рт	easel	сло́во	word
наза́д	ago	слы́шать II	to hear
незнако́мый	unfamiliar, unknown	ста́рый	old
		стихи́	poetry
носи́ть II/нести́ I	to carry (on foot)	столи́ца	capital
остана́вли- ваться I	to stop	телефо́нный разгово́р	telephone conversation
пе́сня	song	торго́вля	trade
петь I (по‖ю́, - ёшь) под гита́ру	to sing to a guitar accompaniment	улыба́ться I	to smile
		ходи́ть II	to go (on foot), walk

в настоя́щее вре́мя	at present
с утра́ до ве́чера	from morning till night
с тех пор	since then
на у́лице	outside
До за́втра!	till tomorrow
Как (иду́т) дела́?	How are the things?
Как жаль!	What a pity!

Language in action
Да или нет!

В пятна́дцатом ве́ке на Арба́те был(а́) (пло́щадь, дере́вня, ры́нок?)

Пешехо́дная зо́на зна́чит, что там мо́жно (е́здить на маши́не, ходи́ть по у́лице, игра́ть в футбо́л?)

Пи́тер лю́бит Арба́т, потому́ что там (мно́го молодёжи, хоро́шая атмосфе́ра, у него́ знако́мые худо́жники?)

На Арба́те худо́жники (пою́т пе́сни, чита́ют стихи́, рису́ют портре́ты, продаю́т карти́ны?)

Вопро́сы

Что тако́е Арба́т?
Почему́ молодёжь лю́бит Арбат?
Что де́лают худо́жники на Арба́те?
Кого́ встреча́ет Пи́тер на Арба́те?
У вас в го́роде есть пешехо́дная зо́на?
У вас есть знако́мые худо́жники, музыка́нты, поэ́ты?

Russian realia

Below is a map of the Arbat with a key to some of the buildings along it.

1. Теа́тр и́мени Евг. Вахта́нгова
2. Италья́нский рестора́н
3. Кни́жный магази́н
4. Ста́нция метро́ «Арба́тская»
5. Магази́н «Проду́кты»
6. Апте́ка
7. Рестора́н «Макдо́налдс»
8. Фи́рма «Прогре́сс»
9. По́чта
10. Бар

Give the number of the building Peter Green would go to in order to do the following:

1 buy a book
2 eat pizza
3 post a letter
4 have a beer
5 go to work

6 watch a play
7 buy aspirin
8 eat a hamburger
9 buy fruit and vegetables
10 catch the metro

Импровиза́ция

Телефо́нный разгово́р

— *Say hello. Ask if it is the firm on the Arbat where Sasha Gurov works.*
— Нет, э́то магази́н ... Како́й но́мер вам ну́жен?
— *Give a number.*
— А э́то 131–30–25.

— *Apologize. Dial again. Say hello. Ask to speak to Sasha.*
— Да я слу́шаю. Са́ша у телефо́на.
— *Tell him who is speaking. Explain that you are flying to London tomorrow, that today is your last day in Moscow. Tell him there is a new restaurant on the Arbat. Everyone says it is very good. Ask him if he would like to go this evening.*
— С удово́льствием.

Грамма́тика
Verbs of motion

In order to translate the present tense of a verb of motion (e.g. I go) into Russian you must make a choice between two verbs, dependent on the kind of action you wish to describe. These pairs of verbs include the following:

'to walk, go on foot'	(a) **ходи́ть** or (b) **идти́**
'to ride, go by vehicle'	(a) **е́здить** or (b) **е́хать**
'to carry'	(a) **носи́ть** or (b) **нести́**
'to lead'	(a) **води́ть** or (b) **вести́**
'to convey'	(a) **вози́ть** or (b) **везти́**
'to run'	(a) **бе́гать** or (b) **бежа́ть**
'to fly'	(a) **лета́ть** or (b) **лете́ть**

Conjugation of these verbs in the present tense

Ходи́ть, е́здить, води́ть, вози́ть, носи́ть and **лете́ть** are second conjugation verbs following the same or similar patterns to **сиде́ть** (see Chapter 6).

я хожу́, ты хо́дишь, он хо́дит, etc.; я е́зжу, ты е́здишь, он е́здит, etc.; я вожу́, ты во́дишь, он во́дит, etc.

вози́ть follows the same pattern with the -з- changing to -ж- in the first person singular: **я вожу́, ты во́зишь, он во́зит**, etc.

носи́ть changes the -с- to a -ш- in the first person singular: **я ношу́, ты но́сишь, он но́сит**, etc.

лете́ть changes the -т- to a -ч- in the first person singular: **я лечу́, ты лети́шь, он лети́т**.

Бе́гать and **лета́ть** are regular first conjugation verbs: **я бе́гаю, ты бе́гаешь, он бе́гает**, etc.; **я лета́ю, ты лета́ешь, он лета́ет**, etc.

Идти́ see Chapter 3, éхать see Chapter 6.

Нести́, вести́ and везти́ are first conjugation verbs:

нести́		вести́		везти́	
я	несу́	я	веду́	я	везу́
ты	несёшь	ты	ведёшь	ты	везёшь
он/она́/оно́	несёт	он/она́/оно́	ведёт	он/она́/оно́	везёт
мы	несём	мы	ведём	мы	везём
вы	несёте	вы	ведёте	вы	везёте
они́	несу́т	они́	веду́т	они́	везу́т

Бежа́ть is an irregular verb:

я	бегу́	мы	бежи́м
ты	бежи́шь	вы	бежи́те
он/она́/оно́	бежи́т	они́	бегу́т

How to choose between ХОДИ́ТЬ and ИДТИ́

Ходи́ть is used for repeated journeys, particularly round trips such as going to work and back each day: Ка́ждый день Пи́тер хо́дит на рабо́ту 'Each day Peter goes to work'; Э́тот ма́льчик хо́дит в шко́лу 'This boy goes to school'.

Идти́ is used to describe an action taking place on one occasion: Куда́ ты идёшь? 'Where are you going?'; Я иду́ на рабо́ту 'I am going to work'.

Ходи́ть is also used if there is vagueness in the direction or destination: С утра́ до ве́чера он хо́дит по Арба́ту 'From morning to evening he walks up and down the Arbat'.

Идти́ is used to describe journeys going in a particular direction: Сего́дня Пи́тер идёт не на рабо́ту, а в кафе́ 'Today Peter is not going to work but to a café'.

Ходи́ть is used for the ability to walk: Моя́ до́чка уже́ хо́дит 'My little daughter can already walk'.

The other verbs of motion

The (a) verbs, éздить, носи́ть, etc., are used under the same circumstances as you would use ходи́ть i.e. for repeated round trips or journeys with no specific destination. The (b) verbs, éхать, нести́, etc. are used under the same circumstances as you would use идти́, i.e. for single journeys and journeys going in one particular direction:

Пи́тер ча́сто лета́ет в Ло́ндон 'Peter often flies to London'. **Сего́дня он лети́т в Пари́ж** 'Today he is flying to Paris'.

Обы́чно он во́зит карти́ны на велосипе́де 'Usually he transports his pictures on a bicycle. **Сего́дня он везёт их в де́тской коля́ске** 'Today he is transporting them in a child's pram'.

Мой сын бе́гает о́чень бы́стро 'My son runs (can run) very quickly'. **Мальчи́шки бегу́т за ним** 'The boys are running after him.'

Figurative uses of verbs of motion

Verbs of motion are used in several figurative expressions. Usually, in a given expression, only the (a) or the (b) verb will ever be found: **дождь идёт** 'it is raining'; **снег идёт** 'it is snowing'; **вре́мя лети́т** 'time flies'; **дела́ иду́т отли́чно** 'things are going very well'; **идёт фильм** 'a film is on'; **шла торго́вля** 'trade took place'.

Verbs of motion in the past tense

The past tense of the following verbs is formed regularly: **ходи́ть, е́здить, носи́ть, води́ть, вози́ть, бе́гать, лета́ть, е́хать, бежа́ть, лете́ть.**

Irregular past tenses: **идти́**: **шёл, шла, шло, шли**; **нести́**: **нёс, несла́, несло́, несли́**; **вести́**: **вёл, вела́, вело́, вели́**; **везти́**: **вёз, везла́, везло́, везли́.**

In the past and the future tense and when using the infinitive the same differences between the use of the (a) and (b) type verbs are observed as in the present tense:

Ка́ждый день я е́здил на рабо́ту на авто́бусе 'Each day I went to work on the bus' (repeated round trip).

Пи́тер бы́стро шёл по у́лице к рестора́ну 'Peter was walking quickly along the street towards the restaurant'. (single occasion and direction)

Пи́тер уже́ два ра́за лета́л в Ло́ндон 'Peter has already flown to London twice'. **Пи́тер ча́сто бу́дет лета́ть в Ло́ндон** 'Peter will often fly to London'. **Пи́тер лю́бит ходи́ть по Арба́ту** 'Peter loves walking up and down the Arbat'. **Сейча́с он хо́чет идти́ в кафе́** 'Now he wants to go to a café'.

In the *past tense only* the (a) verb may be used to describe a single round trip: **Мать уже́ ходи́ла в го́род** 'Mother has already been to town' **В про́шлом году́ я е́здила в Росси́ю** 'Last year I went to Russia'.

'To go' of vehicles

Ходи́ть/идти́ are used when trains, buses, boats, trams and other public transport are the subject: **Вот идёт по́езд** 'Here comes the train'.

Е́здить/е́хать are used when a car is the subject: **Вот е́дет маши́на** 'Here comes the car'.

Of course, if you are describing the action of a passenger on any kind of vehicle you always use **е́здить/е́хать**: **Мы е́хали на по́езде** 'We were going by train'.

Упражне́ния

1 Replace the (b) verbs of motion (**идти́, е́хать, нести́, везти́, вести́, бежа́ть, лете́ть**) with the equivalent (a) verbs (**ходи́ть, е́здить, носи́ть, вози́ть, води́ть, бе́гать, лета́ть**):

(a) Я иду́ в библиоте́ку и несу́ кни́ги. Она́ идёт на ры́нок и несёт молоко́. Мы идём на рабо́ту и несём инструме́нты. (b) Пи́тер е́дет на маши́не и везёт компью́теры. Я е́ду на по́езде и везу́ бага́ж. Они́ е́дут на авто́бусе и везу́т кни́ги. (c) Тама́ра ведёт И́рочку в бассе́йн. Я веду́ дочь в шко́лу. Роди́тели веду́т ребёнка гуля́ть. (d) Ма́льчик бежи́т за мячо́м. Мы бежи́м по ле́су. Они́ бегу́т че́рез стадио́н. (e) Я лечу́ на самолёте в Москву́. Ты лети́шь во Фра́нцию. Они́ летя́т на юг.

2 Now put both versions in the past.

3 Insert the appropriate verb of motion:

Пи́тер всегда́ ... на рабо́ту пешко́м, но сего́дня он ... на авто́бусе.
Ты уже́ ... в библиоте́ку? Да, я уже́ была́ там.
Моя́ дочь уже́ больша́я. Она́ сама́ ... в шко́лу.
Он до́лжен ча́сто ... в Москву́.
... си́льный дождь, когда́ Тама́ра ... И́рочку в де́тский сад.
Мы всегда́ ... молоко́ на ры́нок на маши́не.
За́втра мы ... в Ло́ндон на самолёте Аэрофло́та. Мы всегда́ ... Аэрофло́том.

Когда́ я ... пешко́м, я всегда́ ... пи́сьма на по́чту.

Он всегда́ ... мать на маши́не в больни́цу.

Спортсме́ны ... бы́стро.

Сего́дня Пи́тер ... Мари́ну в рестора́н. Они́ ... на метро́ до рестора́на.

Перево́д

1 We always go to Italy in summer, but this year we are going to Spain.

2 Today I am flying to Moscow. Do you often fly to Russia? No, I prefer to go by train.

3 He always walks to work in the morning because he says that the buses travel slowly.

4 My friend often drives me home by car.

5 The students were going home. They were carrying books.

6 Peter does not want to go home for Christmas. He is going to the Caucasus to ski.

7 Sasha was running towards the train because he thought Tamara was there.

8 Every morning Sasha runs in the park. He likes running very much.

9 On Monday Tamara is taking Irochka to the baths.

10 My grandmother walks very slowly.

11 Уро́к оди́ннадцатый

In this lesson you will learn how to:

- Use a telephone
- Talk about education
- Use the perfective past and perfective future tenses

Проблéмы образовáния

Ужé четы́ре мéсяца Мари́на собирáет материáлы для диссертáции, читáет журнáлы, посещáет лéкции. Мнóго врéмени Мари́на провóдит в библиотéке, в отдéле периóдики. Там онá просмáтривает журнáлы «Семья́ и шкóла», «Нарóдное образовáние», «Учи́тельскую газéту», составля́ет библиогрáфию.

За четы́ре мéсяца Мари́на ужé прочитáла ну́жные статьи́, просмотрéла все публикáции по своéй тéме. На прóшлой недéле онá посети́ла типи́чную срéднюю шкóлу, где она прису́тствовала на урóке англи́йского языкá. Мари́ну интересу́ет преподавáние инострáнного языкá в шкóле, и ей óчень понрáвился урóк. По мнéнию Мари́ны, ученики́ отвечáли прекрáсно.

За́втра Мари́на идёт в специáльную англи́йскую шкóлу, где преподаёт Гали́на Сергéевна. В э́той шкóле нéкоторые предмéты преподаю́тся на англи́йском языкé. Мари́на проведёт там весь день, познакóмится е учéбной прогрáммой, с типи́чным расписáнием ученикá, самá даст урóк. Мари́на ужé давнó интересу́ется образовáнием, мóжно сказáть с дéтства, когдá онá учи́лась в шкóле и реши́ла поступи́ть в университéт, чтóбы стать учи́тельницей. Ей казáлось, что ру́сская систéма образовáния справедли́вая. Образовáние беспла́тное, все дéти имéют рáвные возмóжности. У́ровень образовáния высóкий. Шкóла даёт хорóшие знáния. И вот тепéрь газéты пи́шут, что нáдо изменя́ть всю систéму образовáния. Одни́ говоря́т, что спосо́бные де́ти должны́ учи́ться отде́льно, други́е хотя́т восстанови́ть ча́стные пла́тные шко́лы. Шко́лы пережива́ют сейча́с тру́дное вре́мя.

Где телефо́н-автома́т?

ТУРИ́СТ:	Де́вушка! Скажи́те, пожа́луйста, где здесь телефо́н-автома́т?
МАРИ́НА:	Телефо́н-автома́т? Вон там, о́коло метро́.
ТУРИ́СТ:	А вы не ска́жете, как звони́ть по автома́ту?
МАРИ́НА:	Звони́ть по автома́ту? Э́то о́чень про́сто! У вас есть ме́лочь?
ТУРИ́СТ:	Да, у меня́ мно́го ме́лочи.
МАРИ́НА:	Тогда́ на́до опусти́ть моне́ту, набра́ть но́мер и ждать гудка́. Пото́м мо́жно разгова́ривать. А куда́ вы хоти́те звони́ть?
ТУРИ́СТ:	Мне на́до позвони́ть в Ки́ев.
МАРИ́НА:	В Ки́ев звони́ть отсю́да нельзя́. Вам на́до пойти́ на по́чту. Отту́да мо́жно позвони́ть в друго́й го́род.
ТУРИ́СТ:	Зна́чит звони́ть отсю́да в Ло́ндон то́же нельзя́?
МАРИ́НА:	К сожале́нию, нет. На́до идти́ на по́чту.

Слова́рь

беспла́тный	free (of charge)	**возмо́жности**	opportunities
восстана́вливать I/	to restore	**иностра́нный**	foreign
восстанови́ть II		**мне́ние**	opinion
давно́	for a long time, long since, long ago	**наро́дное образова́ние**	national education
		не́который	some
дать (дам, дашь,	to give	**нельзя́**	it is impossible/ not allowed
даст, дади́м,			
дади́те, даду́т)		**одни́ ... други́е**	some ... others
друго́й	other	**отде́л**	periodical section
знако́миться II	to get acquainted	**перио́дики**	
(по– pf) (с + inst)	with	**отде́льно**	separately
зна́ние	knowledge	**отту́да**	from there
изменя́ть I/	to change	**пережива́ть/**	to go through
измени́ть II		**пережи́ть I**	
име́ть I ра́вные	to have equal	**пла́тный**	paid, fee paying

поступа́ть I/ поступи́ть II в (+ *acc*)	to enter	справедли́вый	just, fair
предме́т	subject	сре́дняя шко́ла	secondary school
преподава́ние	teaching	статья́	article
прису́тствовать I	to be present	те́ма	subject
просма́тривать I/ просмотре́ть II	to look through	у́ровень (*m*)	level, standard
		уче́бный	educational
публика́ция	publication	учен‖и́к, -и́ца	pupil (male, female)
расписа́ние	timetable	учи́ться II	to study
составля́ть I/ соста́вить II библиогра́фию	to compile a bibliography	ча́стный	private
		что́бы	in order to

Телефо́н!

вон там	over there
(по)звони́ть по телефо́ну	to telephone
набра́ть но́мер	to dial a number
опусти́ть моне́ту	to insert a coin
ждать гудка́	to wait for a tone
разгова́ривать по телефо́ну	to talk on the phone
У вас есть ме́лочь?	Do you have change?

N.B. **по-мо́ему (по моему́ мне́нию)**   in my opinion
     по-ва́шему (по ва́шему мне́нию)   in your opinion

Language in action

Вопро́сы

Как Мари́на пи́шет свою́ диссерта́цию?
Что мо́жно чита́ть в отде́ле перио́дики?
Что сде́лала Мари́на за четы́ре ме́сяца?
Каки́е шко́лы посети́ла Мари́на?
Что тако́е специа́льная англи́йская шко́ла?
Почему́ Мари́на реши́ла стать учи́тельницей?
По ва́шему мне́нию, в англи́йском образова́нии есть пробле́мы? Каки́е?

Russian realia

The following telephone instructions are provided by a Moscow hotel.

ПАМЯТКА
по пользованию телефонной связью в гостинице

Дорогие гости!

Позвонить из номера в номер Вы сможете, набрав
2 + номер комнаты

Для выхода в город необходимо набрать
9 + вызываемый номер

Для звонков в города СНГ необходимо набрать
9 + 8 + код города + номер телефона

Для международных звонков по каналам
спутниковой связи необходимо набрать
9 + 108 + код страны + код города + номер телефона

Вы можете также воспользоваться услугами
международного таксофона, установленного в холле
на 1 этаже гостиницы.

Оплата разговоров производится основыми кредитными карточками и международной телефонной карточкой.

What code would you need to dial first to phone the following?

1 a Moscow restaurant
2 a business associate in St Petersburg
3 your London office
4 a friend in Minsk
5 your colleague in room 419

СНГ (Содру́жество незави́симых госуда́рств)	Commonwealth of Independent States (Former Soviet States)
междунаро́дный звоно́к	international call
таксофо́н	pay 'phone
креди́тная/телефо́нная ка́рточка	credit 'phone card

What alternative does the hotel provide to making international calls from your room? How can these calls be paid for?

Да или нет!

В специа́льной англи́йской шко́ле (все предме́ты преподаю́тся на англи́йском языке́, де́ти говоря́т то́лько по-англи́йски, не́которые предме́ты преподаю́тся на англи́йском языке́?)

Мари́на интересу́ется образова́нием в Росси́и, потому́ что (систе́ма образова́ния там хоро́шая, у неё там ро́дственники, она́ хо́чет стать учи́тельницей?)

Шко́ла в Росси́и справедли́ва, потому́ что (она́ даёт отли́чные зна́ния, все де́ти име́ют ра́вные возмо́жности?)

Импровиза́ция

Интервью́ (*interview*) с дире́ктором шко́лы

— *Introduce yourself as an English student in Moscow. Explain that you are writing a dissertation about education in Russia. May you ask (*зада́ть*) him/her questions about his/her school and about the education system?*

— Да, пожа́луйста.

— *Ask him/her if the school is a secondary school.*

— На́ша шко́ла типи́чная сре́дняя шко́ла.

— *Say that you know that there are also special English schools. Ask if the pupils have to speak English all the time and if all the subjects there are taught in English.*

— Нет, там то́лько не́которые предме́ты преподаю́тся на англи́йском языке́.

— *Ask him/her if they have problems in education in Russia.*

— Пробле́мы сейча́с везде́, и в образова́нии то́же. Нужны́ рефо́рмы. На́до изменя́ть систе́му.

— *Ask which journals s/he recommends about education and where you can read them.*

— Я рекоменду́ю журна́лы «Семья́ и шко́ла», «Наро́дное образова́ние», и осо́бенно «Учи́тельскую газе́ту». В ней сейча́с идёт диску́ссия об образова́нии.

— *Say thank you very much, that the conversation has been very interesting. You would very much like to visit the school again and attend an English lesson.*

— Да, пожа́луйста, мы бу́дем ра́ды ви́деть вас у нас в шко́ле.

Ва́ша шко́ла (анке́та)

1 В шко́ле вы изуча́ете (изуча́ли) мно́гие предме́ты (иностра́нный язы́к, литерату́ра, исто́рия, геогра́фия, биоло́гия, фи́зика, хи́мия, матема́тика)?

2 Како́й (был) ваш люби́мый предме́т и почему́?

3 Кто преподаёт (преподава́л) э́тот предме́т?

Choose the right institute (**театра́льный институ́т, университе́т, консервато́рия, медици́нский институ́т, фина́нсовая акаде́мия, архитекту́рный институ́т**):

По ва́шему мне́нию, куда́ на́до поступи́ть, что́бы стать (учи́телем, актёром, врачо́м, бизнесме́ном, музыка́нтом, архите́ктором)? Что́бы стать ... на́до поступи́ть в ...

Грамма́тика
Imperfective and perfective aspects

Each English infinitive has two equivalents in Russian. 'To read' can be translated either by **чита́ть** or **прочита́ть**. **Чита́ть** is called the imperfective infinitive or the infinitive of the imperfective aspect. All the verbs you have used so far have been imperfective. From the imperfective infinitive you can form the present tense, the imperfective past and the imperfective future:

чита́ть	present tense:	**чита́ю, чита́ешь, чита́ет**, etc.
	past tense:	**чита́л, чита́ла, чита́ло, чита́ли**
	future tense:	**бу́ду чита́ть, бу́дешь чита́ть**, etc.

Прочита́ть is called the perfective infinitive or the infinitive of the perfective aspect. From the perfective infinitive you can form the perfective past and the perfective future.

Formation of the perfective past

You form the perfective past in exactly the same way as the imperfective past, but by using the perfective infinitive, e.g.

прочита́ть	я/ты/он	**прочита́л**	'I read, have read, had read', etc.
	я/ты/она́	**прочита́ла**	
	оно́	**прочита́ло**	
	мы/вы/они́	**прочита́ли**	

Formation of the perfective future

The future tense is formed from a perfective infinitive in the same way that the present tense is formed from the imperfective infinitive, by using the familiar first or second conjugation endings, e.g.

прочита́ть 'to read' (perfective) 1st conjugation

| я | **прочита́ю** | I shall read, | мы **прочита́ем** |
| | | shall have read, etc. | |

| ты | прочита́ешь | | вы прочита́ете |
| он/она́/оно́ | прочита́ет | | они́ прочита́ют |

измени́ть 'to change' (perfective) 2nd conjugation

я	изменю́	I shall change,	мы изме́ним
		shall have changed, etc.	
ты	изме́нишь		вы изме́ните
он/она́/оно́	изме́нит		они́ изме́нят

Imperfective and perfective pairs

The two verbs are usually very similar. The two commonest ways in which perfective verbs differ from their imperfective partners are (a) by the addition of a prefix or (b) by internal modification.

(a) Some common perfectives with prefixes

The perfective future of these verbs will be conjugated in the same way as the present tense but with the addition of the prefix.

Imperfective	*Perfective*
пить	вы́пить
писа́ть	написа́ть
рисова́ть	нарисова́ть
ду́мать	поду́мать
за́втракать	поза́втракать
знако́миться	познако́миться
обе́дать	пообе́дать
сове́товать	посове́товать
смотре́ть	посмотре́ть
стро́ить	постро́ить
гото́вить	пригото́вить
чита́ть	прочита́ть
де́лать	сде́лать
есть	съесть
фотографи́ровать	сфотографи́ровать
ви́деть	уви́деть

(b) Some common imperfective/perfective pairs which differ as a result of internal modification

These include a large number of pairs where the imperfective ends in the suffix -**ать** or -**ять** and is 1st conjugation and the perfective ends in -**ить** or -**еть** and is 2nd conjugation. The first group of examples below follows this pattern.

Imperfective	Perfective	
вспомина́ть	вспо́мнить	(вспо́мню, вспо́мнишь … вспо́мнят)
встреча́ть	встре́тить	(встре́чу, встре́тишь … встре́тят)
изменя́ть	измени́ть	(изменю́, изме́нишь … изме́нят)
изуча́ть	изучи́ть	(изучу́, изу́чишь … изу́чат)
поздравля́ть	поздра́вить	(поздра́влю, поздра́вишь … поздра́вят)
покупа́ть	купи́ть	(куплю́, ку́пишь … ку́пят)
посеща́ть	посети́ть	(посещу́, посети́шь … посетя́т)
приглаша́ть	пригласи́ть	(приглашу́, пригласи́шь … приглася́т)
реша́ть	реши́ть	(решу́, реши́шь … реша́т)
украша́ть	укра́сить	(укра́шу, укра́сишь … укра́сят)
встава́ть	встать	(вста́ну, вста́нешь … вста́нут)
надева́ть	наде́ть	(наде́ну, наде́нешь … наде́нут)
одева́ться	оде́ться	(оде́нусь, оде́нешься … оде́нутся)
принима́ть	приня́ть	(приму́, при́мешь … при́мут)
просма́тривать	просмотре́ть	(просмотрю́, просмо́тришь … просмотря́т)
собира́ть	собра́ть	(соберу́, соберёшь … соберу́т)
станови́ться	стать	(ста́ну, ста́нешь … ста́нут)
умыва́ться	умы́ться	(умо́юсь, умо́ешься … умо́ются)
дава́ть	дать	(see below for conjugation)
продава́ть	прода́ть	(see below for conjugation)

Perfective future of **дать** 'to give'

я	дам	мы	дади́м
ты	дашь	вы	дади́те
он/она́/оно́	даст	они́	даду́т

прода́ть follows the same pattern as **дать**

Note also the verb **говори́ть**:

Imperfective	Perfective
говори́ть (to say, tell)	сказа́ть (скажу́, ска́жешь … ска́жут)
говори́ть (to talk, speak)	поговори́ть

The verbs listed above are the ones you need for the exercises in this chapter. Other perfectives are listed after their imperfective partners in the Russian–English vocabulary at the back of the book.

Differences in usage between the imperfective and perfective aspects

Imperfective aspect

(a) Habitual or repeated action:

Я смотре́ла ру́сский телеви́зор ка́ждый день 'I watched/used to watch Russian television every day'. **Мари́на ча́сто бу́дет дава́ть уро́ки в англи́йской шко́ле** 'Marina will often give/often be giving lessons at the English school'.

(b) Unfinished or continuous action:

Пи́тер смотре́л телеви́зор 'Peter was watching television'. **Мари́на весь год бу́дет рабо́тать над диссерта́цией** 'Marina will be working on her dissertation the whole year'.

(c) Emphasis on the process of an action:

Он лю́бит смотре́ть телеви́зор 'He loves to watch/watching television'.

(d) After certain verbs:

After the verbs **начина́ть** 'to begin'; **конча́ть** 'to finish'; **продолжа́ть** 'to continue' the imperfective infinitive is always used: **Мари́на начина́ет собира́ть материа́лы для диссерта́ции** 'Marina is beginning to collect material for her dissertation'.

Perfective aspect

(a) Single actions with the emphasis on completion or result:

Мари́на прочита́ла ну́жные статьи́ 'Marina has read the necessary articles'. Note: this could also mean 'Marina had read the necessary articles', dependent on the context, as there is no pluperfect past in Russian. **За́втра Мари́на даст уро́к** 'Tomorrow Marina will give a lesson'. **Я хочу́ прочита́ть э́ту кни́гу** 'I want to read (finish reading/read to the end) this book'.

(b) A series of actions, each one completed before the next one starts: **Я вста́ла, приняла́ душ и оде́лась** 'I got up, took a shower and dressed'.

(c) The start of an action:

Certain verbs, e.g. **хоте́ть** 'to want', have a perfective formed with the prefix **за-**, which is only used to convey the sense of initiating the action: **он захоте́л** 'he conceived the desire/started to want'.

(d) An action performed for a limited period of time:

Many verbs, e.g. **сиде́ть**, have a perfective formed with the prefix **по-**, which gives the meaning 'to do (something) for a while': **Он посиде́л в па́рке** 'He sat in the park for a while'.

Verbs of motion

For verbs of motion use the perfectives formed by adding the prefix **по-** to the (b) verb: **пойти́, пое́хать, понести́, повести́, повезти́, побежа́ть, полете́ть**. Note the perfective future of **пойти́: я пойду́, ты пойдёшь**, etc. The other perfectives follow the same conjugation pattern as the equivalent (b) verbs.

Present tense to describe actions begun in the past

Note the translation of the present tense **собира́ет** in the following sentence: **Уже́ четы́ре ме́сяца Мари́на собира́ет материа́лы для диссерта́ции** 'Marina has already been collecting material for her dissertation for four months'. To describe an action which began in the past but is still going on in the present, Russian, unlike English, uses the present tense. This kind of construction is often found with **давно́** 'long since, for a long time, long ago': **Мари́на уже́ давно́ интересу́ется образова́нием** 'Marina has been interested in education for a long time'.

Что́бы

Что́бы followed by an infinitive means 'in order to, so as to': **Мари́на реши́ла поступи́ть в университе́т, что́бы стать учи́тельницей** 'Marina decided to enter university (in order) to become a teacher'. **Что́бы** must be used here even though 'in order' is frequently omitted in English.

Нельзя́

Нельзя́ is an impersonal expression meaning 'one may not/one cannot'. It is generally used with the imperfective infinitive in the sense of 'it is forbidden' and with the perfective infinitive in the sense of 'it is impossible': **нельзя́ посеща́ть шко́лу** 'it is forbidden to (one may not) visit the school'; **нельзя́ посети́ть шко́лу** 'it is impossible (one cannot) visit the school'.

Упражнéния

1 Replace the imperfective with the perfective future:

Я бýду писáть письмó. Я бýду читáть кнѝгу. Он бýдет рисовáть картѝну. Онá бýдет готóвить обéд. Ты бýдешь фотографѝровать Москвý. Вы бýдете зáвтракать в буфéте. Онá бýдет есть пирожóк. Он бýдет пить кóфе. Марѝна бýдет знакóмиться с нóвой прогрáммой. Зáвтра мы бýдем обéдать в рестоráне.

2 Replace the imperfective with the perfective past:

Марѝна собирáла материáлы. Сáша встовáл ráно ýтром. Онá изучáла проблéму. Онѝ посещáли шкóлу. Мы встречáли её на ýлице. Пѝтер покупáл вóдку в магазѝне. Худóжник продавáл картѝну. Сáша становѝлся хорóшим архитéктором. Он умывáлся холóдной водóй. Они поздравлáли егó с днём рождéния. Он вспоминáл своё дéтство.

3 Complete the sentences using the verbs in brackets in an appropriate tense and aspect:

Он всегдá ... мне четѝре рубля, а сегóдня он...мне два рубля. (давáть–дать)
Я всегдá ... бáбушку в больнѝце, зáвтра я тóже ... её. (посещáть–посетѝть)
Я весь день ... кнѝгу, зáвтра я ... её до концá. (читáть–прочитáть)
Я всегдá ... «Огонёк» в гостѝнице, а вчерá я ... егó в метрó. (покупáть–купѝть)
Сáша обѝчно ... ráно и ... на рéку. Сегóдня он тóже ... ráно и ... на рéку. (вставáть–встать, идтѝ–пойтѝ)
Мы всегдá ... Пѝтера на Арбáте, но сегóдня мы ... егó на Крáсной плóщади. (встречáть–встрéтить)

Перевóд

1 I was watching television all day.
2 In the morning she finally wrote a letter to her mother.
3 Peter was walking along the Arbat when he suddenly saw Marina. She was talking to a young artist.
4 Marina has already collected all the material for her thesis.
5 Last week she visited a school in Moscow and liked it very much.

6 Tomorrow she will give a lesson in a Russian school.
7 Did you like this film? Yes, I liked it very much.
8 Sasha invited Peter to the football match. They decided to go to the café first.
9 I think Marina will become an excellent teacher.
10 In my opinion Russian education was excellent. I do not understand why it was necessary to change the whole system.

12 Урок двенадцатый

In this lesson you will learn how to:

- Talk about the press
- Form nominative, accusative and genitive plurals
- Use the imperative
- Use adjectives with numerals
- Ask questions using **ли**

Что вы́писать?

Ка́ждый год Петро́вы выпи́сывают журна́лы и газе́ты, и ка́ждый год в семье́ иду́т спо́ры, что лу́чше вы́писать. В э́том году́ спо́ров осо́бенно мно́го. Де́ло в том, что у люде́й тепе́рь большо́й вы́бор, но це́ны на газе́ты и журна́лы сли́шком высо́кие, и ну́жно мно́го де́нег, что́бы вы́писать всё, что они́ выпи́сывали ра́ньше. Сде́лать вы́бор тепе́рь нелегко́. Как и большинство́ москвиче́й, Петро́вы выпи́сывали мно́го газе́т и журна́лов. Не́которые из них интересу́ют и роди́телей, и дете́й, как наприме́р, ежедне́вная газе́та «Изве́стия», но́вая «Незави́симая газе́та», еженеде́льники «Литерату́рная газе́та» и «Огонёк», ежеме́сячный журна́л «Но́вый мир». Все они́ о́чень интере́сны, и у них ма́сса чита́телей. В них всегда́ мо́жно найти́ мно́го информа́ции об иску́сстве и культу́ре, о поли́тике и эконо́мике, о жи́зни за рубежо́м. От э́тих изда́ний Петро́вы не отка́жутся. Не мо́гут они́ отказа́ться и от еженеде́льника «Семь дней». В нём обзо́р всех переда́ч по ра́дио и телеви́зору, всех фи́льмов и сериа́лов. Та́ня и Ди́ма хотя́т подписа́ться на свою́ люби́мую газе́ту «Комсомо́льская пра́вда». Та́ня мечта́ет о журна́ле «Нау́ка и жизнь». А как быть Гали́не Серге́евне и Алексе́ю Ива́новичу? Алексе́й Ива́нович всегда́ получа́л «Медици́нскую газе́ту» для враче́й, а Гали́на Серге́евна — «Учи́тельскую газе́ту». И ра́зве мо́жет Гали́на Серге́евна прожи́ть без своего́ люби́мого журна́ла «Здоро́вье», без его́ поле́зных сове́тов и реце́птов?

Я рекоменду́ю газе́ту 📼

ПИ́ТЕР: Са́ша, посове́туй, каку́ю газету мне вы́писать!

СА́ША: Это зави́сит от того́, что тебя́ интересу́ет.

ПИ́ТЕР: Ты же зна́ешь, меня́ интересу́ет би́знес и информа́ция о Росси́и.

СА́ША: Тогда́ вы́пиши журна́л «Делов́ы́е лю́ди». Слу́шай, кака́я у него́ рекла́ма: «Журна́л «Делов́ы́е лю́ди» помо́жет вам найти́ делово́го партнёра, помо́жет созда́ть совме́стное предприя́тие».

ПИ́ТЕР: Да, ты прав. Журна́л, ка́жется, интере́сный. А каку́ю газе́ту ты рекоменду́ешь?

СА́ША: Ты делово́й челове́к. А у деловы́х люде́й ма́ло вре́мени. Поэ́тому рекоменду́ю газе́ту «Аргуме́нты и фа́кты». Это коро́ткая газета. В ней то́лько шесть коро́тких страни́ц, но мно́го информа́ции.

ПИ́ТЕР: Хорошо́! Вы́пишу «Делов́ы́е лю́ди» и «Аргуме́нты и фа́кты».

Слова́рь

большинство́	majority	культу́ра	culture
вы́бор	choice	ма́сса	mass
выпи́сывать I /	to subscribe	москви́ч	Muscovite
вы́писать		найти́ (*pf*)	to find
делово́й партнёр	business partner	нау́ка	science
де́ньги (*pl*)	money	незави́симый	independent
ежедне́вный	daily	нелегко́	not easy
еженеде́льник (*n*),	weekly	не́сколько	several
еженеде́льный		обзо́р	review
(*adj*)		отка́зываться /	to refuse, turn
ежеме́сячный	monthly	отказа́ться I	down
жизнь за	life abroad	(отка́ж‖у́сь,	
рубежо́м		-ешься) от (+ *gen*)	
зави́сеть II от	to depend on	переда́ча	broadcast
(+ *gen*)		подпи́сываться /	to subscribe
изда́ние	publication,	подписа́ться I	
	edition	на (+ *acc*)	
информа́ция	information	поле́зный сове́т	useful advice
иску́сство	art	поли́тика	politics
ка́жется	it seems	получа́ть I /	to receive
коро́ткий	short	получи́ть II	

прав, правá, etc.	right, correct	**спор**	argument
прожи́ть (*pf*)	to survive	**страни́ца**	page
рекла́ма	advertising	**цена́ на** (+ *acc*)	price of
реце́пт	recipe	**эконо́мика**	economics
сериа́л	(television) serial	**чита́тель** (*m*)	reader
сли́шком	too		
созда́ть (*pf*)	to create a joint		
совме́стное	enterprise		
предприя́тие			

Де́ло в том, что	The point is, that
Как мне быть?	What am I to do?
Как быть Гали́не Серге́евне?	What is Galina Sergeevna to do?
Ра́зве мо́жет она́ прожи́ть?	Can she really survive?

Some Popular Russian Magazines and Journals

Газе́ты: Изве́стия (*News*)**, Моско́вские но́вости, Незави́симая газе́та, Литерату́рная газе́та, Комсомо́льская пра́вда, Аргуме́нты и фа́кты, Учи́тельская газе́та, Медици́нская газе́та, Вече́рняя Москва́, За рубежо́м, Неде́ля, Семь дней Журна́лы: Но́вое вре́мя, Огонёк, Но́вый мир, Нау́ка и жизнь, Здоро́вье** (*Health*)**, Семья́ и шко́ла, Столи́ца, Ю́ность** (*Youth*)**.**

Language in action

Вопро́сы

Каки́е газе́ты и журна́лы выпи́сывают Петро́вы?

Почему́ Петро́вы выпи́сывают э́ти газе́ты и журна́лы?

Почему́ Петро́вы выпи́сывают еженеде́льник «Семь дней»?

Что хотя́т вы́писать Та́ня и Ди́ма?

Каки́е газе́ты получа́ют Гали́на Серге́евна и Алексе́й Ива́нович?

Почему́ Гали́на Серге́евна выпи́сывает журна́л «Здоро́вье»?

Почему́ Пи́тер реша́ет вы́писать «Деловы́е лю́ди»?

Что мо́жно найти́ в газе́те «Аргуме́нты и фа́кты»?

Russian realia

Complete the coupon to subscribe to the journal *Деловые люди*.

ЕСЛИ ВЫ ДЕЛОВОЙ ЧЕЛОВЕК, ВАШ ЖУРНАЛ-

ДЕЛОВЫЕ ЛЮДИ

УВАЖАЕМЫЙ ЧИТАТЕЛЬ!

ВЫ МОЖЕТЕ
ОФОРМИТЬ ПОДПИСКУ ЧЕРЕЗ РЕДАКЦИЮ
ЗАПОЛНИВ НАШ ПОДПИСНОЙ КУПОН

| Версия | Подписчик | Стоимость одного номера в рублях для подписчиков через редакцию | |
		для индивидуальных	для организаций
русская		7900	20900
английская		14900	28900
комплект		19900	44900

✄...

ПОДПИСНОЙ КУПОН

ДА, я хочу получать журнал
«ДЕЛОВЫЕ ЛЮДИ»
□ русская и/или □ английская версия
Количество номеров □ штук
Адрес с индексом_____

_____
Организация_____
Ф.И.О._____
Должность_____
Тел./факс_____
(копия платежного поручения об оплате прилагается)
Дата_____Подпись_____

подпи́ска	subscription (*noun*)
подпи́счик	subscriber
подписно́й	subscription (*adj*)
по́дпись	signature
до́лжность	post/position

Опро́с (*questionnaire*) **по англи́йской пре́ссе**
(put all English titles into the Russian alphabet)

---

1 Получа́ете ли вы ежедне́вную газе́ту? ...   Каку́ю? ....
2 Ско́лько журна́лов вы покупа́ете в ме́сяц? ...Каки́е? ....
....
3 Кака́я ва́ша люби́мая газе́та? ....
4 Како́й ваш люби́мый журна́л? ....
5 Чита́ете ли вы воскре́сную газе́ту? ....   Каку́ю? ....
6 Кака́я информа́ция вас интересу́ет? ....   спорт ....
  жизнь за рубежо́м .... поли́тика .... эконо́мика.......
  культу́рная жизнь .... иску́сство .... ку́хня ....
  би́знес .... нау́ка .... здоро́вье........
7 Чита́ете ли вы рекла́му?...
8 Получа́ете ли вы еженеде́льник «Что идёт по телеви́зору»?
....
9 Поле́зен ли он для вас?...
10 Не ду́маете ли вы, что це́ны на газе́ты и журна́лы сли́шком
  высо́кие? ....

Импровиза́ция

— *Say that you want to subscribe to some Russian newspapers and magazines. Ask for advice.*
— Это зави́сит от ва́ших интере́сов.
— *Say that you are interested in literature and culture.*
— Я рекоменду́ю «Литерату́рную газе́ту» и журна́л «Но́вый мир».
— *Explain that for your work you have to read information about Russia, about economics and politics but you do not have time to read much.*
— Тогда́ я сове́тую вы́писать газе́ту «Аргуме́нты и фа́кты». В ней ма́сса фа́ктов и информа́ции.
— *Ask if there is a paper with information about television and radio.*
— Да, в газе́те «Семь дней» обзо́р всех переда́ч по ра́дио и телеви́зору.
— *Say that, of course, your main (**гла́вный**) interest is not literature, economics, politics or television but sport.*
— Е́сли вас интересу́ет спорт, вы мо́жете вы́писать журна́л «Спорт».
— *Say thank you for the advice and state which papers you will subscribe to.*

Что сегодня по телевизору?

ПЕ́РВЫЙ КАНА́Л

6.00 Но́вости
6.30 У́тренняя гимна́стика
9.00 Де́тский час «В ми́ре ска́зки»
10.15 Документа́льный фильм «Легко́ ли быть молоды́м?»
14.00 Клуб путеше́ственников
14.50 Мультфи́льм «Семь бра́тьев»
19.30 Чемпиона́т Евро́пы по футбо́лу
21.00 Но́вости
21.30 Худо́жественный (*feature*) фильм «Э́то бы́ло у мо́ря»
23.00 Музыка́льный час
24.00 Прогно́з пого́ды на за́втра

КАНА́Л «РОССИ́Я»

8.00 Ве́сти (*news*)
8.20 Вре́мя деловы́х люде́й
9.30 Испа́нский язы́к
11.00 Мультфи́льм (*cartoon*) «Ви́нни Пух»
14.00 Документа́льный фильм «Моско́вский Кремль»
15.00 Ша́хматная шко́ла
19.00 Наш сад
19.55 Рекла́ма
20.00 Ве́сти
20.20 Чемпиона́т по те́ннису
21.30 Телесериа́л «Инспе́ктор Морс»
23.00 Музыка́льная програ́мма

1 Каки́е програ́ммы вы предпочита́ете?
2 Что вы хоти́те смотре́ть по пе́рвому кана́лу, по кана́лу «Росси́я»?
3 Кака́я э́то програ́мма? О чём она́?

Грамма́тика
Nominative plural

Masculine nouns endings in a consonant and feminine nouns ending in -a usually take the nominative plural ending -ы: **журна́л — журна́лы; газе́та — газе́ты.**

Note the stress change: **сестра́ — сёстры.** The stress on several two-syllable nouns moves to the first syllable in the plural.

Nouns affected by the spelling rule take the ending -и: **па́мятник — па́мятники; переда́ча — переда́чи.**

Masculine nouns ending in -й and feminine nouns ending in -я and both masculine and feminine nouns ending in -ь also have their plural in -и: **музе́й — музе́и; неде́ля — неде́ли; чита́тель — чита́тели; но́вость — но́вости; мать — ма́тери; дочь — до́чери.**

Do not forget that some masculine nouns drop the vowel **о**, **е** or **ё** from the last syllable of the nominative singular when other endings are added: **день** — **дни**; **отéц** — **отцы́**; **пирожóк** — **пирожки́**.

Neuter nouns ending in -**о** take the nominative plural ending -**а** and neuter nouns ending in -**е** take the plural ending -**я**: **окнó** — **óкна**; **издáние** — **издáния**.

Neuter nouns ending in -**мя** take the ending -**ена**: **и́мя** — **именá**.

Some masculine nouns have an irregular nominative plural ending in -**á**: **дом** — **домá**; **áдрес** — **адресá**; **вéчер** — **вечерá**; **дирéктор** — **директорá**; **лес** — **лесá**; **гóрод** — **городá**; **бéрег** — **берегá**. The plural of **учи́тель** is **учителя́**.

Some masculine and neuter nouns have an irregular nominative plural in -**ья**: **брат** — **брáтья**; **стул** — **сту́лья**; **друг** — **друзья́**; **дéрево** — **дерéвья**.

Masculine nouns ending in -**анин**, -**янин** usually end in -**ане**, -**яне** in the nominative plural: **англичáнин** — **англичáне**.

Лю́ди is used as the plural of **человéк** and **дéти** is used as the plural of **ребёнок**.

Some words which are nouns in English, like **вáнная** 'bathroom', are adjectives in Russian and thus form their plurals in the same way as adjectives: **вáнная** — **вáнные**.

Genitive plural

Masculine nouns

Most nouns ending in a consonant take the genitive plural ending -**ов**: **журнáл** — **журнáлов**. This ending may be affected by one of the rules of spelling: **мéсяц** — **мéсяцев**. Contrast **отéц** — **отцóв**; **дворéц** — **дворцóв** where the ending is stressed.

Nouns ending in **ж**, **ч**, **ш**, **щ** take the genitive plural ending -**ей**; **москви́ч** — **москвичéй**.

Nouns ending in -**й** take the ending -**ев** or -**ёв** if the ending is stressed: **музéй** — **музéев**; **слой** 'layer' — **слоёв**.

Nouns ending in -**ь** take the ending -**ей**: **жи́тель** — **жи́телей**.

The genitive plural of **англичáнин** is **англичáн**.

Note the following irregular genitive plurals:

Nominative singular	Nominative plural	Genitive plural
брат	бра́тья	бра́тьев
стул	сту́лья	сту́льев
друг	друзья́	друзе́й
сын	сыновья́	сынове́й
ребёнок	де́ти	дете́й
раз	разы́	раз
—	де́ньги	де́нег
—	кани́кулы	кани́кул
челове́к	лю́ди	люде́й

Note, however, that after numerals taking the genitive plural, ско́лько and не́сколько the form челове́к is used as the genitive plural: пять челове́к.

Feminine nouns

Nouns ending in -a remove the -a: переда́ча — переда́ч; газе́та — газе́т. Nouns ending in -я replace it by -ь: неде́ля — неде́ль.

Sometimes a vowel (о, е, ё) is inserted between the last two consonants: студе́нтка — студе́нток; де́вушка — де́вушек.

Nouns ending in -ня generally do not have a soft sign in the genitive plural: пе́сня — пе́сен. But note: дере́вня — дереве́нь; ку́хня 'kitchen' — ку́хонь.

Nouns ending in -ь take the ending -ей: но́вость — новосте́й; мать — матере́й; дочь — дочере́й.

Nouns ending in -ея take the ending -ей: иде́я — иде́й. Note also: статья́ — стате́й; семья́ — семе́й.

Nouns ending in -ия take the ending -ий: се́рия — се́рий.

Neuter nouns

Nouns ending in -o remove the -o: де́ло — дел; о́зеро — озёр.

Sometimes a vowel is inserted between the last two consonants: окно́ — о́кон; письмо́ — пи́сем; кре́сло — кре́сел.

Nouns ending in -e take the ending -ей: мо́ре — море́й.

Nouns ending in -ие take the ending -ий: изда́ние — изда́ний.

Nouns ending in -мя take the ending -ён: и́мя — имён.

Note: де́рево — дере́вьев.

Accusative plural

The accusative plural of inanimate nouns is the same as the nominative. The accusative plural of animate nouns is the same as the genitive.

Genitive plural of adjectives

The genitive plural for all three genders is **-ых** for hard adjectives and **-их** for soft adjectives: **типи́чных; после́дних.**

Some mixed adjectives also take the ending **-их** as a result of the spelling rule: **ру́сских, хоро́ших.**

Adjectives used with plural animate accusative nouns will also end in **-ых/-их: Он зна́ет молоды́х англича́н** 'He knows the young Englishmen'.

Plurals of possessives, э́тот, тот and весь

All Genders Nom. Sing.	Nom. Plural	Acc. Plural	Gen. Plural
мой/моя́/моё	мои́	мои́/мои́х	мои́х
твой/твоя́/твоё	твои́	твои́/твои́х	твои́х
свой/своя́/своё	свои́	свои́/свои́х	свои́х
наш/на́ша/на́ше	на́ши	на́ши/на́ших	на́ших
ваш/ва́ша/ва́ше	ва́ши	ва́ши/ва́ших	ва́ших
э́тот/э́та/э́то	э́ти	э́ти/э́тих	э́тих
весь/вся/всё	все	все/всех	всех
тот/та/то	те	те/тех	тех

The alternative accusative plural is used with animate nouns.

The imperative

The second person imperative

This is the form of the verb used to give an order or instruction: **Чита́й э́ту кни́гу!** 'Read this book!'

To form the imperative remove the last two letters from the 3rd person plural (**они́** form) of the present tense of the verb. This will give you the present tense stem. Add **-й** if the stem ends in a vowel or **-и** if it ends in a consonant: **чита́ют — чита — чита́й; пи́шут — пиш — пиши́.**

For the plural form add -те: чита́йте, пиши́те.

Note: some verbs with their stem ending in a single consonant have their imperative ending in -ь: гото́вить — гото́вь/гото́вьте 'prepare'; ста́вить — ставь/ста́вьте 'put'. This only applies to verbs that have their stress on the stem throughout the conjugation.

Reflexive ending is -ся after й or ь and -сь after и or -те: умыва́йся, умыва́йтесь.

Irregular imperatives

есть 'to eat' ешь, е́шьте; дава́ть 'to give' дава́й, дава́йте; встава́ть 'to get up' встава́й, встава́йте; пить 'to drink' пей, пе́йте.

Stress falls on the same syllable in the imperative as in the 1st person singular.

The imperative can be formed either from the imperfective or the perfective verb. The perfective imperative is formed in the same way as the imperfective imperative but starts from the 3rd person plural of the perfective future: прочита́ют — прочита — прочита́й/прочита́йте; напи́шут — напиш — напиши́/напиши́те. The perfective imperative is used to order the completion of a single action. Negative imperatives are usually in the imperfective.

Expressions of quantity with the genitive

Note the use of the following expressions with the genitive:

мно́го информа́ции 'much information'; мно́го интере́сных журна́лов 'many interesting magazines'; мно́гие из э́тих изда́ний 'many of these publications'; ма́ло хоро́ших газе́т 'few interesting newspapers'; большинство́ ру́сских 'the majority of Russians'; ско́лько газе́т? 'how many newspapers?'; не́сколько челове́к 'several people'. By contrast with не́сколько, which simply indicates a quantity, не́которые из means 'some of' in a selective sense: не́которые из э́тих газе́т 'some of these newspapers'. Из is also used after оди́н/одна́/одно́ when translating 'one of': оди́н из э́тих журна́лов 'one of these magazines'.

Numerals

The numerals пять (five) and above, excluding compounds ending in оди́н/одна́/одно́, два/две, три or четы́ре, are followed by the genitive plural of nouns and adjectives: **пять хоро́ших газе́т** 'five good news-papers'; **два́дцать шесть хоро́ших журна́лов** 'twenty-six good magazines'.

Although **два/две, три, четы́ре** are followed by nouns in the genitive singular, adjectives describing these nouns go into the genitive plural with masculine and neuter nouns and usually the nominative plural with feminine nouns. The same rules apply to compound numerals ending in **два/две, три, четы́ре: два́дцать два хоро́ших студе́нта** 'twenty-two good male students'; **два́дцать две хоро́шие студе́нтки** 'twenty-two good female students'.

Оди́н/одна́/одно́ behaves like an adjective agreeing with the noun it describes. Compound numerals ending in **оди́н/одна́/одно́** are followed by a noun and adjective in the singular: **два́дцать оди́н хоро́ший студе́нт** 'twenty one good male students; **два́дцать одна́ хоро́шая студе́нтка** 'twenty one good female students'

Questions with ли

The particle **ли** may be used to ask questions. The emphasized word in the question usually comes first followed by **ли: Получа́ете ли вы газе́ту?** 'Do you take a newspaper?' **Интере́сна ли э́та газе́та?** 'Is this newspaper interesting?'

ли is also used to translate 'whether' or 'if' in indirect questions. In Russian, unlike English, the tense used to report indirect speech is the same as would have been used for direct speech. **Он спроси́л, получа́ете ли вы газе́ту** 'He asked whether/if you took (lit. take) a newspaper.' **Она́ спроси́ла, бу́ду ли я до́ма** 'She asked whether/if I would be (lit. will be) at home.

Упражне́ния

1   Give the nominative plural of the following nouns:

бизнесме́н, де́вушка, дом, учи́тель, вре́мя, и́мя, друг, челове́к, окно́, мо́ре, зда́ние, врач, лес, оте́ц, пирожо́к, день, ве́чер, англича́нин, дежу́рная, музе́й, ле́кция, общежи́тие, каранда́ш, письмо́, ва́нная, сестра́, мать, дочь,

2   Complete the phrases by putting the words into the genitive plural:

(а) оди́н из ...

интере́сный журна́л, холо́дный ме́сяц, молодо́й оте́ц, вку́сный пирожо́к, но́вый трамва́й, хоро́ший учи́тель, отли́чный врач, гру́стный англича́нин, прия́тный день, весёлый москви́ч, прекра́сный челове́к, ма́ленький ребёнок, ста́рый друг
(b) одно́ из ...
большо́е окно́, моё письмо́, хоро́шее де́ло, тёплое мо́ре, краси́вое зда́ние, совме́стное предприя́тие, интере́сное и́мя, вку́сное блю́до, удо́бное кре́сло
(c) одна́ из ...
ру́сская учи́тельница, серьёзная студе́нтка, ста́рая ба́бушка, споко́йная мать, дли́нная о́чередь, нового́дняя ёлка, краси́вая пло́щадь, ску́чная ле́кция, коро́ткая неде́ля, но́вая дежу́рная, прия́тная англича́нка

3 Complete the sentences by putting the phrases into the accusative plural:

Мы по́мним (ва́ши поле́зные сове́ты, хоро́шие врачи́, ва́ши ста́рые друзья́, э́ти деловы́е лю́ди, на́ши англи́йские ро́дственники, но́вые изда́ния, все спортсме́ны, интере́сные ле́кции, спосо́бные студе́нтки и студе́нты)

4 Form the imperatives of the following verbs:

писа́ть/написа́ть письмо́, чита́ть/прочита́ть кни́гу, говори́ть/сказа́ть пра́вду, петь/спеть пе́сню, пить/вы́пить молоко́, занима́ться ру́сским языко́м, есть/съесть пирожо́к
5 Change direct questions to indirect questions:

For example: **Он спроси́л: "Вы получа́ете газе́ты?" Он спроси́л, получа́ю ли я газе́ты.**

Он спроси́л: (вы чита́ете воскре́сные газе́ты? ты хо́чешь быть врачо́м? у тебя́ есть брат? вы интересу́етесь спо́ртом? вы пойдёте в кино́? тебе́ нужны́ кни́ги?)

Перево́д

1 Everyone says that your press has changed a lot and is now independent. There is such a wide choice of popular magazines and newspapers.
2 The majority of Muscovites prefer to subscribe to daily newspapers. Some of these daily newspapers are very interesting.
3 One of my friends bought a new magazine five days ago. In it there were many useful facts about life in England. I wanted to buy it but

could not find it. It seems the magazine was only on sale for a few weeks.

4 Business people do not have much time to read all these long newspapers. Perhaps you can recommend to me a short one?

5 I advise you to subscribe to the weekly newspaper *Arguments and Facts*. It is a very short newspaper but one can find many facts and much information it it. It has many readers.

6 There are two big financial journals in Russia now and five independent financial newspapers.

13 Уро́к трина́дцатый

In this lesson you will learn how to:

- Make purchases and deal with prices
- Use dative, instrumental and prepositional plurals
- Use the partitive genitive

Как де́лать поку́пки в Москве́

Не́сколько дней наза́д Пи́тер снял кварти́ру в большо́м многоэта́жном до́ме. Тепе́рь он до́лжен устро́ить новосе́лье и пригласи́ть всех свои́х друзе́й. Но в кварти́ре не хвата́ет мно́гих веще́й. Нет холоди́льника, нет таре́лок, ви́лок, ноже́й, ло́жек. Са́ша говори́т, что всё э́то мо́жно купи́ть в универма́ге. А за проду́ктами он сове́тует идти́ на ры́нок. Там мо́жно купи́ть всё сра́зу, не на́до тра́тить весь день и ходи́ть из одного́ магази́на в друго́й в по́исках ну́жных проду́ктов. На ры́нке изоби́лие всех проду́ктов. На мясны́х прила́вках есть мя́со ра́зных сорто́в, на моло́чных — све́жий сыр, ма́сло, смета́на. Овощны́е прила́вки полны́ све́жих овоще́й и фру́ктов. Здесь большо́й вы́бор я́блок, груш, апельси́нов, виногра́да. Свои́ това́ры предлага́ют продавцы́ со всех концо́в страны́. И коне́чно, здесь де́йствует зако́н ры́нка: всё зави́сит от спро́са и предложе́ния. Це́ны на ры́нке высо́кие, по слова́м Са́ши, про́сто ди́кие! Килогра́мм мя́са сто́ит пятьдеся́т ты́сяч рубле́й, а за килогра́мм помидо́ров зимо́й на́до плати́ть два́дцать пять. Немно́гие лю́ди мо́гут покупа́ть проду́кты по таки́м высо́ким це́нам. Но ка́чество на ры́нке отли́чное, и проду́кты всегда́ све́жие.

Пойдём на рынок

ПИТЕР: Куда пойдём за продуктами?

МАРИНА: Пойдём на рынок! Правда, там продукты дорогие, но зато можно купить всё, и очереди нет.

ПИТЕР: С удовольствием! Что будем готовить?

МАРИНА: Я уже думала об этом. Приготовим салаты: мясной, рыбный. У меня есть хороший рецепт. Сделаем бутерброды, пирожки. А для этого надо купить... Записывай!

ПИТЕР: Хорошо! Записываю ... сыру, полкило колбасы, две банки рыбных консервов, килограмм мяса, пятьсот грамм масла, десяток яиц, овощи, фрукты.

МАРИНА: Торт и хлеб купим на Арбате, там хороший кондитерский магазин. Там можно купить конфеты, чай, кофе. Пиши!

ПИТЕР: Пишу ... две пачки чая, банка кофе, две коробки шоколадных конфет. А мороженое?

МАРИНА: Мороженое можно купить везде.

ПИТЕР: Чуть не забыл вино! Купим пять бутылок красного вина, пять бутылок белого и три бутылки водки.

Приглашаем на новоселье

ПИТЕР: Марина! Куда ставить тарелки с закусками?

МАРИНА: Тарелки поставь на большой стол в углу, а стаканы и бутылки на маленький столик.

ПИТЕР: А куда положить вилки, ножи, ложки?

МАРИ́НА: Ви́лки и ножи́ положи́ ря́дом с таре́лками. Пусть ка́ждый берёт, что ему́ нра́вится. А ско́лько нас челове́к?

ПИ́ТЕР: Я пригласи́л два́дцать челове́к.

МАРИ́НА: Тогда́ поста́вь два́дцать таре́лок!

Слова́рь

апельси́н	orange	консе́рвы (*m pl*)	tinned goods
ба́нка	tin, jar	конфе́та	sweet;
брать I (бер‖у́, -ёшь)	to take	шокола́дная ~	chocolate
вино́	wine	коро́бка	box
вещь (*f*)	thing	купи́ть II всё сра́зу	to buy everything at once
виногра́д	grapes	ма́сло	butter
гастроно́м	foodstore	многоэта́жный	multistorey
гру́ша	pear	моро́женое	ice cream
де́йствовать I (*impf*)	to act, work	о́вощ, ~но́й (*adj*)	vegetable
де́лать поку́пки	to do shopping	па́чка	packet
деся́ток	(group of) ten	плати́ть II (за-) за (+ *acc*)	to pay for
ди́кий	wild, insane	по́иск (в по́исках)	search (in search)
дорого́й	expensive	полкило́	half a kilo
забы́ть (*pf* of забыва́ть)	to forget	по́лный (+ *gen*)	full (of)
зако́н ры́нка	market forces (*lit.* law of the market)	помидо́р	tomato
		прила́вок	stall, counter
запи́сывать/ записа́ть I	to write down	продаве́ц	seller, salesman
		проду́кты (*m pl*)	foodstuffs
зато́	but then, on the other hand	рубль (*m*)	rouble
		снима́ть/снять I (сним‖у́, ешь) кварти́ру	to rent a flat
изоби́лие	abundance		
ка́чество	quality	сорт	sort
килогра́мм	kilogramme	спрос и предложе́ние	supply and demand
колбаса́	sausage		
конди́терский магази́н	confectionery shop	сто́ить II (*impf*)	to cost
		сыр	cheese
коне́ц	end; со всех концо́в страны́ from all corners of the country	тра́тить II (по-)	to spend (money); waste (time)
		това́р	goods

торт	cake	хвата́ть I	to be enough
у́гол	corner	(хвата́ет) (+ gen)	
универма́г	department store	хлеб	bread
устро́ить II (pf)	to have a house-	я́блоко	apple
новосе́лье	warming	яйцо́	egg

У меня́ не хвата́ет (+ gen) ...	I am short of ...
Ско́лько сто́ит буты́лка молока́?	How much is a bottle of milk?
Ско́лько сто́ят сигаре́ты?	How much are cigarettes?
чуть не забы́л!	almost forgot!

N.B. класть/положи́ть ви́лки, ножи́, ло́жки: to put, place (lay) forks, knives, spoons

ста́вить/поста́вить таре́лки, стака́ны: to put, place (stand) plates, glasses

Language in action

Вопро́сы

Где Пи́тер снял кварти́ру?

Как Пи́тер хо́чет пра́здновать новосе́лье?

Каки́е пробле́мы у Пи́тера?

Каки́е фру́кты мо́жно купи́ть на ры́нке?

Ско́лько сто́ит килогра́мм мя́са на ры́нке?

Прейскура́нт (*price-list*)	
Проду́кты	**Цена́ в рубля́х за 1 кг**
	Мя́со (килогра́мм)
говя́дина (*beef*)	**25 т.р.**
свини́на (*pork*)	**20 т.р.**
бара́нина (*lamb*)	**18 т.р.**
ку́рица (*chicken*)	**15 т.р.**
	Моло́чные проду́кты
молоко́ (литр)	**4 т.р.**
смета́на	**13 т.р.**
ма́сло	**18 т.р.**
сыр	**25 т.р.**
творо́г (*cottage cheese*)	**15 т.р.**

	Óвощи
картóфель (*m*) (*potatoes*)	1500 р
моркóвь (*f*) (*carrots*)	2 т.р.
капýста (*cabbage*)	2500 р
помидóры (*tomatoes*)	7 т.р.
огурцы́ (*cucumbers*)	4 т.р.
лук (*onions*)	3 т.р.
	Фрýкты
я́блоки	6 т.р.
грýши	7 т.р.
виногрáд	15 т.р.
апельси́ны	10 т.р.

N.B. Use картóфель, моркóвь, капýста, лук, виногрáд, in the singular: килогрáмм лýка; т.р. = ты́сяча рублéй

1 Каки́е продýкты вы покупáете в магази́не и на ры́нке?

2 Скóлько кг мя́са, овощéй, фрýктов вы покупáете в недéлю?

3 Скóлько стóит вáша потреби́тельская корзи́нка (*shopping basket*) за недéлю?

Russian realia

Read the advertisements for three Moscow shops before planning a trip to buy food.

Shop 1

МАГАЗИН • *АРС* •
предлагает
ШИРОКИЙ АССОРТИМЕНТ
ПРОДУКТОВ:
• ВИНО-ВОДОЧНЫЕ ИЗДЕЛИЯ
• МЯСНЫЕ И РЫБНЫЕ
  ДЕЛИКАТЕСЫ
• КОНДИТЕРСКИЕ ТОВАРЫ
• СВЕЖЕЗАМОРОЖЕННЫЕ
  ФРУКТЫ И ОВОЩИ

ЧАСЫ РАБОТЫ
10 • 19
обед
14 • 15

ВЫХОДНЫЕ ДНИ ➡
СУББОТА ВОСКРЕСЕНЬЕ

Shop 2

"ПРОДУКТЫ "
Торговля продуктами питания
широкого ассортимента.
Супы, консервы, крупы.
Производство: Швейцария, США,
Бельгия, Чехия, Россия
Время работы: 9.00 -21.00,
без перерыва и выходных

Shop 3

> *СУПЕРМАРКЕТ NBM*
> (Чистопрудный бул., тел.:921-1261)
> славится своим ассортиментом спиртных
> напитков. Одних сухих вин здесь
> только 70 наименований. Грузинские -
> "Мукузани", "Хванчкара", французские -
> "Шабли", "Бужеле", - это самые
> известные и популярные вина.
> Здесь также большой выбор сухих
> завтраков: французские мюсли - 20
> видов, кукурузные хлопья - 30 видов,
> американские растворимые каши с
> различными добавками, яблоки, персики,
> клубника
> Время работы магазина: с 10.00 до 21.00,
> без выходных и без перерыва на обед.

переры́в на обе́д	lunch break
выходно́й день	closed; day off

Shop 3
Using the information given in the advertisements, say which shop(s) you would go to:

1 for frozen fruit and vegetables
2 for a wide range of imported foods
3 for a good selection of wines
4 for tinned goods
5 for breakfast cereals
6 for confectionery
7 for soups
8 in your lunch break
9 at 9a.m.
10 on Sunday

Импровиза́ция

— *Say good morning and that you need some fresh fruit. Ask if they have any pears.*
— Да. У нас есть болга́рские и францу́зские гру́ши.
— *Ask if they are fresh and of good quality.*
— Все фру́кты здесь све́жие, и ка́чество отли́чное.
— *Ask how much a kilo costs.*
— Болга́рские сто́ят 4000 рубле́й, францу́зские 8000 рубле́й.
— *Say that the Bulgarian pears are expensive but the price for the*

French pears is crazy. You will take half a kilo of the Bulgarian pears. Ask what kind of apples they have.
— У нас сего́дня украи́нские и францу́зские я́блоки.
— *Say that at such high prices you are not interested in fruit from France. Ask how much the Ukrainian apples cost.*
— Килогра́мм сто́ит 3000 руб.
— *Say that the price is good. You will buy a kilo. Ask how much you owe* (**Ско́лько с меня́**).
— 3500 руб.
— *Say here is five thousand roubles.*
— Вот вам 500 руб.
— *Explain that you gave him/her five thousand roubles and she/he has to give you 1500 not 500.*
— Извини́те.

Грамма́тика
Plurals of nouns

In comparison with the nominative, accusative and genitive plurals the dative, instrumental and prepositional plural endings are very straight-forward.

Dative plural

Masculine nouns ending in a consonant, feminine nouns ending in -**a** and neuter nouns ending in -**o** take the ending -**ам**: **дом — дома́м; кварти́ра — кварти́рам; окно́ — о́кнам.**

Note: **друзья́м.**

Masculine nouns ending in -**й** or -**ь**, feminine nouns ending in -**я** or -**ь**, and neuter nouns ending in -**e** take the ending -**ям**: **музе́й — музе́ям; рубль — рубля́м; зда́ние — зда́ниям.**

Instrumental plural

Masculine nouns ending in a consonant, feminine nouns ending in -**a** and neuter nouns ending in -**o** take the ending -**ами**: **дом — дома́ми; кварти́ра — кварти́рами; окно́ — о́кнами.**

Note: **друзья́ми.**

Masculine nouns ending in -**й** or -**ь**, feminine nouns ending in -**я** or -**ь**, and neuter nouns ending in -**e** take the ending -**ями**: **музе́й — музе́ями; рубль — рубля́ми; зда́ние — зда́ниями.**

Note: **людьми́, дочерьми́, детьми́.**

Prepositional plural

Masculine nouns ending in a consonant, feminine nouns ending in -**a** and neuter nouns ending in -**o** take the ending -**ах**: дом — дома́х; кварти́ра — кварти́рах; окно́ — о́кнах.

Note: друзья́х.

Masculine nouns ending in -**й** or -**ь**, feminine nouns ending in -**я** or -**ь**, and neuter nouns ending in -**e** take the ending -**ях**: музе́й — музе́ях; рубль — рубля́х; зда́ние — зда́ниях.

Note that endings may be affected by the rules of spelling: **вещь** 'thing' — **веща́м** (*dat pl*), **веща́ми** (*instru pl*), **веща́х** (*prep pl*).

Neuter nouns ending in -**мя** take the following endings: и́мя — имена́м (*dat pl*), имена́ми (*instru pl*), имена́х (*prep pl*).

Plural of adjectives

The dative plural of hard adjectives for all genders is -**ым** and of soft and mixed adjectives is -**им**.

The instrumental plural of hard adjectives for all genders is -**ыми** and of soft and mixed adjectives is -**ими**.

The prepositional plural of hard adjectives for all genders is -**ых** and of soft and mixed adjectives is -**их**.

Full tables can be found in the Grammar summary.

The plural of possessives and э́тот, тот, весь and оди́н

Tables for these can be found in the Grammar summary.

Cardinal numerals 40 — 1,000

forty	со́рок	three hundred	три́ста
fifty	пятьдеся́т	four hundred	четы́реста
sixty	шестьдеся́т	five hundred	пятьсо́т
seventy	се́мьдесят	six hundred	шестьсо́т
eighty	во́семьдесят	seven hundred	семьсо́т
ninety	девяно́сто	eight hundred	восемьсо́т
a hundred	сто	nine hundred	девятьсо́т
two hundred	две́сти	a thousand	ты́сяча

Partitive genitive

The genitive is sometimes used to indicate 'some'. This is called the 'partitive' genitive.

Contrast: **Купи́, пожа́луйста, колбасы́** 'Buy some sausage, please'. **Мари́на покупа́ет колбасу́** 'Marina is buying the sausage'.

Some masculine nouns have a special partitive genitive ending in -y or -ю: **сыр — сы́ру; са́хар — са́хару; чай — ча́ю: Пи́тер ку́пит сы́ру** 'Peter will buy some cheese'.

This form of the genitive can also be used with expressions denoting quantity: **Пи́тер ку́пит килогра́мм сы́ру** 'Peter will buy a kilogram of cheese'. **Там мно́го наро́ду** 'A lot of people are there'.

To put

Класть/положи́ть 'to put, lay'

класть (1st conjugation)
Present tense: **кладу́, кладёшь ... кладу́т**
Imperfective past tense: **клал, кла́ла, кла́ло, кла́ли**
Положи́ть (2nd conjugation)
Perfective future: **положу́, поло́жишь ... поло́жат**

Ста́вить/поста́вить 'to put, stand'

ста́вить (2nd conjugation)
Present tense: **ста́влю, ста́вишь ... ста́вят**

The above verbs are transitive. They can be followed by an object. Because they imply motion into a certain position they are also often followed by a preposition with the accusative case: **Пи́тер положи́л ви́лки и ножи́ на стол** 'Peter put the forks and knives on the table'. **Мы поста́вили телеви́зор в ко́мнату** 'We put/stood the television in the room'.

Note that, rather surprisingly, **ста́вить/поста́вить** is used with **таре́лки** 'plates': **Официа́нтка ста́вит таре́лки** 'The waitress is putting out/laying out the plates.'

In contrast to the above verbs are **стоя́ть/постоя́ть** (second conjugation) 'to stand, be standing'; **лежа́ть/полежа́ть** (second conjugation) 'to lie, be lying'. These verbs are intransitive and cannot be followed by an object. They describe the position in which someone or something is located and therefore are frequently followed by a preposition with the prepositional case.

Ви́лки и ножи́ лежа́ли на столе́ 'The forks and knives were lying on the table.'

Телеви́зор стои́т в ко́мнате 'The television stands in the room.'

Таре́лки стоя́ли на столе́ 'The plates were lying on the table.'

Упражне́ния

1 Complete the sentence by putting the phrases into the correct cases in the plural:

(a) Пи́тер уже́ был в (на) ...
ча́стные ры́нки, ма́ленькие кварти́ры, де́тские больни́цы, спорти́вные стадио́ны, ру́сские дома́ о́тдыха, истори́ческие музе́и.

(b) Он уже́ знако́м с ...
моско́вские пробле́мы, прия́тные англича́не, англи́йские врачи́ и учителя́, дли́нные о́череди.

(c) Нелегко́ бы́ло ходи́ть по ...
дли́нные доро́ги и у́лицы, больши́е пло́щади и проспе́кты, ма́ленькие города́ и дере́вни.

(d) Како́е изоби́лие ...!
све́жие о́вощи и фру́кты, ра́зные гру́ши и я́блоки, мясны́е проду́кты, ры́бные консе́рвы, францу́зские ви́на, шокола́дные конфе́ты.

2 Complete the sentences using the words in brackets:

Купи́, пожа́луйста, килогра́мм (хлеб, сыр, колбаса́, са́хар, ма́сло, ры́ба, я́блоки, виногра́д, конфе́ты).

Да́йте мне две па́чки (чай, ко́фе, са́хар, сигаре́ты).

Да́йте, пожа́луйста, буты́лку (кра́сное вино́, армя́нский конья́к, ру́сская во́дка, кока-ко́ла, тома́тный сок, лимона́д, молоко́).

Ско́лько сто́ит ба́нка (кофе, майоне́з, грибы́, ры́бные консе́рвы).

3   Answer the following questions using the figures in brackets:

Ско́лько сто́ит ко́фе? (20 т.р) Ско́лько сто́ят конфе́ты? (35 т.р)
Ско́лько сто́ит па́чка сигаре́т? (3 т.р) Ско́лько сто́ит торт?
(40 т.р) Ско́лько сто́ит са́хар? (4 т.р)

4   Replace the verbs **стоя́ть** and **лежа́ть** with **ста́вить** or **класть**
using the personal pronouns **я** and **он**.

> *For example:* **Таре́лка стои́т на столе́. Я ста́влю (он
> ста́вит) таре́лку на стол.**

Телеви́зор стои́т в углу́. Холоди́льник стои́т в ку́хне. Буты́лки
стоя́т в шкафу́. Кни́га лежи́т на прила́вке. Ножи́ лежа́т на
столе́. Ви́лка лежи́т ря́дом с ножо́м.

5   Now put these sentences in the perfective past.

Перево́д

I usually do my shopping in our market. We have a very good market in
the main square of the town. The vegetables and fruit are not usually
very expensive, but the quality is good and everything is fresh. The
price of meat in the market is quite high, so I prefer to buy meat in the
large foodstore (**гастроно́м**) not far from our house. One can always
find good, cheap meat there. Today I am preparing a large meal. It is
my daughter's birthday. She is having a party (**вечери́нка**) and has
invited many friends. So I have a lot to buy. I decided to make (prepare)
her favourite dish: meat with vegetables. I have already bought all the
vegetables but today I have to buy a cake. I will go to the confectioner's
where there is always a good choice of fresh cakes.

14 Уро́к четы́рнадцатый

In this lesson you will learn how to:

- Buy a rail or air ticket
- Tell the time using the twenty-four hour clock
- Describe a journey
- Use prefixed verbs of motion

Путеше́ствие по Золото́му кольцу́

Туристи́ческий маршру́т «Золото́е кольцо́» прохо́дит по дре́вним ру́сским города́м: Росто́в, Яросла́вль, Кострома́, Влади́мир, Су́здаль. Э́ти города́ изве́стны свои́ми па́мятниками ру́сской культу́ры. Пи́тер давно́ хоте́л пое́хать по э́тому маршру́ту. И вот, наконе́ц, ему́ повезло́: Са́ша купи́л маши́ну. Тепе́рь они́ мо́гут пое́хать туда́ на маши́не.

Они́ вы́ехали из Москвы́ ра́но у́тром, когда́ на доро́гах ещё ма́ло движе́ния. Са́ша вёл маши́ну отли́чно, и че́рез два часа́ они́ подъезжа́ли к Заго́рску. Тепе́рь он называ́ется Се́ргиев поса́д. Они́ реши́ли не заезжа́ть в Се́ргиев поса́д, но бы́ло прия́тно прое́хать ми́мо дре́внего го́рода. Часа́ три они́ е́хали по Ру́сской равни́не. Доро́га была́ о́чень ро́вной и немно́го однообра́зной. И вдруг посреди́ равни́ны, когда́ они́ подъезжа́ли к Росто́ву, пе́ред ни́ми откры́лся замеча́тельный вид: о́зеро Не́ро и на берегу́ белока́менный го́род.

Они́ до́лго ходи́ли по го́роду. Не́сколько раз обошли́ со всех сторо́н знамени́тый Росто́вский кремль и сфотографи́ровали его́, попроси́ли рыбака́ перевезти́ их на ло́дке на друго́й бе́рег о́зера и отту́да сно́ва фотографи́ровали всё. У вхо́да в собо́р они́ разговори́лись с симпати́чным старико́м. Его́ зва́ли Ива́н

Кузьми́ч Тра́вкин. Ива́н Кузьми́ч оказа́лся ме́стным исто́риком и рассказа́л им мно́го интере́сного об исто́рии дре́внего го́рода. Они́ узна́ли, что Росто́в существова́л уже́ в седьмо́м ве́ке, и что в дре́вние времена́ че́рез него́ проходи́ла доро́га на Восто́к. Вме́сте с ним они́ вошли́ в собо́р и до́лго рассма́тривали фре́ски неизве́стного худо́жника.

Ива́н Кузьми́ч е́хал в сосе́днюю дере́вню, и Са́ша с Пи́тером бы́ли ра́ды подвезти́ его́. Пра́вда, сосе́дняя дере́вня оказа́лась далеко́, и то́лько к ве́черу они́ довезли́ Ива́на Кузьмича́ до его́ дере́вни. Бы́ло уже́ по́здно, когда́ они́ прие́хали в Яросла́вль.

Золото́е кольцо́

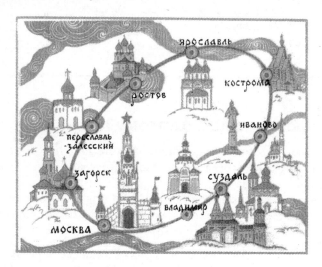

Мне ну́жен биле́т

— Бу́дьте добры́! Мне ну́жен биле́т в Петербу́рг.
— На како́е число́?
— На сего́дня, на ночно́й по́езд.
— В Петербу́рг идёт во́семь ночны́х поездо́в. На како́й по́езд вы хоти́те?
— На по́езд но́мер два. Он прихо́дит в Петербу́рг ра́но у́тром в во́семь часо́в.
— На э́тот по́езд биле́тов уже́ нет.
— Как жаль! Э́то так удо́бно! Ложи́шься спать в Москве́, а у́тром уже́ в Петербу́рге. Как же мне быть? Придётся лете́ть самолётом. На каки́е ре́йсы у вас есть биле́ты?
— В Петербу́рг есть биле́ты на все ре́йсы. Вот хоро́ший рейс:

самолёт вылетáет из Москвы́ в дéсять утрá и в одиннадц-
ать прилетáет в Петербýрг. Óчень удóбно. Ся́дете на
самолёт ýтром и ýтром бýдете в Петербýрге.
— Хорóшо! Полечý на самолёте. Скóлько стóит билéт?
— Билéт стóит пять ты́сяч рублéй.

Словáрь

белокáменный	(built of) white stone	откры́ться I (открó||юсь, -ешься)	revealed
вдруг	suddenly	пáмятник	monument
водúть II / вестú I машúну	to drive a car	перевозúть / перевезтú на лóдке	to transport by boat
вход	entrance; ~ить to enter, come in	подвозúть II / подвезтú I	to give a lift
выезжáть / вы́ехать I	to depart, drive out	подъезжáть / подъéхать I	to drive up
довозúть II / довезтú I	to take to	пóздно	late
доезжáть / доéхать I	to reach	приезжáть / приéхать I	to arrive
дрéвний	ancient	прилетáть / прилетéть	to arrive (by air)
заезжáть / заéхать I (к + dat) (в, на + acc)	to call in (at)	приходúться II / прийтúсь I (+ dat)	to have to
замечáтельный вид	magnificent view	проезжáть / проéхать I	to drive (by, through)
знаменúтый (извéстный) (+ inst)	famous (known) for	просúть (по-) (+ inf)	to ask
Золотóе кольцó	Golden ring	проходúть II / пройтú I	to pass, go past
истóрик	historian	разговорúться II (pf) (с + inst)	to get into conversation (with)
истóрия	history		
мéстный	local	рассказывать / рассказáть I	to tell
неизвéстный	unknown		
обходúть II / обойтú I	to go round	рассмáтривать I / рассмотрéть II	to examine
однообрáзный	monotonous		
оказываться / оказáться I (окаж||ýсь, -ешься (+ inst)	to turn out (to be)	рóвный	flat, even
		Рýсская равнúна	Russian plain
открывáться /	to open, be	симпатúчный старúк	likeable old man

сно́ва	again	узнава́ть/	to find out
сосе́дний	neighbouring	узна́ть I	
сторона́	side	фре́ска	fresco
существова́ть (про-)	to exist		

Бу́дьте добры́!	Be so kind!
биле́т на по́езд/на самолёт/ на рейс	ticket for the train/plane/flight
ложи́ться спать	to go to bed
сади́ться/сесть на по́езд/ на самолёт	to get on the train/on the plane

N.B. **Мне (ему́, ей, etc.) везёт/повезло́** I am (he, she is) lucky/was lucky
Мне (ему́, ей, etc.) прихо́дится/придётся (приходи́лось/пришло́сь)
I have (he, she has) to/will have (had) to ...

Language in action
Да или нет?

Золото́е кольцо́ — прекра́сный маршру́т, потому́ что там (интере́сные дре́вние города́, прекра́сные кафе́, хоро́шие доро́ги?)

Пи́теру повезло́, потому́ что (Са́ша купи́л маши́ну, Са́ша пое́хал по маршру́ту «Золото́е кольцо́»?)

Росто́в знамени́т (кремлём, собо́ром, Кра́сной пло́щадью?)

В дре́вние времена́ че́рез Росто́в (проходи́ла доро́га на Восто́к, шла торго́вля с Евро́пой?)

Ива́н Кузьми́ч оказа́лся (хоро́шим архите́ктором, знамени́тым худо́жником, ме́стным исто́риком?)

Вопро́сы

Как называ́ется маршру́т по дре́вним ру́сским города́м?
Почему́ Пи́тер с Са́шей вы́ехали ра́но?
Что уви́дели Пи́тер с Са́шей, когда́ они́ подъезжа́ли к Росто́ву?
Что они́ ви́дели в Росто́ве?
Кого́ они́ встре́тили в Росто́ве?
Кем оказа́лся Ива́н Кузьми́ч?
Что узна́ли они́ от Ива́на Кузьмича́?
Куда́ е́хал Ива́н Кузьми́ч?
Как и куда́ вы е́здили в после́дний раз?

Внима́ние! Москвичи́ и го́сти Москвы́

Моско́вское аге́нство по тури́зму предлага́ет путёвки по сле́дующим маршру́там:

— Пое́здка на теплохо́де по Во́лге (с зае́здом в Ни́жний Но́вгород, Каза́нь)
Сто́имость (*cost*) путёвки 2 миллио́на рубле́й.
Продолжи́тельность (*length*) пое́здки 15 дней.
За э́то вре́мя вы смо́жете уви́деть живопи́сные берега́ Во́лги, посети́ть дре́вние ру́сские города́, осмотре́ть музе́и.

— Пое́здка по Сре́дней А́зии. Во вре́мя путеше́ствия тури́сты проведу́т 3 дня в столи́це Узбекиста́на — Ташке́нте. Путеше́ствие зака́нчивается в го́роде Хи́ва. Продолжи́тельность пое́здки 12 дней, прое́зд туда́ и обра́тно (*back*) самолётом. Сто́имость пое́здки 3 миллио́на рубле́й.

— Круи́з по Дуна́ю (1 неде́ля). Сто́имость 5 миллио́нов рубле́й.

— Пое́здка по Че́хии на авто́бусе (2 неде́ли). Сто́имость 4 миллио́на рубле́й.

---

1 По како́му из э́тих маршру́тов вы хоти́те пое́хать?
2 Ско́лько сто́ит путёвка по э́тому маршру́ту?
3 Что мо́жно уви́деть во вре́мя путеше́ствия?
4 Где нахо́дятся э́ти места́?
5 Чем, по-ва́шему, знамени́ты э́ти места́?
6 На како́м тра́нспорте бу́дет пое́здка?

Импровиза́ция

— *Ask if there is a train to Moscow early in the morning.*
— Да, есть ско́рый (*fast*) по́езд но́мер пятьдеся́т три.
— *Ask when the train departs and arrives in Moscow.*
— По́езд отхо́дит в семь часо́в и прихо́дит в четы́рнадцать три́дцать.
— *Say that you need two tickets.*
— На како́е число́?
— *Say for the twenty-fourth.*
— К сожале́нию, на два́дцать четвёртое биле́тов уже́ нет.
— *Ask if there is another train.*
— Да, есть пассажи́рский (*passenger*) по́езд но́мер пятьдеся́т пять в де́сять часо́в.
— *Ask when this train arrives in Moscow and at which station* (**вокза́л**).

— Пассажи́рский прихо́дит в два́дцать два часа́ на Каза́нский вокза́л.

— *Say that is too late. Ask if there is a plane to Moscow.*
— Да, есть удо́бный рейс в де́вять часо́в.
— *Ask when the plane arrives in Moscow.*
— Самолёт прилета́ет в Москву́ в де́сять со́рок пять.
— *Ask if they have two tickets for the twenty-fourth.*
— Да, есть.
— *Ask how much two tickets cost.*
— Две́сти ты́сяч.
— *Say fine, you will fly to Moscow.*

Russian realia

Below is a Russian railway ticket. Examine it and check the following information:

1 number of the train   6 type of carriage
2 category of train   7 number of travellers
3 date of departure   8 destination
4 time of departure   9 From which Moscow station does it depart?
5 carriage number   10 seat/berth number

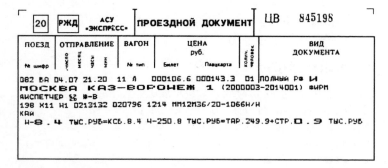

CASSETTES ORDER FORM

Colloquial Russian is also available in the form of a course pack (ISBN 0–415–16142–8), containing this book and two cassettes. The cassettes include pronunciation practice, dialogues and role-playing exercises, recorded by native speakers of Russian, and are an invaluable aid to improving your language skills.

If you have been unable to obtain the course pack, the double cassette (ISBN 0–415–16141–X) can be ordered separately through your bookseller or, in case of difficulty, send payment with order to Routledge Ltd, ITPS, Cheriton House, North Way, Andover, Hants SP10 5BE, or to Routledge Inc., 29 West 35th Street, New York, NY 10001, USA.

The publishers reserve the right to change prices without notice.

Please supply one/two/ .... double cassette(s) of

Colloquial Russian, le Fleming & Kay.

ISBN 0-415-16141-X

Price   £14.99* incl. VAT
       $22.95*

☐ ☐

☐ I enclose payment with order.
☐ Please debit my Access/Mastercharge/Mastercard/Visa/American Express. Account number:

Expiry date ....

Name ....

Address ....

....   Date ....

....   Signature ....

Order from your bookseller or from:

ROUTLEDGE LTD
ITPS
Cheriton House
North Way
Andover
Hants
SP10 5BE
ENGLAND

ROUTLEDGE INC.
29 West 35th Street
New York
NY 10001
USA

Read the following advertisement for a travel agent and answer the questions below on the services it offers.

Дамы и Господа!
Мы рады предложить Вам
следующие услуги

★ туры, оформление поездок и визы в *Латвию, Литву и Эстонию*

★ отдых в санаториях, домах отдыха и частном секторе *Прибалтики*, экскурсии

★ *Подмосковье* - санатории, д/о, пансионаты. В любое время и на любой вкус. От 2-х дней от 60т.р. в сутки

★ *Крым* - отдых, лечение, экскурсии. От 9$ в сутки. Алушта, Алупка, Мисхор, Коктебель, Ялта и другие курорты. А также отдых на Черноморском Побережье в Сочи, Анапе и др.

★ *Детские лагеря отдыха в Крыму*

★ *Германия, Бельгия* - визовая поддержка, туризм. Билеты на автобус в Германию. Автобусные туры по Европе

★ *Турция* - Стамбул от 280$ с а/б от 3 дней, Анталия (отдых на побережье) от 300$ с а/б от 5 дней, отели**-*****

★ *Обслуживание в С.-Петербурге* по индивидуальным заявкам. Размещение в гостиницах любого класса и любые экскурсионные программы

Паспортно-визовое обслуживание по более чем 30 странам мира, включая Прибалтику, Скандинавию, Европу, Азию, США

д/о	дом óтдыха		а/б	авиабилéт
т.р.	тысяча рублéй			

сýтки	day/24 hours
размещéние	accommodation
обслýживание	service

---

1 Which three former Soviet Republics does the agency arrange trips to?
2 What types of holiday are on offer in the Baltic States?
3 Which three kinds of accommodation can be arranged in the area around Moscow?
4 How much does this accommodation cost?
5 What types of holiday are on offer in the Crimea?
6 Which resorts in the Crimea are advertised?

7 Where is Sochi?

8 What is on offer for children?

9 What services are offered for travel to Germany?

10 What kinds of tours around Europe are on offer?

11 What does a $280 trip to Istanbul include?

12 What other holidays in Turkey are advertised?

13 What services does the agency offer in St Petersburg?

14 How comprehensive is the agency's visa service?

Грамма́тика
Prefixed verbs of motion

Prefixes may be added to all the verbs of motion dealt with in Chapter 10 to give them additional meaning. Very often this additional meaning is concerned with the direction of travel e.g. **входи́ть** 'to go in, enter'. Prefixed verbs of motion generally form their imperfective from the (a) imperfective of the unprefixed verb and their perfective from the (b) imperfective. These verbs are often followed by a preposition.

Some common prefixed forms from ходи́ть/идти́

Imperfective	Perfective	Preposition	Meaning
входи́ть	войти́	в + *acc*	to enter, go/come in
выходи́ть	вы́йти	из + *gen*	to go/come out
доходи́ть	дойти́	до + *gen*	to go as far as, to reach
заходи́ть	зайти́	в or на + *acc*	to call (at a place)
заходи́ть	зайти́	к + *dat*	to call (on a person)
заходи́ть	зайти́	за + *instr*	to call for
обходи́ть	обойти́	+ *acc* without a preposition	to go round
отходи́ть	отойти́	от + *gen*	to step away from
переходи́ть	перейти́	че́рез + *acc* or + *acc* without a preposition	to cross
приходи́ть	прийти́	в or на + *acc*	to arrive, come
подходи́ть	подойти́	к + *dat*	to approach, go/ come up to
проходи́ть	пройти́	ми́мо + *gen*	to go past
сходи́ть	сойти́	с + *gen*	to go/come down
уходи́ть	уйти́	из or с + *gen*	to leave (a place)
уходи́ть	уйти́	от + *gen*	to leave (a person)

Other verbs with meaning less obviously related to **ходи́ть/идти́** but formed in the same way include:

находи́ть	**найти́**	to find (come upon)
происходи́ть	**произойти́**	to happen (come about)
приходи́ться	**прийти́сь**	to have to

Notes

Prefixed forms of **ходи́ть** are conjugated in the same way as **ходи́ть** in the present and past tenses: **я вхожу́, ты вхо́дишь,** etc. **я входи́л/входи́ла,** etc. **Идти́** changes to **-йти** when a prefix is added. Prefixes ending in a consonant add **-о-** before **-йти,** e.g. **войти́**

Most prefixed forms of **идти́** follow the same patterns as **войти́**:

Perfective future		Perfective past		
я	**войду́**	я/ты/он	**вошёл**	мы/вы/они́ **вошли́**
ты	**войдёшь**	я/ты/она́	**вошла́**	
он/она́/оно́	**войдёт,** etc.	оно́	**вошло́**	

An exception to this future tense pattern is **прийти́: я приду́, ты придёшь,** etc.

The stress on **вы́йти** always falls on the prefix: **я вы́йду, ты вы́йдешь,** etc. and **вы́шел, вы́шла, вы́шло, вы́шли.**

Examples: **Я зайду́ к Мари́не** 'I will call on Marina'. **Они прохо́дят ми́мо гости́ницы** 'They are walking past the hotel'. **Пи́тер подошёл к худо́жнику** 'Peter went up to the artist'. **Мы перешли́ (через) у́лицу** 'We crossed the street'.

These prefixes are used similarly with other verbs of motion.

Prefixed forms from е́здить/е́хать

Éздить is replaced by **-езжать** when prefixes are added and the resultant verbs are regular 1st conjugation: e.g. **въезжа́ть** 'to drive in': **я въезжа́ю, ты въезжа́ешь,** etc.

Prefixed forms of **е́хать** are conjugated in the same way as **е́хать: въе́хать: я въе́ду, ты въе́дешь,** etc., and **въе́хал, въе́хала, въе́хало,** etc.

Note the hard sign **ъ** after prefixes ending in a consonant before **-езжать/-ехать.**

Some common forms:

Imperfective	Perfective	Preposition	Meaning
въезжа́ть	въе́хать	в + *acc*	to drive in
выезжа́ть	вы́ехать	из + *gen*	to drive out
доезжа́ть	дое́хать	до + *gen*	to drive as far as
заезжа́ть	зае́хать	в *or* на + *acc*	to call (at a place)
заезжа́ть	зае́хать	к + *dat*	to call (on a person)
заезжа́ть	зае́хать	за + *instr*	to call for
отъезжа́ть	отъе́хать	от + *gen*	to drive away from
переезжа́ть	перее́хать	че́рез + *acc* *or* without a preposition	to cross
переезжа́ть	перее́хать	из *or* с + *gen*	to move from
		в *or* на + *acc*	to move to
подъезжа́ть	подъе́хать	к + *dat*	to drive up
приезжа́ть	прие́хать	в *or* на + *acc*	to arrive, come
проезжа́ть	прое́хать	ми́мо + *gen*	to drive past
уезжа́ть	уе́хать	из *or* с + *gen*	to leave

Examples: **Мы прие́хали в Москву́** 'We arrived in Moscow'. **Он переезжа́ет из Москвы́ в Ло́ндон** 'He is moving from Moscow to London'. **Они́ дое́дут до Петербу́рга** 'They will go as far as St Petersburg'.

Prefixed forms of носи́ть/нести́, вози́ть/везти́, води́ть/вести́, лета́ть/лете́ть, бе́гать/бежа́ть

All the following prefixed verbs of motion are conjugated in the same way as the unprefixed forms.

вноси́ть/внести́ 'to bring in'; **выноси́ть/вы́нести** 'to take out'; **доноси́ть/донести́** 'to take as far as' **заноси́ть/занести́** 'to drop off'; **переноси́ть/перенести́** 'to move from/to'; **подноси́ть/поднести́** 'to take up to';

приноси́ть/принести́ 'to bring'; **уноси́ть/унести́** 'to take away'.

ввози́ть/ввезти́ 'to bring in/import'; **вывози́ть/вы́везти** 'to take out/export';

довози́ть/довезти́ 'to take as far as'; **завози́ть/завезти́** 'to deliver (on one's way elsewhere);

отвози́ть/отвезти́ 'to deliver'; **перевози́ть/перевезти́** 'to transfer'; **подвози́ть/подвезти́** 'to give a lift to'; **привози́ть/привезти́** 'to bring';

увози́ть/увезти́ 'to take away'.

вводи́ть/ввести́ 'to lead in'; выводи́ть/вы́вести 'to lead out'; приводи́ть/привести́ 'to bring'; уводи́ть/увести́ 'to lead away'.

влета́ть/влете́ть 'to fly in'; вылета́ть/вы́лететь 'to fly out'; прилета́ть/прилете́ть 'to arrive by air'; улета́ть/улете́ть 'to depart by air/fly away'.

вбега́ть/вбежа́ть 'to run in'; выбега́ть/вы́бежать 'to run out'; убега́ть/убежа́ть 'to run away'.

Examples: Мы привезём бага́ж на маши́не. 'We will bring the luggage by car'. Они́ прилетя́т в Москву́ сего́дня. 'They will fly into Moscow today'. Ма́льчики бу́дут убега́ть от учи́теля. 'The boys will run away from the teacher'.

'To sit' and 'to lie'

Ложи́ться/лечь 'to lie down'

ложи́ться (2nd conjugation)
Present tense: ложу́сь, ложи́шся ... ложа́тся
лечь
(Irregular)
Perfective future: ля́гу, ля́жешь, ля́жет, ля́жем, ля́жете, ля́гут
Perfective past tense: лёг, легла́, легло́, легли́
Imperative: ляг, ля́гте

Сади́ться/сесть 'to sit down'

сади́ться (2nd conjugation)
Present tense: сажу́сь, сади́шься ... садя́тся
сесть (1st conjugation)
Future perfective tense: ся́ду, ся́дешь ... ся́дут
Perfective past tense: сел, се́ла, се́ло, се́ли
Imperative: сядь, ся́дьте

Because these verbs refer to taking up a position, they are followed by a preposition with the accusative case. Contrast the verbs лежа́ть/полежа́ть 'to lie/be lying' and сиде́ть/посиде́ть 'to sit/be seated', which are followed by a preposition with the prepositional case.

Examples: Он ложи́тся на крова́ть 'He lies down on the bed'. Он лежи́т на крова́ти 'He is lying on the bed'. Мы се́ли в авто́бус 'We got (lit. sat down) into the bus'. Мы сиде́ли в авто́бусе 'We were sitting in the bus'.

Inversion of numeral and noun

If the numeral is placed after the noun it means that the number is approximate: **Они́ е́хали часа́ три** 'They travelled for about three hours'. Any preceding preposition remains with the number: **часо́в в во́семь** 'at about eight o'clock'.

Упражне́ния

1   Insert the correct prepositions and put the words in brackets into the correct case:

(a) Они́ дое́хали ... (Заго́рск). Самолёт прилете́л ... (Москва́) ра́но у́тром. По доро́ге на рабо́ту Пи́тер зашёл ... (кни́жный магази́н). Ве́чером я зашёл ... (роди́тели). Мы вы́шли ... (теа́тр) по́здно. Днём мы перее́хали ... (река́ Во́лга). В два часа́ они́ прие́хали ... (Росто́в). Маши́на подъе́хала пря́мо ... (дом). Мы зашли́ ... (Мари́на) и пошли́ ... (кино́). Такси́ бы́стро отъе́хало ... (гости́ница).
(b) Now put the sentences into the perfective future tense.
(c) Now put the sentences into the present tense.

2   Choose suitable prefixed forms of **ходи́ть/идти́** to complete the sentences and put them first into the present tense, then the perfective past tense, then the perfective future tense:

> *For example:* **Он ... в ко́мнату. Он вхо́дит в ко́мнату. Он вошёл в ко́мнату. Он войдёт в ко́мнату.**

Пи́тер ... че́рез пло́щадь и ... в кафе́. Они́ по́здно ... домо́й. По доро́ге домо́й Мари́на ... в магази́н. Са́ша ... с рабо́ты ра́но. Мы ... ми́мо Кремля́. Та́ня ... до конца́ у́лицы. Ребёнок ... от окна́. Вре́мя ... бы́стро. По доро́ге в бассе́йн Тама́ра ... к свое́й подру́ге. Полице́йский ... к тури́сту.

3   Insert suitable prefixed forms of **вози́ть/везти́**:

Он прие́хал к ма́тери и ... ей проду́кты. Он перее́хал че́рез ре́ку и ... тури́стов на друго́й бе́рег. Она́ пое́хала на ры́нок и ... туда́ молоко́. Когда́ Пи́тер прие́хал в Ло́ндон, он ... друзья́м ру́сские сувени́ры. Они́ дое́хали до дере́вни и ... старика́ до до́ма. Саша подъе́хал к гости́нице и ... Пи́тера пря́мо к две́ри. Он уе́хал из го́рода и ... свою́ семью́ отту́да.

4   Insert suitable verbs of motion:

Одна́жды Пи́тер реши́л ... в Заго́рск. Он ... из до́ма ра́но у́тром и ... на авто́бусе на вокза́л. Когда́ он ... на вокза́л, оказа́лось, что по́езд уже́ ... Сле́дующий по́езд ... че́рез час. Пи́тер реши́л ... в магази́н и купи́ть газе́ту. Пото́м он реши́л ... в кафе́ вы́пить ча́шку ко́фе. Он ... че́рез пло́щадь и ... в кафе́. Вре́мя в кафе́ ... о́чень бы́стро. Питер вы́пил ко́фе, ... из кафе́ и ... на вокза́л. Когда́ он ... до по́езда, он по́нял, что он ... на другу́ю платфо́рму. Он бы́стро ... че́рез платфо́рму, ... ми́мо дежу́рного полице́йского и ... к по́езду. По́езд ... че́рез мину́ту.

5 Replace the verbs **сиде́ть** and **лежа́ть** with **сади́ться/сесть** and **ложи́ться/лечь,** putting them first in the present tense, then in the imperfective and perfective past:

For example: **Я сижу́ на сту́ле — Я сажу́сь на стул. Я сади́лся на стул. Я сел на стул.**

Пи́тер сиди́т в кре́сле. Мы сиди́м в авто́бусе. Вы сиди́те на траве́. Студе́нты сидя́т на дива́не. Я лежу́ на дива́не. Ба́бушка лежи́т на крова́ти. Де́ти лежа́т на полу́.

Перево́д

1 Peter went past the metro and was going to cross the street when he saw Sasha. They decided to drop into the café and have a cup of coffee.
2 He is a very good engineer. He always arrives at work early and leaves late.
3 On the way home Tamara often calls on her grandmother and always takes newspapers and books.
4 He gave me a lift to the station. From here I will go by train. I see that the train has already arrived.
5 The car went past the hotel and drove into the park. A tall man got out of the car. He was carrying a camera.
6 When Sasha goes to work by car he often takes his little daughter to the kindergarten.
7 Did you like your trip to Rostov? What did you bring back?
8 An old man approached me in the Arbat today. He did not know how to get to Red Square.
9 We left the village early in the morning, but it was already late when we arrived in town.
10 I am off to the Caucasus tomorrow. When I come back, I shall bring you a present.

15 Уро́к пятна́дцатый

In this lesson you will learn how to:

- Write a letter
- Give someone's age
- Express dates
- Use more numerals
- Use negatives
- Use кото́рый
- Use the subjunctive/conditional

Письмо́

Дорога́я Джейн!

Большо́е спаси́бо за твоё письмо́! Прости́, что я так до́лго не писа́ла! Ты так интере́сно описа́ла свою́ пое́здку в Вене́цию! А я то́лько что верну́лась из Петербу́рга. Како́й э́то прекра́сный го́род! Ты зна́ешь, я сейча́с ни о чём не могу́ говори́ть, кро́ме Петербу́рга. Ты пи́шешь о кана́лах и моста́х в Вене́ции. Я никогда́ не была́ там, но твои́ описа́ния так напомина́ют Петербу́рг! Я то́же никогда́ не ви́дела так мно́го кана́лов, так мно́го воды́! Ведь Петербу́рг располо́жен на ста пяти́ остро́вах, в го́роде о́коло трёхсо́т мосто́в.

Хорошо́, что я пое́хала туда́ на кани́кулы! Е́сли бы я не пое́хала, я не узна́ла бы бли́зко свою́ ба́бушку. Како́й она́ интере́сный челове́к, и кака́я тру́дная у неё была́ жизнь! Ей девяно́сто лет, но она́ по́мнит все собы́тия, кото́рые произошли́ за её до́лгую жизнь, имена́ всех люде́й, с кото́рыми она́ встреча́лась. Она́ роди́лась в девятьсо́т пе́рвом году́ и по́мнит, как начала́сь револю́ция. Она́ учи́лась тогда́ в шко́ле, увлека́лась поэзией. *На одно́м из литерату́рных вечеро́в она́ познако́милась с молоды́м поэ́том, мои́м де́душкой и вы́шла за него́ за́муж. Они́ бы́ли о́чень сча́стливы. Всё измени́лось в тридца́тые го́ды. В три́дцать четвёртом году́ в Ленингра́де начали́сь аре́сты. Де́душку арестова́ли, и до́лгое вре́мя она́ ничего́ не зна́ла о нём.*

Предста́вь себе́, она́ оста́лась одна́ с тремя́ детьми́. Ста́ршему сы́ну бы́ло семь лет, мла́дшему два го́да, а до́чери пять ме́сяцев. У неё не́ было никаки́х средств к существова́нию: не́ было ни кварти́ры, ни рабо́ты. Е́сли бы она́ не нашла́ рабо́ту в де́тском до́ме, они́ бы не вы́жили. А пото́м, в ию́не со́рок пе́рвого го́да начала́сь война́. Девятьсо́т дней, с сентября́ со́рок пе́рвого го́да по янва́рь со́рок четвёртого продолжа́лась блока́да Ленингра́да. Лю́ди умира́ли от го́лода. Как она́ вы́жила во вре́мя войны́, тру́дно предста́вить! А пото́м, верну́лся из ссы́лки де́душка. Каза́лось, всё бу́дет тепе́рь хорошо́. Но он вско́ре у́мер. С тех пор она́ никуда́ не хо́чет уезжа́ть из Петербу́рга.

Дорога́я Джейн! Как хорошо́ бы́ло бы, е́сли бы ты прие́хала ле́том, и мы вме́сте пое́хали бы в Петербу́рг! Ты сама́ уви́дела бы, како́й э́то чуде́сный го́род!

Передава́й приве́т всем друзья́м: Ге́нри, Ма́йку, Ма́ргарет и Су!

Жду отве́та! Всего́ хоро́шего! Целу́ю! Твоя́ Мари́на.

Ско́лько лет Петербу́ргу? ▣

— Мне так нра́вится Петербу́рг, осо́бенно Зи́мний дворе́ц!

— А я люблю́ гуля́ть по на́бережной Невы́. Отту́да замеча́тельный вид на Петропа́вловскую кре́пость.

— Хоро́шее ме́сто вы́брал Пётр. Здесь Нева́ впада́ет в Балти́йское мо́ре.

— Пётр хоте́л име́ть вы́ход к мо́рю. Вот почему́ он основа́л кре́пость здесь. Э́то бы́ло шестна́дцатого ма́я ты́сяча семьсо́т тре́тьего го́да.

— Зна́чит Петербу́ргу ско́ро бу́дет три́ста лет? А когда́ Петербу́рг стал называ́ться Ленингра́дом?

— Го́род меня́л назва́ние три ра́за. Снача́ла он называ́лся Петербу́рг, пото́м Петрогра́д, а в два́дцать четвёртом году́ по́сле сме́рти Ле́нина он стал называ́ться Ленингра́дом.

— А неда́вно го́род сно́ва стал Петербу́ргом!

— Да, тепе́рь он Санкт-Петербу́рг!

Слова́рь

аре́ст	arrest; ~ова́ть I to arrest	Нева́	name of the river
Балти́йское мо́ре	Baltic sea	неда́вно	recently
блока́да	blockade	описа́ние	description
верну́ться I (*pf of* возвраща́ться I)	to return	опи́сывать/ описа́ть I	to describe
возвраще́ние	return	основа́ть I	to found
во вре́мя войны́	during the war	остава́ться/ оста́ться I (оста́н‖усь, -ешься)	to remain
впада́ть в (+ *acc*)	to flow into	Петропа́вловская кре́пость (*f*)	Peter and Paul fortress
вско́ре	shortly after	по́эзия	poetry
встреча́ться I / встре́титься II с (+ *inst*)	to meet with	представля́ть I/ предста́вить II (себе́)	to imagine (to oneself)
выбира́ть/ вы́брать I (вы́бер‖у, -ешь) ме́сто	to choose a place	продолжа́ться I/ продо́лжиться II	to continue
выжива́ть/ вы́жить I	to survive	происходи́ть II/ произойти́ I	to happen
вы́ход	exit	располо́женный на о́строве	situated on the island
выходи́ть II/ вы́йти I за́муж за (+ *acc*)	to marry (for a woman)	рожда́ться I/ роди́ться II	to be born
Евро́па	Europe	смерть (*f*)	death
Зи́мний дворе́ц	Winter Palace	собы́тие	event
знако́миться/ (по-)	to get acquainted	сре́дства к существова́нию	livelihood
кана́л	canal	ссы́лка	exile
консервато́рия	conservatoire	ста́рший	elder
кро́ме (+ *gen*)	except	стать (*pf*) (ста́н‖у, -ешь) (+ *inf*)	to begin
меня́ть I назва́ние	to change name		
мла́дший	younger	с тех пор	since then
мост	bridge	то́лько что	only just
на́бережная	embankment	умира́ть/	to die from
напомина́ть I/ напо́мнить II	to remind	умере́ть I (умру́, умрёшь; *past* у́мер, умерла́) от го́лода	hunger
начина́ть(ся) / нача́ть(ся) I (начн‖у́(сь), -ёшь(ся))	to begin	чуде́сный	wonderful

---

Как начáть и кóнчить письмó!

Неформáльное: Дорóгой (Мúлый) Сáша! Дорогáя (Мúлая) Марúна!

Целýю (*love from = I kiss*) Всегó хорóшего (*all the best*)

Формáльное: Уважáемый (Уважáемая) ... !

С уважéнием Ваш (Вáша, Вáши)

(*yours sincerely = with respect*)

Useful phrases:	Простú(те) что ...	Forgive me (us) for ...
	Передавáй-(те) привéт (+ *dat*)	Give (my, our) regards to ...
	Ждý (ждём) отвéта	Waiting for a reply
	Надéюсь (надéемся) на скóрый отвéт	Hoping for a prompt reply

---

Language in action

Вопрóсы

Где нахóдится Петербýрг?

Скóлько мостóв в Петербýрге?

Кто и когдá основáл Петербýрг?

Где Пётр пострóил Петропáвловскую крéпость?

Скóлько раз гóрод менял назвáние?

Когдá Петрогрáд стал называться Ленингрáдом?

Скóлько лет бáбушке Марúны?

Когдá онá родúлась?

Что онá дéлала до револю́ции?

Где бáбушка познакóмилась со своúм мýжем?

Когдá началáсь войнá?

Скóлько врéмени продолжáлась блокáда Ленингрáда?

Как мóжно поéхать в Петербýрг?

Сдéлайте вы́бор!

Что бы вы сдéлали,

(a) Éсли бы вы бы́ли свобóдны сегóдня вéчером (пойтú в рестoрáн, занимáться в библиотéке, смотрéть телевúзор)

(b) Éсли бы у вас бы́ли дéньги (поéхать на Байкáл, купúть нóвый дом, откры́ть свой магазúн)

(c) Éсли бы вы бы́ли в Петербýрге (посетúть Зúмний дворéц, пойтú в консерватóрию, пойтú гуля́ть по Нéвскому проспéкту)

For example: **Éсли бы я был(á) свобóден(свобóдна), я бы пошёл(пошлá) в рестoрáн.**

Внимáние! Студéнты!

По воскресéньям и по срéдам всегдá есть экскýрсии по Пýшкинским местáм

8 ИЮЛЯ (ВОСКРЕСÉНЬЕ), 11 ИЮЛЯ (СРЕДÁ)

Экскýрсия в дом-музéй Пýшкина на Мойке (послéдняя квартúра Пýшкина)

Автóбус отправлáется (*departs*) от общежúтия в 9 утрá, возвращéние в час дня

15 ИЮЛЯ (ВОСКРЕСÉНЬЕ), 18 ИЮЛЯ (СРЕДÁ)

Автóбусная экскýрсия в гóрод Пýшкин (Цáрское Селó). Во врéмя экскýрсии вы посетúте Екатерúнинский дворéц, Царскосéльский парк и лицéй, где учúлся поэт.

Автóбус отправлáется с вокзáла в 8 часóв утрá, возвращéние в 9 часóв вéчера

23 ИЮЛЯ (ВОСКРЕСÉНЬЕ), 26 ИЮЛЯ (СРЕДÁ)

Автóбусная экскýрсия в музéй-усáдьбу Михáйловское (мéсто ссýлки поэта)

Автóбус отправлáется с вокзáла в 6 часóв утрá, возвращéние в 9 часóв вéчера

1 По какúм дням бывáют экскýрсии по Пýшкинским местáм?
2 Какóй музéй вы хотéли бы посетúть и почемý?
3 Чем знаменúты эти музéи?
4 Когдá отправлáется автóбус?
5 Когдá возвращáется автóбус?

Импровизáция

Бáбушка и внук (внýчка) (*grandson, granddaughter*)

— *Ask how old your grandmother is, and which year she was born in.*

— Я родúлась, когдá началáсь войнá. Как ты дýмаешь, когдá это было?

— *Say that it cannot be so, you studied the War at school and you know the dates (**дáты**). The War began in 1939 and finished in 1945.*

— Мой дорогóй (моя дорогáя), я говорю́ о пéрвой мировóй (*world*) войнé!

— *Say that the First World War was such a long time ago! She can't be that old! But you know when the War began , it was in 1914.*

— Прáвильно (*correct*)! Я родúлась в 1914 годý!

— *Say that means she is almost 78!*

— Да, в э́том году́ мне бу́дет 78 лет!

— *Say that you remember her birthday is on the first of April, in 5 days' time, and ask what she would like for her birthday.*

— Что я хоте́ла бы на день рожде́ния? Я хоте́ла бы быть молодо́й!

— *Say that you are serious because it is difficult to find a present for her.*

Russian realia

Using the map below and the information given on p. 168 plan four days (Saturday to Tuesday) seeing the sights of St Petersburg.

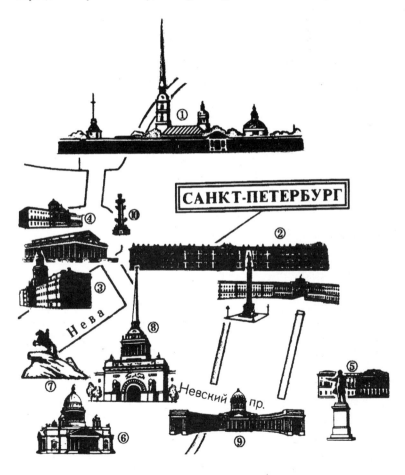

① **Петропавловская крепость**
часы работы: с 11.00 до 17.00
(до 16.00 по вторникам)
выходной день: среда

② **Эрмитаж (Зимний дворец)**
часы работы: с 10.30 до 18.00
(летом с 10.00)
выходной день: понедельник

③ **Музей антропологии и этнографии им. Петра Великого**
часы работы: с 11.00 до 18.00
выходные дни: пятница, суббота

④ **Литературный музей**
(Пушкинский дом)
часы работы: с 11.00 до 16.00
выходные дни: понедельник, вторник

⑤ **Русский музей**
часы работы: с 11.00 до 18.00
(летом с 10.00)
выходной день: вторник

⑥ **Исаакиевский собор**

⑦ **Памятник Петру 1 «Медный всадник»**

⑧ **Адмиралтейство**

⑨ **Казанский собор**

⑩ **Ростральные колонны**

Эрмита́ж	Hermitage museum
Ме́дный вса́дник	Bronze Horseman
Адмиралте́йство	Admiralty
Ростра́льные коло́нны	Rostral columns (beacons)

Грамма́тика
Age

Note these examples of how age is expressed in Russian: **Мари́не два́дцать оди́н год** 'Marina is twenty-one'. **Мое́й ма́тери со́рок два го́да** 'My mother is forty-two'. **Пи́теру два́дцать во́семь лет** 'Peter is twenty-eight'. The person whose age is being stated goes into the dative case. After numbers ending in **оди́н** use **год** 'year' and after **два/три/четы́ре** use the genitive singular **го́да**. After numerals which take the genitive plural use **лет**, the genitive plural of **ле́то** 'summer', in place of the genitive plural of **год** 'year'.

Бу́дет is used to put these expressions into the future tense and **бы́ло** to put them into the past, unless they end in **один год** in which case **был** is used: **Питеру бу́дет два́дцать во́семь лет** 'Peter will be twenty-eight'. **Мари́не бы́ло два́дцать два го́да** 'Marina was twenty-two'. **Ей был два́дцать оди́н год** 'She was twenty-one'.

Years

The year is expressed in Russian as an ordinal numeral followed by the noun **год** 'year': **ты́сяча девятьсо́т девяно́сто второ́й год** 'nineteen-ninety-two' (literally: the one thousand nine hundred ninety-second year).

To say 'in' a particular year use **в** followed by the prepositional case of both the ordinal numeral (N.B. only the last element changes) and the word **год**: **в ты́сяча девятьсо́т девяно́сто второ́м году́** 'in nineteen ninety two'. Note, however, the use of the accusative case as an alternative to prepositional in such expressions as **в тридца́тые го́ды** 'in the thirties'.

(For earlier information on numbers and dates see Chapters 9, 12 and 13.)

When the month is given first, the year goes into the genitive case:
в январе́ ты́сяча девятьсо́т девяно́ство второ́го года 'in January 1992';
пе́рвое января́ ты́сяча девятьсо́т девяно́сто второ́го года '1st January 1992';
пе́рвого января́ ты́сяча девятьсо́т девяно́сто второ́го года 'on 1st January 1992'.

Ordinal numerals 40th – 1,000th

fortieth	**сороково́й**	three hundredth	**трёхсо́тый**
fiftieth	**пятидеся́тый**	four hundredth	**четырёхсотый**
sixtieth	**шестидеся́тый**	five hundredth	**пятисо́тый**
seventieth	**семидеся́тый**	six hundredth	**шестисо́тый**
eightieth	**восмидеся́тый**	seven hundredth	**семисо́тый**
ninetieth	**девяно́стый**	eight hundredth	**восьмисо́тый**
hundredth	**со́тый**	nine hundredth	**девятисо́тый**
two hundredth	**двухсо́тый**	thousandth	**ты́сячный**

Numerals

The rules which state that **два/две**, **три** and **четы́ре** are followed by the genitive singular, **пять** and above by the genitive plural only apply when the numeral itself is in the nominative case (or the accusative case, provided this is the same as the nominative case). If the structure of the sentence requires that the numeral go into a different case, for example because it follows a preposition, then a noun or adjective following the numeral will go into the PLURAL form of that same case: **Она́ оста́лась одна́ с тремя́ детьми́** 'She was left alone with three children'.

Declensions of cardinal numerals

	два/две		три	четы́ре
	Masc/Neut	Fem	All genders	All genders
Nominative	два	две	три	четы́ре
Accusative	два/двух	две/двух	три/трёх	четы́ре/четырёх
Genitive		двух	трёх	четырёх
Dative		двум	трём	четырём
Instrumental		двумя́	тремя́	четырмья́
Prepositional		двух	трёх	четырёх

	пять	во́семь
Nominative	пять	во́семь
Accusative	пять	во́семь
Genitive	пяти́	восьми́
Dative	пяти́	восьми́
Instrumental	пятью́	восемью́
Prepositional	пяти́	восьми́

The numbers **шесть** — **два́дцать** and **три́дцать** are declined like **пять**. Declensions of other numerals can be found in the Grammar summary.

Notes: All elements of a compound cardinal numeral decline: **Э́то исто́рия о двадцати́ двух хоро́ших студе́нтах** 'This is a story about twenty-two good students'.

Два/две, **три**, **четы́ре** are the only numerals with animate accusative forms. All other numerals follow the same rules when they are in the accusative as they do when in the nominative: **Я ви́жу двух студе́нтов** 'I see two students'. **Я ви́жу пять студе́нтов** 'I see five students'. **Я ви́жу два́дцать пять студе́нтов.** 'I see twenty-five students'.

In practice the animate forms of **два/две, три, четы́ре** are not used in compounds: **Я ви́жу два́дцать два студе́нта** 'I see twenty-two students.'

Negatives

The following is a typical Russian sentence in the negative: **Я никогда́ не ви́дела так мно́го кана́лов** 'I have never seen so many canals' (literally: I have *never not* seen so many canals). Double negatives are the norm in Russian. They are not ungrammatical nor do they cancel one another out as they tend to do in English. In fact, Russian does not stop at double negatives: **Я нигде́ никогда́ не ви́дела так мно́го кана́лов** 'I have never seen so many canals anywhere' (literally: I *nowhere never* have *not* seen so many canals.). In a negative sentence in Russian not only is the verb always negative but all elements such as 'anywhere', 'anyone', 'anything' 'either ... or', 'ever', 'any' will be translated as **нигде́/никуда́** 'nowhere', **никто́** 'no one', **ничто́** 'nothing' **ни ... ни** 'neither ... nor', **никогда́** 'never', **никако́й** 'not any, no'.

When the words **никто́** 'no one', **никако́й** 'not any, no', **ничто́** 'nothing', are used with a preposition the preposition comes between **ни** and the rest of the word: **Я ни о чём не могу́ говори́ть** 'I cannot talk about anything'. **Никто́** and **ничто́** are declined like **кто** and **что**, **никако́й** like the adjective **како́й**.

Кото́рый

Кото́рый 'who/whom', 'which' or 'that' is the relative pronoun used to introduce an adjectival clause which describes a noun in the preceding clause: **Я зна́ю студе́нтку, кото́рая у́чится в МГУ** 'I know a female student who is studying at Moscow University'.

Кото́рый declines like a hard adjective. The gender and number of **кото́рый** depends on the gender and number of the noun to which it refers. In the example above, **кото́рая** refers to **студе́нтку** and so is in the feminine singular. The case of **кото́рый** depends on its own role in the adjectival clause. In the above example it is the subject of the verb **у́чится** and so is in the nominative.

Examples: **Э́то журна́л, о кото́ром я вам говори́ла** 'This is the journal *that* I was telling you about'. **Пи́тер Грин — бизнесме́н, с** кото́рым Ма́рина познако́милась на самолёте 'Peter Green is the businessman with *whom* Marina became acquainted on the plane'. У него́ есть материа́л, кото́рым я интересу́юсь 'He has the material *which* I am interested in'.

Adjectival clauses are only introduced by кто or что if they refer back to a pronoun: Тот, кто ду́мает так, не о́чень у́мный челове́к 'He who thinks thus is not a very intelligent person.

То, что

Clauses introduced in English by 'what' are preceded in Russian by the appropriate form of the phrase то, что: Э́то зави́сит от того́, что тебя́ интересу́ет 'It depends on what interests you'.

То, что also translates the English '*preposition + ... ing*' construction: Она́ начала́ с того́, что описа́ла войну́ 'She began by describing the war'. То, что also appears in the set phrases де́ло в том, что 'the fact/thing is that' and беда́ в том, что 'the trouble is that': Де́ло в том, что она́ оста́лась одна́ 'The fact is that she was left alone'. Беда́ в том, что он вско́ре у́мер 'The trouble is that he soon died'.

Subjunctive mood

Formation of the subjunctive mood

The subjunctive is formed quite simply in Russian by using the particle бы with the past tense of the verb: он чита́л бы; он прочита́л бы 'he would read, he would have read'. бы cannot be used with any tense other than the past.

Uses of the subjunctive mood

In conditional clauses:

The subjunctive is used in conditional clauses with е́сли 'if' when the condition is hypothetical i.e. cannot be fulfilled. The main clause is also in the subjunctive. Бы follows е́сли rather than the verb in the conditional clause: Е́сли бы я была́ свобо́дна вчера́ ве́чером, я пошла́ бы в кино́ 'If I had been free yesterday evening I would have gone to the cinema'.

When a condition is not hypothetical, i.e. can be fulfilled, the subjunctive is not used. Note that, in this type of sentence, if the main clause is in the future tense the conditional clause will also be in the future: **Éсли я бу́ду свобо́дна сего́дня ве́чером, я пойду́ в кино́** 'If I am free (lit. shall be free) this evening I shall go to the cinema'.

In main clauses expressing desirability:

Мне хоте́лось бы пое́хать в Петербу́рг 'I should like to go to Petersburg' **Бы́ло бы хорошо́** 'It would be good'. **Вы бы нам сказа́ли вчера́** 'You should have told us yesterday'.

Note that it is possible for **бы** to precede the verb.

Что́бы

Что́бы + infinitive

When **что́бы** means 'in order to, so as to' it is followed by an infinitive. **Мари́на написа́ла письмо́, что́бы описа́ть Петербу́рг свое́й подру́ге** 'Marina wrote a letter (in order) to describe St Petersburg to her friend'. Although 'in order' is frequently omitted from such English sentences, **что́бы** is generally only omitted after verbs of motion: **Мы пришли́ поговори́ть с ва́ми** 'We came to have a talk to you.'

Что́бы + past tense

When **что́бы** means 'in order that, so that' it is followed by the past tense: **Мари́на написа́ла письмо́, что́бы её подру́га прие́хала в Петербу́рг** 'Marina wrote a letter so that her friend would come to Petersburg'.

Что́бы used with хоте́ть

Мари́на хо́чет, что́бы её подру́га прие́хала ле́том 'Marina wants her friend to come in summer'.

Note that if the subject of both verbs is the same, then the infinitive is used instead of the **что́бы** construction: **Её подру́га хо́чет прие́хать зимо́й** 'Her friend wants to come in winter'.

Declension of foreign names

Foreign names will decline only if their ending resembles that of a Russian noun of appropriate gender. Boys' names ending in a consonant and girls' names ending in '**-a**' decline: **Я пригласи́ла Ри́чарда, Ба́рбару, Трейси и Ма́ргарет** 'I invited Richard, Barbara, Tracy and Margaret'. In this example **Ри́чард** declines like a masculine noun ending in a consonant, **Ба́рбара** like a feminine noun ending in -a. **Трейси** does not decline because Russian singular nouns do not end in -и and **Ма́ргарет** does not decline because it is a girl's name ending in a consonant.

Упражне́ния

1 Answer the following questions by using the numbers in brackets:

Ско́лько вам лет? (22) Ско́лько лет ва́шей ма́тери? (57) Ско́лько лет отцу́ сего́дня? (61) Ско́лько лет ва́шему бра́ту? (25) Ско́лько лет ва́шему сы́ну? (4) Ско́лько лет сего́дня ва́шей до́чери? (6) Ско́лько лет ва́шей ба́бушке? (93) Ско́лько лет ва́шему де́душке? (88) Ско́лько ей лет? (1)

Now put your questions and answers into the past and future tenses.

2 Give the dates of birth and death of the following people.

For example: **Пу́шкин роди́лся ... и у́мер...**

Пу́шкин (1799–1837). Ле́рмонтов (1814–1841). Че́хов (1860–1904). Го́рький (1868–1936). Ле́нин (1870–1924). Шекспи́р (1564–1616).

3 Answer these questions in the negative:

О чём вы говори́ли вчера́? Чем ты интересу́ешься? Куда́ ты ходи́л вчера́?
Каку́ю кни́гу он чита́ет? На что ты смо́тришь? О чём ты ду́маешь?
С кем он говори́т? Где ты был вчера́? Кого́ ты встре́тил? Кому́ ты писа́л письмо́?
У кого́ вы спра́шивали об э́том?

4 Combine the two sentences using the appropriate form of **кото́рый**:

For example: **Это го́род. В нём живёт друг — Это го́род, в кото́ром живёт друг.**

Это библиотека. В ней занимается Марина. Это спортсмен. Им все интересуются. Это книга. О ней все говорят. Это человек. С ним все разговаривают. Это девушка. Она мне нравится. Это друг. Я написал ему письмо. Это художник. Он нарисовал эту картину. Это женщина. Ей все помогают. Это газета. Её выписал Питер.

5 Replace the future with the subjunctive:

Если я буду свободен, я зайду к вам вечером. Если будет тепло, мы поедем на море. Если у меня будут деньги, я куплю себе новый костюм. Если вы позвоните мне, я вам всё расскажу. Если ты сдашь экзамен, ты поступишь в институт.

6 Change the sentences using **чтобы** and the word in brackets:

> *For example:* **Я хочу купить газету (ты) — Я хочу, чтобы ты купил(а) газету.**

Я хочу поехать в Петербург (Питер). Я хочу поступить в университет (моя дочь). Я хочу пойти на рынок (Питер с Сашей). Я хочу зайти к бабушке (вы). Я хочу построить дом (они).

Перевод

1 Peter the Great founded St Petersburg in 1703. He needed an outlet to the sea, so he chose the place where the wide River Neva flows into the Baltic. There he built a fortress which he called the Peter and Paul fortress.

2 If Peter had not built St Petersburg, Russia would not have had an outlet to the sea.

3 If only I could have gone to St Petersburg this summer, I would have visited all the museums.

4 During the war Leningrad suffered (**пережить**) a terrible blockade, which lasted 900 days. Many people died from hunger and cold. But Leningrad survived.

5 The great Russian writer Tolstoy was born in 1828 and died in November 1910, when he was 82 years old. During his long life he wrote many interesting books.

6 My friend liked St Petersburg very much. She had never seen such a beautiful town and so many bridges and canals.

16 Уро́к шестна́дцатый

In this lesson you will learn how to:

- Book a theatre ticket
- Talk about the theatre
- Tell the time
- Use comparatives

Теа́тр и́ли телеви́дение?

В после́днее вре́мя мно́го говоря́т, что теа́тр пережива́ет кри́зис. В теа́трах тепе́рь ме́ньше наро́ду, ле́гче купи́ть ли́шний биле́т. Одни́ объясня́ют э́то влия́нием телеви́дения: телеви́зор и ви́део ста́ли популя́рнее теа́тра. Други́е ви́дят причи́ну в измене́нии о́браза жи́зни люде́й. Ра́ньше лю́ди жи́ли бли́же к це́нтру, где нахо́дится большинство́ теа́тров. Мно́гие жи́ли в коммуна́льных кварти́рах, и им хоте́лось провести́ ве́чер в бо́лее прия́тной обстано́вке. Тепе́рь большинство́ живёт в отде́льных, бо́лее удо́бных кварти́рах обы́чно в но́вых райо́нах, далеко́ от це́нтра. Лю́ди ча́ще прово́дят свобо́дное вре́мя до́ма и ре́же хо́дят в теа́тр. Сиде́ть у телеви́зора про́ще, удо́бнее и деше́вле.

На́до сказа́ть, что в бо́лее популя́рных теа́трах, как всегда́, мно́го наро́ду, и зри́тельные за́лы полны́. В люби́мый теа́тр Мари́ны, Теа́тр дра́мы и коме́дии на Тага́нке попа́сть, как и пре́жде, тру́дно. Спекта́кли здесь я́рки и интере́сны, гора́здо я́рче и интере́снее, чем в любо́м друго́м теа́тре.

Коне́чно, ма́ссовая культу́ра то́же влия́ет на теа́тр. Зри́тель стал други́м, у него́ други́е вку́сы. Лю́ди ждут от теа́тра бо́лее интере́сных спекта́клей. Психологи́ческий традицио́нный теа́тр их интересу́ет ме́ньше. Ча́ще они́ предпочита́ют мю́зиклы, эстра́ду. Э́то влия́ет на репертуа́р теа́тров. Теа́тр стано́вится бо́лее развлека́тельным. Ста́вятся пе́рвые мю́зиклы, рок-о́перы. В них бо́льше фанта́зии, чем в традицио́нных спекта́клях, в них бо́лее бы́стрый темп, бо́лее совреме́нная му́зыка. На таки́х спекта́клях зал всегда́ по́лон.

Когда́ начина́ется спекта́кль?

МАРИ́НА: Что бу́дем де́лать сего́дня ве́чером? Мо́жет быть, пойдём в теа́тр?

ПИ́ТЕР: В теа́тр? А ско́лько сейча́с вре́мени? Ой, уже́ по́здно, семь часо́в! Мы уже́ опозда́ли в теа́тр!

МАРИ́НА: Семь часо́в? Твои́ часы́ спеша́т! Ещё то́лько полседьмо́го!

ПИ́ТЕР: А куда́ ты хо́чешь идти́? На «Три сестры́» Че́хова? Я уже́ ви́дел э́ту пье́су. Пойдём лу́чше на мю́зикл!

МАРИ́НА: Я не про́тив! За́втра идёт рок-о́пера «Юно́на и Аво́сь». Говоря́т, спекта́кль замеча́тельный. То́лько тру́дно доста́ть биле́ты на за́втра.

ПИ́ТЕР: А послеза́втра идёт мю́зикл «Шерло́к Холмс», му́зыка Па́улса. Пойдём на Шерло́ка Хо́лмса!

МАРИ́НА: С удово́льствием! Па́улс мой люби́мый компози́тор. И доста́ть биле́ты бу́дет ле́гче. У меня́ в теа́тре знако́мая актри́са.

ПИ́ТЕР: А когда́ начина́ется спекта́кль?

МАРИ́НА: Нача́ло в полови́не восьмо́го.

ПИ́ТЕР: Тогда́ дава́й встре́тимся без че́тверти семь у теа́тра.

МАРИ́НА: Нет, лу́чше прийти́ пора́ньше! Дава́й встре́тимся в шесть.

ПИ́ТЕР: Хорошо́! Бу́ду ждать тебя́ ро́вно в шесть у теа́тра. Не опа́здывай!

Слова́рь

бли́же (*comp of* **бли́зко**) closer

влия́ние influence

влия́ть I (по-*pf*) **на**(+ *acc*) to influence

гора́здо (+ *comp*) much more

деше́вле (*comp of* **дёшево**) cheaper

доро́же (*comp of* **до́рого**) more expensive

доставать/ достать I (достан‖у, -ешь) (лишний) билет	to get a (spare) ticket
зритель (*m*)	spectator; ~ный зал auditorium
изменение	change
комедия	comedy
коммунальная квартира	communal flat
легче (*comp of* легко)	easier
любой другой	any other
массовая культура	mass culture
меньше (*comp of* мало)	less, smaller
мюзикл	musical
народ	people
образ жизни	way of life
обстановка	environment
объяснять I/ объяснить II	to explain
опаздывать/ опоздать I	to be late
отдельная квартира	self-contained flat
переживать/ пережить I кризис	to go through a crisis
половина	half
попадать/ попасть I (попад‖у́, -ёшь), в (+ *acc*)	to get to

(в) последнее время	lately
(по) раньше	a little earlier
постановка	production
прежде	before
причина	reason
проще (*comp of* просто)	simpler
психологический	psychological
развлекательный	entertaining
реже (*comp of* редко)	less often
репертуар	repertoire
рок-опера	rock-opera
современный	modern
спектакль (*m*)	performance
спешить II	to hurry
ставить II (по-) пьесу	to stage a play
телевидение	television
темп	tempo
традиционный	traditional
фантазия	fantasy
чаще (*comp of* часто)	more often
чем	than
четверть (*f*)	quarter
эстрада	light entertainment, variety
ярче (*comp of* ярко)	brighter, etc.

TIME: который час? *or*
скóлько времени? what time is it?
твои часы спешат your watch is fast
ровно в шесть at 6 o'clock sharp
половина седьмого (полседьмого) half past six

Language in action

Вопро́сы

Пра́вда, что лю́ди тепе́рь хо́дят в теа́тр ме́ньше, чем ра́ньше? Почему́?

Что популя́рнее, по ва́шему мне́нию: теа́тр и́ли телеви́дение?

Как лю́ди сейча́с прово́дят своё свобо́дное вре́мя?

Почему́ не́которые теа́тры всегда́ полны́?

Когда́ начина́ются спекта́кли в моско́вских теа́трах?

Что вы предпочита́ете: теа́тр, кино́, телеви́зор и почему́?

Что, где, когда́ идёт в моско́вских теа́трах?

ТЕА́ТР «СОВРЕМЕ́ННИК» ВТО́РНИК 7 АПРЕ́ЛЯ

А. Во́лодин «Ста́ршая сестра́» (пье́са в двух де́йствиях) Режиссёр Н. Ефре́мов Гла́вную роль исполня́ет И. Лёвина Нача́ло в 7.15 ве́чера

ТЕА́ТР ДРА́МЫ И КОМЕ́ДИИ НА ТАГА́НКЕ СРЕДА́ 8 АПРЕЛЯ́

М. Булга́ков «Ма́стер и Маргари́та» (дра́ма в трёх де́йствиях) Постано́вка Ю. Люби́мова В ро́ли Маргари́ты М. Ники́тина Нача́ло в 7 ве́чера

ТЕА́ТР МУЗЫКА́ЛЬНОЙ КОМЕ́ДИИ ЧЕТВЕ́РГ 9 АПРЕЛЯ́

«Шерло́к Холмс» (по расска́зам Конан Дойля) (мю́зикл в двух де́йствиях) Му́зыка Р. Па́улса Постано́вка Роза́нова Хореогра́фия Макси́мовой Нача́ло в 7.30 ве́чера.

---

1 В како́й теа́тр вы хоте́ли бы пойти́?
2 Како́й спекта́кль идёт в э́том теа́тре?
3 Како́го числа́ и в како́й день идёт спекта́кль?
4 Когда́ начина́ется спекта́кль?
5 Кто исполня́ет (*performs*) гла́вную роль?
6 Кто поста́вил спекта́кль?

Russian realia

Examine the poster for the Bolshoi Theatre and answer the questions below.

ГОСУДАРСТВЕННЫЙ  АКАДЕМИЧЕСКИЙ

БОЛЬШОЙ ТЕАТР

ОТКРЫТИЕ 221-го СЕЗОНА
СЕНТЯБРЬ 1996 года

воскресенье 1 (вечер), вторник 3 Начало в 18 час. 30 мин М.Мусоргский ### ХОВАНЩИНА Опера в 3-х действиях	понедельник 16 П.Чайковский ### ИОЛАНТА Опера в 3-х действиях
среда 4 пятница 6 П.Чайковский ### ЛЕБЕДИНОЕ ОЗЕРО Балет в 3-х действиях	вторник 17 П.Чайковский ### ПИКОВАЯ ДАМА Опера в 3-х действиях
четверг 5, пятница 27 Дж. Верди ### ТРАВИАТА Опера в 4-х действиях	среда 18 четверг 19 С.Прокофьев ### РОМЕО И ДЖУЛЬЕТТА Балет в 3-х действиях
суббота 7 (утро), воскресенье 15 (утро) А. Катчгурён ### СПАРТАК Балет в 3-х действиях	суббота 21 (вечер) П.Чайковский Увертюра «1812 год» П.Чайковский Увертюра-фантазия «Ромео и Джульетта» С.Прокофьев Кантата «Александр Невский»
суббота 7 (вечер) воскресенье 15 (вечер) Дж.Пучини ### ТОСКА Опера в 3-х действиях	понедельник 23 ### КОНЦЕРТ ### ШЕДЕВРОВ ОПЕРНОЙ МУЗЫКИ
воскресенье 8 (утро) ### КОНЦЕРТ ДУХОВОГО ОРКЕСТРА БОЛЬШОГО ТЕАТРА	вторник 24 МУЗЫКАЛЬНЫЙ ФЕСТИВАЛЬ к 90-летию со дня рождения **Дмитрия ШОСТАКОВИЧА** (1906-1996) Д.Шостакович «ИГРОКИ» (Опера в одном действии) Концерт для фортепиано с оркестром No.1 Солист Николай ПЕТРОВ Камерная Симфония
воскресенье 8 (вечер) суббота 14 (вечер) А.Адам ### ЖИЗЕЛЬ Балет в 2-х действиях	среда 25 ГАЛА-КОНЦЕРТ Д.Шостакович «ГАМЛЕТ» (сюита из музыки к фильму «Гамлет») Концерт для виолончели с оркестром No.1 солист Александр РУДИН Симфония No.8
вторник 10, четверг 12 В.А. Моцарт ### СВАДЬБА ФИГАРО Опера в 4-х действиях	суббота 28 ЮБИЛЕЙНЫЙ ВЕЧЕР Ольги ЛЕПЕШИНСКОЙ

1 Which opera opens the Bolshoi's 221st season?
2 Which Tchaikovsky ballet is on in September? Which days can you
  see it on? How many acts does it consist of?
3 Which other ballets are being staged in September?
4 Which two Italian operas can you see?
5 Which Tchaikovsky operas are being staged?
6 On which days can you attend a morning performance and what are
  they?
7 What is the Music Festival on the 24th celebrating?
8 Which one-act opera does the programme include?
9 Which Shostakovich concertos are being performed? Who are the
  soloists?
10 What is the origin of Shostakovich's 'Hamlet Suite'?
11 Who is giving an anniversary concert on the 28th?
12 What kinds of music feature in the concerts on the 8th and the 23rd?
13 Which three pieces are being performed on the 21st?

Examine the theatre ticket below and work out

1 the place, date and time of the performance
2 where your seat is located
3 the cost of the ticket
4 who wrote the opera
5 what time it ends

Пи́ковая да́ма	Queen of Spades

Импровизация

— *Ask when* Swan Lake *is on.*

— Два́дцать пя́того и два́дцать седьмо́го ноября́, пе́рвого и тре́тьего декабря́.

— *Ask if there are any tickets for the twenty-fifth.*

— Нет, то́лько на пе́рвое и тре́тье декабря́.

— *Ask which seats* (**ме́сто**) *they have for the first of December.*

— На пе́рвое есть места́ то́лько на балко́не.

— *Ask which seats they have for the third.*

— На тре́тье есть хоро́шие места́ в амфитеа́тре (*circle*) и в парте́ре (*stalls*).

— *Ask for four tickets for* (**в** + *acc*) *the stalls.*

— Четырёх мест вме́сте в парте́ре нет, то́лько в амфитеа́тре.

— *Say that you will take tickets for the circle.*

— Есть четы́рнадцатый и два́дцать пя́тый ряд (*row*).

— *Ask which are better.*

— Четы́рнадцатый ряд бли́же и, коне́чно, лу́чше.

— *Ask if the tickets are much dearer for row fourteen.*

— Нет, они́ то́лько на пять ты́сяч рубле́й доро́же.

— *Say that you will take the tickets for row fourteen.*

— Четы́рнадцатый ряд, ме́сто четвёртое, пя́тое, шесто́е, седьмо́е.

— *Ask how much the tickets cost.*

— 20,000 г.

— *Offer a 200,000 rouble note.*

— У вас нет поме́ньше?

— *Say no, only 200,000 roubles.*

Грамма́тика
Comparatives of adjectives

A Russian adjective may be turned into the comparative by placing the word **бо́лее** 'more' in front of it. The word **бо́лее** remains the same whatever case or number the adjective is in: **бо́лее удо́бные кварти́ры** 'more comfortable flats', **Они́ живу́т в бо́лее удо́бных кварти́рах** 'They live in more comfortable flats'.

The word **бо́лее** is used with the long form of the adjective. There is a short comparative adjective with the ending -**ee** (alternative ending -**ей**). The ending -**ee** is used for all genders and for the plural: **Моя́ кварти́ра удо́бнее** 'My flat is more comfortable'. **Теа́тр интере́снее**

'Theatre is more interesting'. **Студéнты умнéе** 'Students are cleverer'.

The short comparative is used to translate sentences such as those above, where the verb 'to be' comes between noun and adjective.

Some adjectives have an irregular short form comparative ending in -e:

(блúзкий)	блúже	nearer	(большóй)	бóльше	bigger
(высóкий)	вы́ше	higher	(далёкий)	дáльше	further
(дешёвый)	дешéвле	cheaper	(дорогóй)	дорóже	dearer
(лёгкий)	лéгче	easier	(молодóй)	молóже/ млáдше	younger
(нúзкий)	нúже	lower	(плохóй)	хýже	worse
(простóй)	прóще	simpler	(рáнний)	рáньше	earlier
(рéдкий)	рéже	rarer	(стáрый)	стáрше	older (of people)
(чáстый)	чáще	more frequent		старéе	older (of things)
(хорóший)	лýчше	better	(ширóкий)	шúре	wider
(я́ркий)	я́рче	brighter			

Note also:

(мнóго)	бóльше	more	(мáло)	мéньше	less

The prefix **по-** is sometimes added to short form comparatives meaning 'a little more' or, paradoxically, 'as much as possible': **порáньше** 'a little earlier, as early as possible'. **Как мóжно** used with the comparative also translates 'as ... as possible': **как мóжно быстрéе** 'as quickly as possible'.

Some adjectives have a one-word declinable comparative instead of the **бóлее** form:

(большóй)	бóльший	bigger
(мáленький)	мéньший	smaller, lesser
(плохóй)	хýдший	worse
(хорóший)	лýчший	better

The following have one-word declinable comparatives as well as the regular **бóлее** form. The form you choose depends on the context:

(высóкий)	бóлее высóкий	higher, taller (literal description)
	вы́сший	higher, superior (figurative use only)
(нúзкий)	бóлее нúзкий	lower (literal description)
	нúзший	lower, inferior (figurative use only)

(молодо́й)	бо́лее молодо́й	younger (of things)
	мла́дший	younger, junior (people only)
(ста́рый)	бо́лее ста́рый	older (of things)
	ста́рший	elder, senior (people only)

Examples: ста́рший брат 'elder brother'; бо́лее ста́рый университе́т 'older university'; вы́сшее образова́ние 'higher education'; бо́лее высо́кое зда́ние 'taller building'.

Comparative of adverbs

The comparative of the adverb is the same as the corresponding short comparative adjective: **Они иду́т бы́стро, а мы идём быстре́е** 'They go quickly but we go more quickly'. **Он рабо́тает хорошо́, а мы рабо́таем лу́чше** 'He works well but we work better'.

Adverbs formed from adjectives ending in **-ский** have the ending **-ски**: **реалисти́ческий** 'realistic' — **реалисти́чески** 'realistically'. Such adverbs form their comparative with **бо́лее**: **бо́лее реалисти́чески** 'more realistically'.

Than

'Than' is translated either by the word **чем** or by putting the object of comparison in the genitive: **Мы живём в бо́лее краси́вой кварти́ре, чем Пи́тер** 'We live in a more beautiful flat than Peter'. **Телеви́дение интере́снее теа́тра** 'Television is more interesting than theatre'.

Usually the genitive is used rather than **чем** after a short comparative.

Чем should be used:

1 after a comparative with **бо́лее**
2 if the second half of the comparison is not a noun or pronoun: **до́ма лу́чше, чем здесь** 'at home is better than here'.
3 if the objects compared are not in the nominative case: **я бо́льше интересу́юсь теа́тром, чем телеви́дением** 'I am more interested in theatre than television'.
4 if the object of the comparison is 'his', 'hers', 'its', 'theirs': **на́ша кварти́ра краси́вее, чем его́** 'our flat is more beautiful than his'.

Much

'Much' with a comparative is translated by **гора́здо** or **намно́го**: **теа́тр гора́здо/намно́го интере́снее телеви́дения** 'theatre is much more interesting than television'.

Comparing ages

Note the use of **на** in the following construction: **Мой брат ста́рше меня́ на три го́да** 'My brother is three years older than me'. **Моя́ сестра́ моло́же его́ на пять лет** 'My sister is five years younger than him'.

Telling the time

кото́рый час/ско́лько вре́мени?	'what time is it?'
час	'one o'clock'
два/три/четы́ре часа́	'one/two/three o'clock'
пять/шесть часо́в	'five/six o'clock'
в кото́ром часу́?	'at what time?'
в час	'at one o'clock'
в два/три/четы́ре часа́	'at two/three/four o'clock'
в пять/шесть часо́в	'at five/six o'clock'
полови́на второ́го	'half past one (a half of the second)'
полови́на тре́тьего	'half past two (a half of the third)'
в полови́не четвёртого	'at half past three'

Sometimes **полови́на** is abbreviated to **пол**:

полпя́того	'half past four'
че́тверть шесто́го	'a quarter past five (a quarter of the sixth)'
в че́тверть седьмо́го	'at a quarter past six'
без че́тверти семь	'a quarter to seven (without a quarter seven)'

The same phrase also means 'at a quarter to seven'

Other examples:

два́дцать мину́т восьмо́го	'twenty past seven'
без пяти́ де́вять	'five to nine/at five to nine'
без двадцати́ пяти́ де́сять	'twenty five to ten/ at twenty five to ten'

A.M./P.M.

There is no direct equivalent of a.m. and p.m. in Russian. **Но́чи** 'of the night' or **утра́** 'of the morning' are used to translate a.m. **Дня** 'of the day' or **ве́чера** 'of the evening' are used to translate p.m.: **два часа́ но́чи** 'two a.m.'; **пять часо́в утра́** 'five a.m.'; **три часа́ дня** 'three p.m.'; **шесть часо́в ве́чера** 'six p.m.'

Дава́йте

Дава́й/дава́йте is used with the 1st person plural (**мы** form) of the future perfective to translate 'let us': **Дава́йте посмо́трим, каки́е мю́зиклы иду́т сейча́с** 'Let us see which musicals are on at the moment'.

Names

Russian names change their endings according to case. First names generally behave like nouns. Declensions of some typical surnames are given in the Grammar summary.

Упражне́ния

1   Put the adjectives into the long comparative:

Мы живём в краси́вом го́роде. Го́род нахо́дится на широ́кой реке́. Они́ живу́т в большо́м до́ме. У него́ серьёзные пробле́мы. На ры́нке продаю́т дешёвые ту́фли. Я предпочита́ю популя́рные фи́льмы. На́до име́ть де́ло с просты́ми людьми́. Теа́тр всегда́ игра́л ва́жную роль в его́ жи́зни. В э́том году́ он написа́л интере́сную кни́гу. Я люблю́ ходи́ть в удо́бных кроссо́вках.

2   Make comparisons using the short comparative followed by the Genitive

> *For example:* **Моско́вские у́лицы широ́кие (ло́ндонские у́лицы) — моско́вские у́лицы ши́ре ло́ндонских у́лиц.**

Ста́рые больни́цы плохи́е (но́вые). Англи́йское метро́ ста́рое (моско́вское метро́). Теа́тр на Тага́нке популя́рный (Ма́лый теа́тр). Биле́ты в кино́ дешёвые (биле́ты в теа́тр). Испа́нский язы́к лёгкий (ру́сский язы́к). Отде́льная кварти́ра удо́бная (коммуна́льная кварти́ра). Кли́мат в А́фрике тёплый (кли́мат в Евро́пе). Спекта́кль в теа́тре хоро́ший (спекта́кль по телеви́зору). Ру́сская во́дка дорога́я (болга́рское вино́). Жизнь в дере́вне проста́я (жизнь в го́роде). Моя́ сестра́ молода́я (его́ брат). Её оте́ц ста́рый (моя́ мать). Ло́ндон ста́рый (Нью-Йо́рк).

3 Make up new sentences combining the information from the two sentences given.

> *For example:* **Ива́ну 7 лет. Ма́ше 6 лет. Ива́н ста́рше Ма́ши на оди́н год. Ма́ша моло́же Ива́на на оди́н год.**

Бори́су 8 лет. Ка́те 5 лет.
Ма́ше 6 лет. Ви́ктору 4 го́да.
Ната́ше 12 лет. Серге́ю 7 лет.
Ви́ктору 29 лет. Тама́ре 25 лет.
Отцу́ 50 лет. Ма́тери 42 го́да.

4 **Кто? Что? Когда́?** Who does what when? Make up sentences using the information given in the timetable.

	Встаёт?	Выхо́дит из до́ма?	Прихо́дит домо́й?	Ложи́тся спать?
Са́ша	6.30	7.45	6.30	11
Марина	7.20	8.30	4.45	11.30
Питер	7.15	8.20	5.40	12
Таня	8	9.30	5.30	11.40
Дима	7.30	8.15	3.20	10.45

Перево́д

1 Life is much more interesting when you have more free time.
2 Theatre tickets are more expensive now than last year. Cinema tickets are cheaper but I am more interested in the theatre.
3 I live further from the centre of Moscow now. As a result I go to the theatre less often.
4 My friend drives a newer car than Sasha, but Sasha says that his car is better.
5 Buildings in London are taller than those in Moscow.
6 They sell cheaper shoes in the market.
7 Moscow is colder than London in winter but warmer in summer.
8 She plays the violin much better than her elder sister.

17 Уро́к семна́дцатый

In this lesson you will learn how to:

- Talk about health and cope with a visit to the doctor
- Use the superlative
- Use **себя́**

Проблéмы здравоохранéния

Дéтская больни́ца, в котóрой рабóтает Алексéй Ива́нович Петрóв — одна́ из са́мых лу́чших в Москвé. Здесь испóльзуются са́мые послéдние мéтоды лечéния, применя́ется новéйшая меди́цинская технолóгия. Мнóгие роди́тели стара́ются попáсть на приём к Алексéю Ива́новичу, крупнéйшему специали́сту по дéтским болéзням. Он лу́чше всех лéчит больны́х, точнéе всех ста́вит диа́гноз, его́ больны́е дéти выздора́вливают быстрéе всех. Но тепéрь попáсть на приём к Алексéю Ива́новичу ста́ло труднéе: в прóшлом году́ он стал депута́том Ду́мы, и ему́ прихóдится занима́ться проблéмами здравоохранéния. Конéчно, он по–прéжнему принима́ет больны́х, но, как пра́вило, имéет дéло с са́мыми серьёзными слу́чаями, когда́ нужна́ консульта́ция са́мого óпытного врача́.

А проблéм в здравоохранéнии óчень мнóго. Извéстно, что систéма отстаёт от мнóгих стран ми́ра и бóльше всегó нужда́ется в фина́нсовых срéдствах. Встал вопрóс, где и как найти́ дéньги как мóжно быстрéе, как сдéлать систéму бóлее эффекти́вной. Росси́йское здравоохранéние в тяжелéйшем положéнии. Здесь во мнóгих больни́цах не хвата́ет ча́сто простéйшего меди́цинского обору́дования, нет однора́зовых шпри́цев, в аптéках нет ну́жных лека́рств.

189

Алексе́я Ива́новича о́чень беспоко́ит распростране́ние СПИ́Да. Пра́вда, слу́чаи СПИ́Да в Росси́и пока́ ре́дки, но из-за отсу́тствия однора́зовых шпри́цев э́та опа́снейшая боле́знь мо́жет распространи́ться с огро́мнейшей ско́ростью.

Что у вас боли́т?

— Здра́вствуйте, молодо́й челове́к! На что вы жа́луетесь? Что у вас боли́т?
— До́ктор, у меня́ боли́т го́рло и голова́. Ка́жется, я простуди́лся.
— На́до бы́ло вы́звать врача́. Ну, хорошо́! Дава́йте изме́рим температу́ру, посмо́трим, что с ва́ми. Ка́шля у вас нет?
— Нет, ка́шля нет, но я чу́вствую себя́ ужа́сно.
— Разде́ньтесь до по́яса, пожа́луйста! Я осмотрю́ вас, послу́шаю ва́ше се́рдце. Температу́ра у вас высо́кая, почти́ три́дцать во́семь, но с ва́шим се́рдцем мо́жно жить сто лет! Чем вы боле́ли в де́тстве?
— В де́тстве я боле́л скарлати́ной, ко́рью, анги́ной.
— Лёгкие у вас чи́стые. Откро́йте рот. Посмо́трим ва́ше го́рло. Вы ку́рите?
— Нет, не курю́. Э́то серьёзно, до́ктор?
— Нет, серьёзного ничего́ нет. У вас грипп. В го́роде эпиде́мия. Я вы́пишу вам лека́рство, пеницилли́н. Принима́йте по две табле́тки три ра́за в день. А вот реце́пт на табле́тки от головно́й бо́ли.
— Большо́е спаси́бо, до́ктор, до свида́ния.
— До свида́ния, выздора́вливайте скоре́е!

Слова́рь

апте́ка	chemist's (shop)	вызыва́ть/	to call the doctor
беспоко́ить	to worry	вы́звать I	
(по-) II		(вы́зов‖у, -ешь)	
боле́знь (f)	illness	врача́	
боле́ть (за-) I	to be ill with	выпи́сывать/	to prescribe
(+ inst)		вы́писать I	
боле́ть (за-) II	to ache	реце́пт	
(боли́т, боля́т		голова́	head
only)		го́рло	throat
боль (f)	pain	депута́т	deputy of Duma
больно́й	sick, patient	Ду́мы	(Russian
встал вопро́с	the question arose		Parliament)
выздора́вливать I/	to recover	жа́ловаться (по-)	to complain (of)
вы́здороветь II		I на (+ acc)	

здравоохране́ние	health care	по-пре́жнему	as before
из-за отсу́тствия	because of the absence	прие́м	reception
измеря́ть I/	to take a	применя́ть I/ применить II	to employ
изме́рить II температу́ру	temperature	принима́ть/ приня́ть I	to see patients
име́ть I де́ло с (+ *inst*)	to deal with	(прим‖у́, -ешь) больны́х	
испо́льзовать I	to use	~ лека́рство	to take medicine
как пра́вило	as a rule	простужа́ться I/	to catch cold
ка́шель (*m*)	cough	простуди́ться II	
консульта́ция	consultation	распростране́ние	spreading
кру́пный	major, large	распростра-	to spread
кури́ть II	to smoke	ня́ться I/	
лёгкое	lung	распростра-	
лежа́ть II в посте́ли	to stay in bed	ни́ться II	
лече́ние	treatment	рот	mouth
лечи́ть (вы-) II	to treat	росси́йский	Russian
нужда́ться в	to require means	се́рдце	heart
сре́дствах		ско́ро	soon, fast
обору́дование	equipment	ско́рость (*f*)	speed
огро́мный	huge	слу́чай	case
однора́зовый шприц	disposable syringe	сре́дство	means
опа́сный	dangerous	ста́вить II (по-) то́чный диа́гноз	to make an accurate diagnosis
о́пытный	experienced	табле́тка от головно́й бо́ли	headache pill
осма́тривать I/ осмотре́ть II	to examine	тяжёлое положе́ние	difficult situation
отстава́ть/ отста́ть I от	to lag behind	чи́стый	clean
(отста́н‖у, -ешь) (+ *gen*)		чу́вствовать (по-) I себя́	to feel
пеницилли́н	penicillin	эпиде́мия	epidemic
пока́	for the time being	эффекти́вный	effective

Что с ва́ми?	What is the matter with you?
Что у вас боли́т?	What hurts?
У меня́ боли́т голова́.	I have a headache.
Разде́ньтесь до по́яса	Strip to the waist.
У меня́ грипп	I have flu.
Чем вы боле́ли?	What illnesses have you had?

N.B. **Болéзни: ангúна** — tonsillitis, **грипп** — flu; **корь** (*f*) — measles; **скарлатúна** — scarlet fever; **СПИД** — AIDS

Language in action
Вопрóсы

Где рабóтает Алексéй Ивáнович?
Какáя э́то больнúца?
Почемý родúтели хотя́т попáсть на приём к Алексéю Ивáновичу?
Почемý стáло трýдно попáсть на приём к немý?
Когдá Алексéй Ивáнович принимáет тепéрь больны́х?
Какúе проблéмы беспокóят Алексéя Ивáновича?
Бы́ли ли слýчаи СПИ́Да в Россúи?
Почемý СПИД — опáсная болéзнь?

АНКÉТА ЗДОРÓВЬЯ
1 Какúми болéзнями вы болéли в дéтстве?
2 Как чáсто вы болéете?
3 Когдá у вас был грипп в послéдний раз?
4 Как чáсто вы хóдите к врачý?
5 Следúте ли (*look after*) вы за свойм здорóвьем?
6 Вы кýрите? Скóлько сигарéт в день?
7 Занимáетесь ли вы спóртом? Бéгаете? Плáваете? Дéлаете ýтреннюю заря́дку (*do morning exercises*)?
8 Скóлько алкогóля вы выпивáете за недéлю? Рю́мка (*wine-glass*) винá, вóдки, крýжка пúва (*glass of beer*)?

Сдéлайте вы́бор!

Что бы вы дéлали

(a) éсли бы у вас заболéла головá (пойтú к врачý, игрáть в шáхматы, принимáть таблéтки от головнóй бóли)
(b) éсли бы у вас заболéло гóрло (съесть морóженое, купáться в холóдном мóре, вы́пить чай с лимóном)
(c) éсли бы вы заболéли грúппом (вы́звать врачá, лежáть в постéли, катáться на лы́жах)

Импровиза́ция

— *Say good morning doctor.*

— Здра́вствуйте. Сади́тесь, пожа́луйста! На что вы жа́луетесь?

— *Describe symptoms consistent with tonsilitis — sore throat, headache, etc. Say that you have been feeling ill for three days.*

— Откро́йте рот. Да, го́рло у вас кра́сное. Ка́шля у вас нет?

— *Say that you do not have a cough but you feel terrible.*

— Ну, хорошо́. Дава́йте изме́рим температу́ру. Температу́ра у вас высо́кая. Сейча́с у вас анги́на. У вас нет аллерги́и (*allergy*) к пеницилли́ну?

— *Say no, you have had penicillin before without any problems.*

— Хорошо́. Я вам вы́пишу пеницилли́н.

— *Ask how many tablets you should take a day.*

— Принима́йте по две табле́тки три ра́за в день.

— *Ask if you must stay in bed.*

— Нет, в посте́ли мо́жно не лежа́ть, но 2–3 дня на у́лицу лу́чше не выходи́ть.

— *Ask when you will be able to go to work. Say that you have an important meeting in two weeks.*

— Не беспоко́йтесь! Че́рез неде́лю вы бу́дете на рабо́те!

— *Say thank you and goodbye.*

Russian realia

Read the advertisement which appeared in a Moscow newspaper for a new clinic and then answer the questions below about the services it offers.

1 Is the service offered by the clinic comprehensive?
2 Are Russian doctors employed by the clinic?
3 Why might the service particularly appeal to French patients?
4 What particular diagnostic services are offered?
5 Does the clinic offer house calls?
6 Describe the dental services.
7 Does one have to be a member to use the services of the clinic?
8 How would you go about getting emergency treatment?

Европейский
Медицинский
Центр

**ПОЛНОЕ МЕДИЦИНСКОЕ
ОБСЛУЖИВАНИЕ**

Консультации проводятся только
европейскими терапевтами и специалистами
Французская аптека - Лаборатория
Рентген - Ультразвук
Компьютерное сканирование
Помощь на дому 24 часа в сутки

**СТОМАТОЛОГИЯ - ПОЛНЫЙ
КОМПЛЕКС УСЛУГ**

Лечение без боли
взрослых и детей
Радиовизиография
(компьютерный рентген)
Хирургия - имплантация
Косметическая стоматология

ЧЛЕНСТВО НЕ ОБЯЗАТЕЛЬНО
2-ой Тверской-Ямской пер., 10
**Круглосуточная помощь
251-6099**

рентге́н	X-ray
ультразву́к	ultrasound
стоматоло́гия	dentistry
чле́нство	membership
круглосу́точный	24-hour

Грамма́тика
Superlative of adjectives

A Russian adjective may be turned into the superlative by putting the word **са́мый** 'most' in front of it. **Са́мый** declines like a hard adjective and will agree with the adjective it precedes in number, gender and case: **Он име́ет де́ло с са́мыми серьёзными слу́чаями** 'He deals with the most serious cases'. **Са́мые после́дние ме́тоды испо́льзуются здесь** 'The latest methods are used here'. **Са́мый** can only be used with the long adjective.

Note the superlatives of the eight adjectives with one-word declinable comparatives.

	Comparative	Superlative
большо́й	бо́льший	са́мый большо́й
ма́ленький	ме́ньший	са́мый ма́ленький
плохо́й	ху́дший	са́мый ху́дший
хоро́ший	лу́чший	са́мый лу́чший
высо́кий	бо́лее высо́кий	са́мый высо́кий
	вы́сший	вы́сший (*figurative use*)
молодо́й	бо́лее молодо́й	са́мый молодо́й
	мла́дший	са́мый мла́дший (*people only*)
ни́зкий	бо́лее ни́зкий	са́мый ни́зкий
	ни́зший	ни́зший (*figurative use*)
ста́рый	бо́лее ста́рый	са́мый ста́рый
	ста́рший	са́мый ста́рший (*people only*)

Лу́чший, ху́дший, мла́дший and ста́рший can also be used without са́мый to translate the superlative: Алексе́й Ива́нович — лу́чший врач 'Aleksey Ivanovich is the best doctor'.

There is an alternative superlative ending in -ейший. To form this, remove the -ый, ий or о́й from the masculine form of the adjective and replace it by -ейший. These adjectives decline like the mixed adjective хоро́ший: Он име́ет де́ло с серьёзнейшими слу́чаями 'He deals with the most serious cases'. Often this form is not used as a true superlative but rather to give added force of meaning to the adjective: СПИД — опа́снейшая боле́знь 'AIDS is a most dangerous disease'.

After ж, ч, ш, щ the ending is -айший rather than -ейший: вели́кий — велича́йший; глубо́кий — глубоча́йший; коро́ткий/кра́ткий — кратча́йший; лёгкий — легча́йший; стро́гий — строжа́йший; широ́кий — широча́йший.

Superlative of adverbs

There is no true superlative of the adverb. The idea of the superlative is expressed by using the comparative and following it by either всего́ 'than everything' or всех 'than everyone', as appropriate: Петро́в ста́вит диа́гноз точне́е всех 'Petrov makes the diagnosis most accurately (more accurately than everyone)'. Пробле́ма СПИ́Да беспоко́ит его́ бо́льше всего́ 'The problem of AIDS worries him most (more than everything)'.

Боле́ть/больно́й

There are two verbs with the infinitive **боле́ть**:

1 **боле́ть** 1st conjugation (**я боле́ю, ты боле́ешь**, etc.) means 'to be ill':

Я никогда́ не боле́ю 'I am never ill'.
Он боле́ет гри́ппом 'He is ill with flu'.
В де́тстве я боле́л скарлати́ной 'I was ill with (had) scarlet fever as a child'.

2 **боле́ть** 2nd conjugation, used only in the third person (**боли́т, боля́т**, means 'to ache, hurt, be sore':

У меня́ боли́т голова́ 'My head aches'.
У него́ боля́т зу́бы 'His teeth are aching'.
У неё боле́ло го́рло 'She had a sore throat'.

The adjective **больно́й** means 'painful, sick': **больно́й ребёнок** 'a sick child'; **больно́е се́рдце** 'a bad heart'.

Used on its own, without a noun, **больно́й** means 'patient, sick person, invalid': **Его́ больны́е выздора́вливают быстре́е всех** 'His patients recover quickest'. **Он больно́й** 'He is an invalid'.

To translate 'he is ill', use the short form, which denotes a more temporary state than **больно́й**: **Он бо́лен** 'He is ill, unwell'.

Note also the following expression: **Чем вы больны́?** 'What is wrong with you? (literally: with what are you ill?)

Себя́

Себя́ is a reflexive pronoun. It means myself, yourself, himself, etc., referring back to the subject of the verb. Because it refers back to the subject **себя́** can never be the subject and does not exist in the nominative. The same forms are used for all genders and both singular and plural:

Accusative	**себя́**
Genitive	**себя́**
Dative	**себе́**
Instrumental	**собо́й** (alternative form **собо́ю**)
Prepositional	**себе́**

Examples of how себя is used:

Я купи́л себе́ костю́м 'I bought myself a suit'. Они́ ду́мают то́лько о себе́ 'They only think about themselves'. Он привёз с собо́й бага́ж 'He brought his luggage with him'.

Note the use of себя́ after the verb чу́вствовать 'to feel': Он чу́вствует себя́ хорошо́ 'He feels well'.

Упражне́ния

1   Replace the adjectives with both forms of the superlative.

> *For example:* МГУ — ста́рый университе́т страны́. МГУ — са́мый ста́рый университе́т страны́. МГУ — старе́йший университе́т страны́.

Енисе́й — дли́нная река́ Сиби́ри. Пу́шкин — вели́кий ру́сский поэ́т. Ива́н Ива́нович — до́брый челове́к в дере́вне. Алексе́й Ива́нович — оди́н из о́пытных враче́й и кру́пных специали́стов. Он всегда́ де́лает тру́дную рабо́ту. Са́ша игра́л в си́льной кома́нде страны́. «Война́ и мир» — интере́сный рома́н Толсто́го. В больни́це испо́льзуют но́вую техноло́гию. СПИД — опа́сная боле́знь. Петербу́рг — оди́н из краси́вых городо́в ми́ра.

2   Insert a suitable verb from those given in brackets: (жа́ловаться, принима́ть, вы́писать, боле́ть, лечи́ть).

С утра́ Пи́тер ... на головну́ю боль. Ты бо́лен и ты до́лжен ... лека́рство от ка́шля. В де́тстве я ... ко́рью. Он ча́сто ... гри́ппом. У меня́ всё ... сего́дня. Како́й врач ... вас? Йрочка ... уже́ неде́лю. У Са́ши ... го́рло. Вы должны́ ... э́ти табле́тки три ра́за в день. Врач ... мне реце́пт на лека́рство. Чем ... ваш ребёнок в про́шлом году́? Он никогда́ не ... Что у вас ... У ба́бушки ... се́рдце.

3   Insert the correct form of себя́.

Стари́к рассказа́л о ... мно́го интере́сного. Она́ интересу́ется то́лько ... Пи́тер купи́л ... кроссо́вки. Ты всегда́ до́лжен носи́ть с ... па́спорт. Ученики́ откры́ли кни́ги пе́ред ... и на́чали чита́ть. Он посмотре́л вокру́г ... и уви́дел, что уже́ все ушли́. Он живёт то́лько для ... Он зашёл к ... в ко́мнату, но там никого́ не́ было. У ... до́ма он чу́вствует ... прекра́сно.

Перевóд

1 Peter had been feeling bad for three days. He thought that he had caught a cold while fishing in the lake at Sasha's. It rained hard that day and it was very cold. Of course they drank a lot of vodka afterwards, since Sasha thought that vodka was the best medicine! But in the morning Peter felt awful. He had a dreadful heachache and his throat hurt. His temperature was also high – almost 38°C and he could hardly talk. Fortunately, Sasha came and called the doctor. When the doctor arrived, he examined Peter and said that he had flu.

2 The Russian health system is in a most difficult situation. Some hospitals lack even the simplest equipment and medicines.

3 AIDS spreads fastest when there are no disposable syringes.

18 Уро́к
восемна́дцатый

In this lesson you will learn how to:

- Talk about equality of the sexes
- Use active participles
- Use **не́кого** and **не́чего**

Мужчи́на и же́нщина

В Конститу́ции бы́вшего СССР говори́тся, что же́нщина равна́ с мужчи́ной, что она́ име́ет пра́во на труд, на ра́вную зарпла́ту, на о́тпуск, на образова́ние. Согла́сно стати́стике же́нщины в здравоохране́нии составля́ют во́семьдесят проце́нтов, в наро́дном образова́нии — во́семьдесят три. В Конститу́ции то́же говори́тся, что социа́льной поли́тикой госуда́рства явля́ется забо́та о рабо́тающей же́нщине–ма́тери. Существу́ют специа́льные пра́вила и но́рмы, охраня́ющие же́нский труд, запреща́ющие испо́льзование же́нщин на вре́дных предприя́тиях. Но до сих пор мо́жно ви́деть же́нщин, занима́ющихся тяжёлым физи́ческим трудо́м, рабо́тающих на стро́йке и́ли на желе́зной доро́ге. Одни́ объясня́ют тако́е явле́ние после́дствиями войны́ в стране́, потеря́вшей огро́мное число́ мужчи́н. Други́е счита́ют э́то приме́ром достиже́ния равнопра́вия!

Переме́ны, происше́дшие в стране́, привлекли́ внима́ние к положе́нию же́нщин. На состоя́вшейся неда́вно конфере́нции же́нщин мно́го говори́лось о наруше́ниях усло́вий же́нского труда́. Ока́зывается, в Росси́и существу́ет мно́го предприя́тий, испо́льзующих же́нский труд и постоя́нно наруша́ющих но́рмы и пра́вила. Больша́я пробле́ма — стереоти́пы, существу́ющие до сих пор. В большинстве́ семе́й всё ещё существу́ет деле́ние на мужски́е и же́нские обя́занности. Дома́шнее хозя́йство, мытьё посу́ды муж счита́ет же́нским трудо́м, унижа́ющим его́ мужско́е досто́инство! Э́то осо́бенно характе́рно для семе́й, где муж неда́вний дереве́нский жи́тель, пересели́вшийся в го́род и жени́вшийся на горожа́нке.

Де́лать не́чего

— Лю́да! Пое́хали ле́том отдыха́ть в дере́вню?

— В дере́вню? Ты с ума́ сошла́! Что там де́лать? Там же не́чего де́лать, не́куда идти́ ве́чером, не́ с кем разгова́ривать!

— Пра́вда, коне́чно! Там ничего́ нет, ни теа́тров, ни магази́нов! Но в го́роде ле́том то́же не́чего де́лать!

— Как не́чего де́лать? Здесь мо́жно пойти́ в кино́, в теа́тр, пригласи́ть друзе́й.

— Но в про́шлое ле́то мы никуда́ не ходи́ли и никого́ не приглаша́ли! Мы про́сто сиде́ли до́ма и ничего́ не де́лали. Бы́ло так ску́чно!

— Наве́рно, ты права́! Пое́дем в дере́вню!

Слова́рь

бы́вший	former	**желе́зная доро́га**	railway
быт	(everyday) life	**жени́ться II**	to get married to
вре́дный	harmful,	**на** (+ *prep*)	(of a man)
	dangerous	**же́нский**	woman's
горожа́н‖ин, -ка	town dweller	**забо́та о** (+ *prep*)	care for
госуда́рство	state; ~	**запреща́ть I/**	ban
	Содру́жества	**запрети́ть II**	
	one of the states	**зарпла́та**	wage
	of CIS	**испо́льзование**	use
	(Commonwealth	**Конститу́ция**	Constitution
	of Independent	**мужско́й**	man's
	States)	**мужчи́на**	man
деле́ние на (+ *acc*)	division into	**мытьё посу́ды**	washing dishes
дереве́нский	country dweller	**наве́рно**	probably, most
жи́тель (*m*)			likely
дома́шнее	house work	**наруша́ть I/**	to break,
хозя́йство		**нару́шить II**	violate
до сих пор	until now	**наруше́ние**	breach,
достиже́ние	achievement		infringement

неда́вний	recent	ра́вный	equal
недоста́точный	insufficient	смотре́ть за	to look after
но́рма	norm	детьми́	children
обслу́живание	service	согла́сно (+ *dat*)	according
о́бщая	overall numbers	составля́ть I	to constitute
чи́сленность		состоя́ние	state of health
обя́занность (*f*)	duty,	здоро́вья	
	responsibility	состоя́ться II	to take place
отрица́тельно	to have a negative	стати́стика	statistics
ска́зываться/	effect on	стереоти́п	stereotype
сказа́ться I		стро́йка	building site
на (+ *prep*)		строи́тельство	building
охраня́ть I	to protect		construction
переме́на	change	сходи́ть II/	to go mad
переселя́ться I/	to resettle	сойти́ I с ума́	
пересели́ться II		счита́ть I	to consider as
после́дствие	consequence	приме́ром	an example
постоя́нно	constantly	теря́ть (по-) I	to lose
пра́во (на + *acc*)	right (to)	унижа́ть I	to demean
привлека́ть/	to attract	досто́инство	the dignity
привле́чь I	(attention to)	усло́вие	condition
(привлеку́,		физи́ческий	physical labour
привлечёшь ...		труд	
привлеку́т)		характе́рный	characteristic of
(внима́ние к)		для (+ *gen*)	
(+ *dat*)		явле́ние	phenomenon
промы́шленность	industry	явля́ться I	to be
(*f*)		(+ *inst*)	
проце́нт	percentage		
равнопра́вие	equality		
	(of rights)		

Language in action

Examine the statistics on women with unhealthy working conditions in the Commonwealth of Independent States.

Численность женщин, занятых в производствах с вредными условиями труда в государствах Содружества в 1992 г.

	Промышленность		Строительство		Транспорт	
	тыс. чело-век	в % к общей числен-ности женщин	тыс. чело-век	в % к общей числен-ности женщин	тыс. чело-век	в % к общей числен-ности женщин
Армения*	22,3	11,4	0,3	2,3	0,2	3,5
Беларусь	125,8	20,4	2,5	4,1	2,1	3,7
Казахстан	97,1	17,6	8,8	8,0	4,4	3,7
Кыргызстан	19,3	15,3	0,3	2,5	0,6	5,4
Молдова	15,9	13,0	0,8	7,2	0,4	3,4
Россия	1427,7	16,0	54,8	5,2	63,8	5,8
Таджикистан*	12,9	14,9	0,4	3,6	0,4	7,2
Туркменистан	5,2	9,5	0,1	0,6	0,1	1,2
Узбекситан	46,1	10,3	1,4	2,8	2,2	6,3
Украина**	467,5	15,4	11,8	4,0	11,9	3,5

* 1991 г.
** 1990 г.

Более 2,4 млн. женщин в странах Содружества заняты на вредных произ-водствах, что в условиях тяжелого быта и недостаточного медицинского обслуживания особенно отрицательно сказывается на состоянии издо-ровья. В России и на Украине умирает людей больше, чем рождается.

First published in "Argumenty i fakty"

1 В каком государстве Содружества самый высокий процент работающих женщин?
2 Сколько процентов женщин России заняты на вредных производствах в промышленности, в строительстве, в транспорте?
3 Как это сказывается на здоровье женщин?

Вопросы

Какие права имеет женщина в России?
Что говорит пресса о равноправии женщин?
Какова социальная политика государства?
Есть ли в России женщины, занимающиеся тяжёлым физическим трудом?
Как объясняют использование женщин на тяжёлых работах?
Какие вопросы обсуждались на конференции женщин?
Какие стереотипы существуют в русских семьях?

Импровизáция

— *Say that you have read in the Russian press that according to statistics more than half of all students and 60 per cent of all specialists in Russia are women. Ask if Russian women have equal opportunities for work and pay.*

— Теоретически в нáшей странé жéнщина равнá с мужчи́ной, и поэтому онá получáет рáвную зарплáту.

— *Say that you know that equality exists in theory but again, according to Russian statistics, women's pay lags behind men's.*

— Да, э́то так! Дéло в том, что большинствó жéнщин рабóтает там, где зарплáта ни́же. Напримéр, в здравоохранéнии, в образовáнии.

— *Ask whether the feminist movement exists in Russia.*

— Акти́вного феминистского движéния, как на Зáпаде, у нас покá нет.

— *Say that you have heard that many women's groups are appearing (**появля́ться**) in Russia now which protest openly (**откры́то протестовáть**) against unjust treatment of (**несправедли́вое отношéние к**) women.*

— Да, вы правы́. Таки́е грýппы ужé появи́лись, и их станóвится всё бóльше.

— *Say that you do not like the stereotypes which still exist in Russia. In your opinion, Russian men do not help women much. It is the woman who usually does the shopping, stands in queues and looks after the children.*

— К сожалéнию, э́то прáвда! Но ситуáция изменя́ется! Всё бóльше молоды́х семéй считáют, что мужчи́на тóже дóлжен занимáться домáшним хозя́йством!

Граммáтика
Participles

Participles can be used in Russian to replace clauses beginning with **котóрый**: Я знáю жéнщину, котóрая читáет газéту 'I know the woman who is reading the newspaper'. Я знáю жéнщину, читáющую (*participle*) газéту 'I know the woman reading the newspaper'.

The participle **читáющую** 'reading' conveys the same idea as **котóрая читáет** 'who is reading'.

Present active participles

There are four different types of participles in Russian: present and past active and present and past passive. The example **читáющую** used above is called a present active participle. It was used in place of **котóрая читáет**, i.e. in place of a **котóрый** clause containing the present tense of an active verb. The English equivalent of a Russian present active participle usually ends in -ing.

Formation of the present active participle

To form the present active participle, take the third person plural (**онú** form) of the present tense of the verb, remove the -т from the end and replace it with -щий: **читáть — читáют — читáющий; писáть — пúшут — пúшущий; носúть — нóсят — носáщий**. The participles from 1st conjugation verbs are usually stressed on the same syllable as the 3rd person plural: **рабóтают — рабóтающий**. The stress on participles from 2nd conjugation verbs is usually the same as the infinitive: **водúть — водáщий**. But note: **любúть — любящий; лечúть — лéчащий**.

Agreement of the participle

Participles are often referred to as verbal adjectives since they are derived from verbs but have the same endings and are used in a similar way to adjectives. Present active participles have endings like the mixed adjective **хорóший**. They agree in number, gender and case with the noun they refer to: **Я знáю жéнщину, читáющую газéту** 'I know the woman reading the newspaper.' **Читáющую** is in the feminine singular accusative because it refers to the noun **жéнщину** which is in the feminine singular accusative.

Examples: **Существýют специáльные нóрмы, охраняющие жéнский труд** 'Special norms exist protecting female labour.'

Contrast: **Существýют специáльные нóрмы, котóрые охраняют жéнский труд** 'Special norms exist which protect female labour.'
Мóжно вúдеть жéнщин, рабóтающих на стрóйке. 'You can see women working on a building site.'

Contrast: **Мóжно вúдеть жéнщин, котóрые рабóтают на стрóйке.** 'You can see women who work on a building site.'

The present active participle from a reflexive verb always ends in -ся even if the -ся is preceded by a vowel: Это студе́нт, уча́щийся в на́шем институ́те 'This is the student studying in our institute.'

Sometimes present active participles are used as adjectives. The following are examples of participles commonly used as adjectives: веду́щий 'leading'; сле́дующий 'following'; теку́щий 'current' (as a participle = flowing); подходя́щий 'fitting, suitable'; бу́дущий 'future' (also used as present active participle of быть: 'being') настоя́щий 'present, real' (no longer used as a participle). Куря́щий translates as the noun 'smoker'.

Example: **Он веду́щий социо́лог** 'He is a leading sociologist'.

Contrast: Э́то у́лица, веду́щая к це́нтру 'This is the street leading to the centre'.

Past active participles

Past active participles may be formed either from the imperfective or the perfective verb. They can be used in place of кото́рый clauses containing the imperfective past or the perfective past of an active verb.

Formation of the past active participle

To form the past active participle, remove the -л from the masculine form of either the imperfective or perfective past and replace it with -вший: чита́ть — чита́л — чита́вший; прочита́ть — прочита́л — прочита́вший.

Where the masculine form of the past tense does not end in -л add -ший: нести́ — нёс — нёсший; понести́ — понёс — понёсший.

Stress is the same as in the masculine form of the past tense. Note the exception: у́мер — уме́рший.

Note the following irregular forms: идти́ — ше́дший; произойти́ — происше́дший; вести́ — ве́дший.

Participles from reflexive verbs always end in -ся (never -сь).

Past active participles also decline like хоро́ший and agree in number, gender and case with the noun they refer to:

> Я узна́ла же́нщину, купи́вшую газе́ту 'I recognized the woman who bought the newspaper.'

> *Contrast:* Я узна́ла же́нщину, кото́рая купи́ла газе́ту 'I recognized the woman who bought the newspaper.'

The past active participle купи́вшую is translated into English in the same way as кото́рая купи́ла.

> **Лю́ди, жи́вшие в Ленингра́де во вре́мя войны́, страда́ли от го́лода** 'People who lived in Leningrad during the war suffered from hunger.'
>
> *Contrast:* **Лю́ди, кото́рые жи́ли в Ленингра́де во вре́мя войны́, страда́ли от го́лода** 'People who lived in Leningrad during the war suffered from hunger.'

Note that as the actions of 'living' and 'suffering' took place at the same time it would be possible to use a present active participle in place of the past active participle in this sentence: **Лю́ди, живу́щие в Ленингра́де во вре́мя войны́, страда́ли от го́лода** 'People living in Leningrad during the war suffered from hunger.'

Не́кого, не́чего

These words originate from **нет кого́** and **нет чего́** and mean 'there is no one' and 'there is nothing': **Не́кого приглаша́ть** 'There is no one to invite'. **Не́чего де́лать** 'There is nothing to do'.

Note how the dative is used with these words: **Нам не́кого приглаша́ть** 'There is no one for us to invite/We have no one to invite'. **Ему́ не́чего де́лать** 'There is nothing for him to do/He has nothing to do'.

Не́кого and **не́чего** are used in this way in all cases apart from the nominative: **Ему́ не́чем интересова́ться** 'There is nothing for him to be interested in' (**не́чем** is instrumental because of **интересова́ться**). **Вам не́кому писа́ть** 'There is no one for you to write to/You have no one to write to' (**не́кому** is dative after **писа́ть** 'write *to*').

If **не́кого** and **не́чего** are used with a preposition it comes between the **не** and the rest of the word: **Им не́ о чем говори́ть** 'There is nothing for them to talk about/They have nothing to talk about'. **Ей не́ с кем говори́ть** 'There is no one for her to talk to/She has no one to talk to'. **Ему́ не́ на что наде́яться** 'There is nothing for him to rely on/He has nothing to rely on'.

Note that the form **не́что** is only used with prepositions taking the accusative. At other times, e.g. for the direct object of a verb, **не́чего** is used as the accusative: **Ему́ не́чего де́лать** 'There is nothing for him to do/He has nothing to do'.

Unlike **никто́, ничто́,** etc. **не́кого, не́чего,** etc. are not used with a negative verb.

Contrast: **Они́ ни о чём не говоря́т** 'They are not talking about anything' **Им не о чем говори́ть** 'There is nothing for them to talk about/They have nothing to talk about'.

Она́ ни с ке́м не говори́т 'She does not talk to anyone'. **Ей не с кем говори́ть** 'There is no one for her to talk to/She has no one to talk to'.

Вы никому́ не пи́шете 'You do not write to anyone'. **Вам не́кому писа́ть** 'There is no one for you to write to/You have no one to write to'.

Мы никого́ не приглаша́ем 'We do not invite anyone'. **Нам не́кого приглаша́ть** 'There is no one for us to invite/We have no one to invite'.

To use **не́кого**, **не́чего**, etc. in the past tense add **бы́ло** and in the future add **бу́дет**: **Вам не́кому бу́дет писа́ть** 'There will be no one for you to write to/You will have no one to write to'. **Нам не́кого бы́ло приглаша́ть** 'There was no one for us to invite/We had no one to invite'.

Не́где, не́куда, не́когда

Не́где 'there is nowhere/there is no room'; **не́куда** 'there is nowhere' (motion); and **не́когда** 'there is no time' are used in the same way as **не́кого, не́чего**: **Нам не́куда идти́** 'There is nowhere for us to go/We have nowhere to go'. **Ему́ не́когда бы́ло отдыха́ть** 'There was no time for him to relax/He had no time to relax'. **Им не́где бу́дет спать** 'There will be nowhere for them to sleep/They will have nowhere to sleep'.

Не́когда can also be used to mean 'once upon a time': **Здесь не́когда был дом** 'Once upon a time there was a house here'.

Упражне́ния

1   From the following verbs form:

(a) present active participles
(b) past active participles:

рабо́тать, пить, жить, люби́ть, петь, продава́ть, быть, помога́ть, существова́ть, занима́ться, интересова́ться, учи́ться, идти́, везти́, носи́ть, вести́, происходи́ть.

2   Replace the clauses introduced by **кото́рый** with the equivalent present active participle:

Питер ду́мает о свои́х роди́телях, кото́рые сейча́с отдыха́ют на ю́ге. По доро́ге на рабо́ту он всегда́ встреча́ет же́нщину, кото́рая несёт молоко́ на ры́нок. Прия́тно говори́ть со студе́нтами, кото́рые всем интересу́ются. Э́то мой брат, кото́рый сейча́с у́чится в университе́те. Са́ша всегда́ помога́ет Тама́ре, кото́рая сиди́т до́ма и смо́трит за ребёнком. Наш дом нахо́дится на у́лице, кото́рая ведёт к вокза́лу.

3 Replace the clauses introduced by **кото́рый** with the equivalent past active participle:

Пу́шкин, кото́рый жил в 19 ве́ке, был вели́ким поэ́том. Он говори́л с инжене́ром, кото́рый верну́лся из Москвы́. Я зна́ю же́нщину, кото́рая вы́шла из ко́мнаты. Я встре́тил худо́жника, кото́рый учи́лся в на́шей шко́ле и стал тепе́рь изве́стным. Де́вушка, кото́рая принесла́ мне ко́фе, о́чень краси́вая. Он подошёл к же́нщине, кото́рая сиде́ла в углу́.

4 Answer the questions as follows:

> *For example:* **Почему́ он ни с ке́м не говори́т? Потому́ что ему́ не́ с кем говори́ть.**

Почему́ она́ ничего́ не де́лает? Почему́ ты никуда́ не хо́дишь? Почему́ вы никому́ не пи́шете? Почему́ они́ ниче́м не занима́ются? Почему́ он никогда́ не отдыха́ет? Почему́ вы никого́ не приглаша́ете? Почему́ она́ ни о чём не ду́мает?

Перево́д

1 There is a law in Russia which bans the use of female labour in difficult conditions. However there are still a lot of factories which break this rule and use female labour in such conditions.
2 The conference which took place recently was very interesting. Many problems were discussed, especially the difficult situation of the working mother.
3 The changes which are taking place in Russia now have enormous consequences for the whole world.
4 My daughter does not like life in the countryside. She says there is nothing to do there, nowhere to go in the evenings, no one to play tennis with and no one to talk to. But when we come to Moscow, she never goes anywhere, never plays tennis with anyone and never talks to anyone. She just sits in her room and does nothing.

19 Уро́к девятна́дцатый

In this lesson you will learn how to:

- Complete a registration form
- Discuss business opportunities
- Use passive participles
- Use **что́-нибудь/что́-то**

Свобо́дная экономи́ческая зо́на

Не́сколько ме́сяцев наза́д фи́рме «Прогре́сс» бы́ло предло́жено созда́ть филиа́л совме́стного предприя́тия на о́строве Сахали́н. Это большо́е собы́тие как для ру́сской, так и для англи́йской стороны́. К тому́ же неда́вно о́стров Сахали́н (вся Сахали́нская о́бласть) был объя́влен Свобо́дной экономи́ческой зо́ной. Это зна́чит, что здесь со́зданы са́мые лу́чшие усло́вия для разви́тия би́знеса. Все предприя́тия, заре-гистри́рованные в зо́не, получа́ют ста́тус незави́симого пред-прия́тия. Их пра́во на со́бственность защищено́ зако́ном, их при́быль не мо́жет быть конфиско́вана госуда́рством. На террито́рии зо́ны де́йствует льго́тный нало́говый режи́м.

Фи́рма «Прогре́сс» полна́ оптими́зма. Их филиа́л уже́ заре-гистри́рован, прое́кт одо́брен областны́м Сове́том, полу́чена лице́нзия на произво́дство компью́теров. Но пробле́м ещё мно́го. Пре́жде всего́, до́лжен быть при́нят зако́н о вво́зе и вы́возе валю́ты из зо́ны, решены́ трудовы́е пробле́мы, раз-рабо́таны усло́вия бу́дущих контра́ктов. Пи́тер взволно́ван. Вме́сте со все́ми он приглашён на откры́тие филиа́ла и и́збран делега́том на съезд предпринима́телей свобо́дного Сахали́на. Наконе́ц, тепе́рь он мо́жет соверши́ть путеше́ствие по Транссиби́рской желе́зной доро́ге, о кото́ром он давно́ мечта́л.

Ты заказа́л гости́ницу? 🔘

СА́ША:	Пи́тер! Ты запо́лнил ка́рточку уча́стника съе́зда?
ПИ́ТЕР:	Нет, ещё не запо́лнил. Запо́лню сего́дня. Ты не зна́ешь, ну́жно ли мне зака́зывать гости́ницу?
СА́ША:	Гости́ница для тебя́ бу́дет зака́зана. Но всё равно́ не забу́дь указа́ть, что тебе́ нужна́ гости́ница. А как у тебя́ с биле́тами?
ПИ́ТЕР:	Я уже́ заказа́л биле́ты на по́езд до Владивосто́ка, отту́да полечу́ самолётом на Сахали́н. То́лько не зна́ю, что брать с собо́й? Кака́я там пого́да сейча́с?
СА́ША:	Возьми́ тёплую оде́жду: в э́то вре́мя го́да там уже́ прохла́дно, и что-нибудь удо́бное на́ ноги. Ведь тебе́ придётся мно́го ходи́ть.
ПИ́ТЕР:	Тогда́ возьму́ каку́ю-нибудь тёплую ку́ртку и кроссо́вки. Мо́жет быть, бу́дет возмо́жность путеше́ствовать по Сахали́ну?
СА́ША:	Коне́чно, бу́дет! А когда́ бу́дешь е́хать обра́тно, обяза́тельно, дай телегра́мму, я тебя́ встре́чу!
ПИ́ТЕР:	Большо́е спаси́бо, Са́ша!
СА́ША:	Счастли́вого пути́!

Слова́рь

брать I (бер||у́, -ёшь)/взять I (возьм||у́, -ёшь)	to take	нало́говый режи́м	tax regime
валю́та	foreign currency	областно́й Сове́т	regional council
ввоз и вы́воз	import and export	о́бласть (f)	region, province
взволно́ванный (взволнова́ть)	excited	обра́тно	back
		объявля́ть I/ объяви́ть II	to declare
всё равно́	all the same	обяза́тельно	without fail, certainly
защища́ть I/ защити́ть II	to defend, protect		
избра́ть I делега́том	elect as a delegate	одобря́ть I/ одо́брить II	to approve
как ..., так и	both ... as	откры́тие	opening
конфискова́ть I	to confiscate	по́лный оптими́зма	full of optimism
к тому́ же	in addition	получа́ть I/ получи́ть II ста́тус	to receive a status
лице́нзия на произво́дство	licence to produce		
льго́тный	favourable	пре́жде всего́	first of all

при́быль (*f*)	profit	принима́телей	entrepreneurs
принима́ть/ приня́ть I зако́н	to pass a law	Транссиби́рская желе́зная доро́га	Trans-Siberian railway
разви́тие	development	трудовы́е ресу́рсы	labour resources
разраба́тывать/ разрабо́тать I	to work out	ука́зывать/ указа́ть I	to point
регистри́ровать (за-) I	to register	уча́ствовать I в (+ *prep*)	to take part
соверша́ть I/ соверши́ть II путеше́ствие	to make a journey	уча́стник	participant
		филиа́л	branch (of an
со́бственность (*f*)	property		institution)
съезд пред-	congress of		

ка́рточка уча́стника	participant's (registration) form
заказа́ть гости́ницу	to book a hotel
запо́лнить ка́рточку	to fill in a form
взять тёплую оде́жду	take warm clothing
что-нибудь удо́бное на́ ноги	something comfortable for the feet
счастли́вого пути́!	bon voyage!

Запо́лните регистрацио́нную ка́рточку Пи́тера Гри́на

Регистрацио́нная ка́рточка уча́стника съе́зда «Предпринима́тели Сахали́на»
фами́лия, и́мя, о́тчество ....
страна́, го́род ....
ме́сто рабо́ты ....
занима́емая до́лжность (*post*) ....
учёная сте́пень (*degree*) ....
рабо́чий а́дрес ....
дома́шний а́дрес ....
уча́ствовали (*took part*) ли вы в деловы́х конфере́нциях пре́жде ....
е́сли уча́ствовали, когда́ и в каки́х ....
нужда́етесь ли вы в гости́нице ....
по каки́м вопро́сам хоте́ли бы получи́ть консульта́ции ....
....
(нало́говая поли́тика, трудовы́е ресу́рсы, организацио́нные пробле́мы, ввоз и вы́воз валю́ты, пробле́мы приватиза́ции)
каки́е экску́рсии хоти́те соверши́ть по Сахали́ну ....
....
(пое́здка на побере́жье, посеще́ние ру́сско—япо́нского совме́стного предприя́тия, визи́т в теа́тр)

Russian realia

Complete the following application form for a job at "Progress"

СОВМЕСТНОЕ ПРЕДПРИЯТИЕ
"МОСКВА-ПРОГРЕСС"

ЗАЯВЛЕНИЕ О ПРИЕМЕ НА РАБОТУ

ФОТОГРАФИЯ

Дата "_____" _____19_____ г.

ПЕРСОНАЛЬНЫЕ ДАННЫЕ

Ф.,и.,о. _____
Адрес _____
(район города, улица, No. дома и кв.)
Дата рождения "_____" _____19_____ г.
(не моложе 18 лет!)
No. тел. _____ (наличие личного телефона обязательно)
Семейное положение _____
Сколько времени займет проезд от Вашего дома до Арбата? _____
Место работы (учебы) в настоящее время? _____
_____
Когда можете приступить к обязанностям?
"_____" _____19_____ г.
Вы говорите на иностранном языке? Если да, то на каком? _____

Приемл. для Вас часы	Пн.	Вт.	Ср.	Чт.	Пт.	Сб.	Вс.
с							
до							

ТРУДОВАЯ БИОГРАФИЯ
Укажите два последних места работы:

Дата мес./год	Наименование и адрес учреждения	No. телефона
с по		
с по		

Ф.И.О. и должн. руков	Ваша должность	Зар-та Нач. Посл.	Причина ухода

По условиям заявления/приема на работу я выражаю согласие на проверку
всех данных, приведенных в настоящем заявлении.
Подпись заявителя _____

должн.	**до́лжность**
руков.	**руководи́теля**
зар-та	**зарпла́та**
нач.	**нача́льная**
посл.	**после́дняя**

Language in action

Вопро́сы

Где нахо́дится Сахали́н?
Чем был объя́влен Сахали́н неда́вно?
Что зна́чит Свобо́дная экономи́ческая зо́на?
Каки́е права́ име́ют предприя́тия, находя́щиеся в зо́не?
Почему́ фи́рма «Прогре́сс» полна́ оптими́зма?
Каки́е пробле́мы фи́рме ну́жно разреши́ть?
Почему́ взволно́ван Пи́тер?
Как мо́жно дое́хать до Сахали́на?
Что Са́ша сове́тует Пи́теру взять с собо́й?

Импровиза́ция

— *Say that you are interested in information about the joint ventures in Russia and ask where one can find the best conditions for business.*
— Э́то зави́сит от того́, каки́м би́знесом вы занима́етесь. Но са́мые лу́чшие усло́вия в Свобо́дных экономи́ческих зо́нах.
— *Say that your business is computers.*
— В тако́м слу́чае рекоменду́ю Новгоро́дскую о́бласть. Там неда́вно со́здана Свобо́дная экономи́ческая зо́на.
— *Ask what the Free Economic zone means?*
— Е́сли вы зарегистри́руете своё предприя́тие в зо́не, вы получа́ете привиле́гии. В зо́не де́йствует льго́тный нало́говый режи́м.
— *Ask what the possibility of taking foreign currency out of the country is?*
— Всё зави́сит от ва́шей инициати́вы! Пе́рвые три го́да вы мо́жете свобо́дно вывози́ть валю́ту.
— *Say that you think that conditions for business are really good here but you have to discuss the situation with your firm. But you hope* (**я наде́юсь**) *to come back soon. Thank them for their help and ask them for prospectuses* (**проспе́кты**).
— Да, вот пожа́луйста, здесь вы найдёте всю информа́цию, кото́рая вас интересу́ет. Бу́дем ра́ды ви́деть вас у нас.

Грамма́тика
Passive participles

There are two kinds of passive participles in Russian, present passive and past passive, of which the latter is much more frequently used. They are the equivalent of participles in English which, in regular verbs, end in -ed. Like the active participles, passive participles are verbal adjectives, formed from the verb but with the adjectival endings. Note that passive participles can only be formed from transitive verbs (i.e. verbs capable of taking an object).

Past passive participle

The past passive participle is normally formed from the perfective verb.

Forms in -нный

The majority of verbs form their past passive participle with the ending -нный. These include:

1 Most verbs with the infinitive ending in -ать or -ять, regardless of conjugation. They replace the -ть of the infinitive by -нный and include regular 1st conjugation verbs: прочитáть — прочи́танный 'read'; потеря́ть — поте́рянный 'lost'; and the irregular verb дать and its compounds: прода́ть — про́данный 'sold'

2 1st conjugation verbs with the infinitive ending in -сти, -зти. They replace the -ёшь of the 2nd person singular (ты form) of the future perfective with -ённый: принести́ — принесёшь — принесённый 'brought'; ввезти́ — ввезёшь — ввезённый 'imported'.
Note: найти́ — на́йденный 'found'

3 2nd conjugation verbs with the infinitive ending in -ить or -еть. They replace the -у, -ю of the first person singular (я form) with -енный, -ённый: постро́ить — постро́ю — постро́енный 'built'; реши́ть — решу́ — решённый 'decided'. Where second conjugation verbs have a consonant change in the 1st person singular (я form) of the future perfective the same consonant change will also occur in the past passive participle: приготóвить — приготóвлю — приготóвленный 'prepared'; пригласи́ть — приглашу́ — приглашённый 'invited'; встре́тить — встре́чу — встре́ченный 'met'. Note the exception: уви́деть — уви́жу — уви́денный 'seen'.

Forms in -тый

A small number of verbs of the first conjugation form their past passive participle with the ending -тый. These include: закры́ть — закры́тый 'closed': откры́ть — откры́тый 'opened'; забы́ть — забы́тый — 'forgotten'. уби́ть — уби́тый 'killed'; вы́пить — вы́питый 'drunk'; оде́ть — оде́тый 'dressed'; взять — взя́тый 'taken'; заня́ть — за́нятый 'occupied'; приня́ть — при́нятый 'accepted'; нача́ть — на́чатый 'begun'.

Use of the past passive participle

All past passive participles, both -**нный** and -**тый** forms, decline like adjectives ending in -**ый** and agree in number, gender and case with the noun they describe. Past passive participles are the equivalent of the participle in English, which, in regular verbs, ends in -ed.

Examples: **Я получи́л письмо́, напи́санное мое́й до́черью** 'I received a letter written by my daughter'. **Пирожки́, ку́пленные ва́ми вчера́, о́чень вку́сные** 'The pirozhki, bought by you yesterday, are very tasty'. **Мы живём в до́ме, постро́енном мои́м отцо́м** 'We live in a house built by my father'.

These participles could be replaced by using a clause introduced by **кото́рый**: **Я получи́л письмо́, кото́рое написа́ла моя́ дочь** 'I received a letter which my daughter had written'. **Пирожки́, кото́рые вы купи́ли вчера́, о́чень вку́сные** 'The pirozhki which you bought yesterday are very tasty'. **Мы живём в до́ме, кото́рый постро́ил мой оте́ц** 'We live in a house which my father built'.

Short form of the past passive participle

The past passive participle also has a short form. Like the short adjective, the short participle has only four forms – masculine, feminine, neuter, plural: **прочи́танный — прочи́тан, прочи́тана, прочи́тано, прочи́таны**. (Note than one -**н**- is dropped in the short form.)

The short form of the past passive participle is used together with the appropriate form of the verb 'to be' to form the passive voice of the verb: **Письмо́ бу́дет по́слано** 'The letter will be sent'. **Рабо́та сде́лана** 'The work is/has been done'. **Зако́н был при́нят** 'The law was passed'.

An alternative way of translating the passive into Russian is by using the third person plural of the active verb, without **они́**: **при́няли зако́н** 'the law was passed' (literally 'they passed the law').

Note that, like the short form adjective, the short form participle is only used where the verb 'to be' comes between the noun (or pronoun) and the participle in the English sentence.

Contrast: **Зако́н был при́нят Сове́том** 'The law was passed by the Soviet' with **Зако́н, при́нятый Сове́том, гаранти́рует свобо́ду** 'The law passed by the Soviet guarantees freedom'.

Present passive participle

The present passive participle is formed by adding the ending **-ый** to the 1st person plural (**мы** form) of the present tense of the verb: **читáть** — (**мы**) **читáем** — **читáемый**. If the 1st person plural ends in **-ём** this changes to **-ом-** in the present passive participle: **нести́** — (**мы**) **несём** — **несóмый**.

Several verbs, particularly irregular 1st conjugation verbs, e.g. **пить**, **петь**, **брать**, **писáть**, do not have a present passive participle.

The participle declines in the same way as adjectives ending in **-ый** and agrees in number, gender and case with the noun it describes. This participle is less commonly used than the past passive participle. Some words, which are present passive participles in origin, are now used simply as adjectives: **люби́мый** 'favourite' (literally 'being loved'); **уважáемый** 'respected'.

The present passive participle is not normally used to form the passive voice of the verb. Instead, use either a reflexive verb in the present tense or the third person plural of the verb without **они́**: **кни́га читáется/читáют кни́гу** 'a book is being read'; **дом стрóится/ стрóят дом** 'a house is being built'.

Чтó-то/чтó-нибудь

To translate the word 'something' into Russian a choice must be made between **чтó-то** and **чтó-нибудь**. **Чтó-то** refers to 'something' which exists, but the identity of which is uncertain or unstated. **Чтó-нибудь** is more vague, referring to 'something' or 'anything', the very existence of which is in doubt.

Examples: **Он тебé дал чтó-нибудь?** 'Did he give you something/anything?' **Да, он чтó-то мне дал.** 'Yes, he gave me something'.

-То and **-нибудь** are also added to other words with a similar result: **ктó-то** 'someone'; **ктó-нибудь** 'someone, anyone'; **гдé-то** 'somewhere'; **гдé-нибудь** 'somewhere, anywhere'; **кудá-то** 'somewhere' (motion); **кудá-нибудь** 'somewhere, anywhere' (motion); **когдá-то** 'some time'; **когдá-нибудь** 'sometime, anytime'; **какóй-то** 'some'; **какóй-нибудь** 'some, any'; **кáк-то** 'somehow'; **кáк-нибудь** 'somehow, anyhow'.

Examples: **Ты куда́-нибудь идёшь сего́дня ве́чером?** 'Are you going anywhere this evening?' **Он уже́ куда́-то ушёл** 'He has already gone somewhere'.

The **кто, что** and **како́й** element in **кто́-то/кто́-нибудь, что́-то/что́-нибудь** and **како́й-то/како́й-нибудь** decline like **кто, что** and **како́й: Он разгова́ривает с ке́м-то** 'He is talking to someone'. **Она́ че́м-то занима́ется** 'She is busy with something'. **Они́ интересу́ются каки́ми-то но́выми ме́тодами** 'They are interested in some new methods'. **Ты ви́дел кого́-нибудь?** 'Did you see anyone?'

Note that **что́-нибудь, кто́-нибудь**, etc. cannot be used to translate 'anything', 'anyone', etc. in a negative sentence. **Ничто́, никто́**, etc. are used: **Я никого́ не ви́дел** 'I did not see anyone'. **Она́ ниче́м не интересу́ется** 'She is not interested in anything'.

Упражне́ния

1 Form past passive participles from the following verbs.

разрабо́тать, основа́ть, прода́ть, назва́ть, постро́ить, предложи́ть, встре́тить, пригото́вить, пригласи́ть, ввезти́, найти́, откры́ть, приня́ть, забы́ть, взять.

2 Replace the clauses introduced by **кото́рый** with the equivalent past passive participle.

For example: **В журна́лах, кото́рые мы получи́ли вчера́, бы́ло мно́го интере́сных стате́й. В журна́лах, полу́ченных на́ми вчера́, бы́ло мно́го интере́сных стате́й.**

Она́ прочита́ла все кни́ги, кото́рые её муж взял из библиоте́ки. Петербу́рг, кото́рый основа́л Пётр Пе́рвый, ра́ньше был столи́цей Росси́и.
В дома́х, кото́рые постро́или неда́вно, уже́ живу́т лю́ди.
В пре́ссе бы́ло мно́го спо́ров о пье́се, кото́рую поста́вил теа́тр.
В исто́рии, кото́рую он рассказа́л, бы́ло мно́го пра́вды.

3 Express the following statements in an alternative way using the reflexive passive construction.

For example: **Дом стро́ят. Дом стро́ится.**

Кни́гу чита́ют. Проду́кты покупа́ют. Пробле́му разреша́ют. Депута́тов избира́ют в парла́мент. Желе́зную доро́гу стро́ят.

Магази́н открыва́ют. Обе́д гото́вят. Госте́й приглаша́ют. Тури́стов встреча́ют.

4 Express the following statements in an alternative way using the short form of the past passive participle.

For example: **Дом постро́или. Дом был постро́ен.**

Кни́гу прочита́ли. Проду́кты купи́ли. Пробле́му разреши́ли. Депута́тов избра́ли в парла́мент. Желе́зную доро́гу постро́или. Магази́н откры́ли. Обе́д пригото́вили. Госте́й пригласи́ли. Тури́стов встре́тили.

5 Choose the correct word from the brackets and put it into the appropriate case:

Э́та дере́вня нахо́дится (где́-то, где́-нибудь) на Кавка́зе. Вы (что́-то, что́-нибудь) е́ли сего́дня? Ты пойдёшь (куда́-то, куда́-нибудь) ве́чером? Мы слы́шали, как (кто́-то, кто́-нибудь) вошёл в ко́мнату. Он жил (когда́-то, когда́-нибудь) в э́том го́роде. У вас есть (каки́е-то, каки́е-нибудь) но́вости о ней. Она́ всё вре́мя о (что́-то, что́-нибудь) ду́мает. Я дал (кто́-то, кто́-нибудь) почита́ть но́вую кни́гу. Ди́ма разгова́ривает с (кто́-то, кто́-нибудь) по телефо́ну.

Перево́д

1 The Trans-Siberian railway was built in the last century, more precisely it was begun in 1883 and finished in 1916. Much has been written about this railway built in Siberia in the most difficult conditions.

2 The first free economic zone was founded near St Petersburg. Many of its problems have still not been solved.

3 The so-called (**так называ́емый**) industrial centre turned out to be a small provincial town with only one multistorey building. This building used to be occupied by the local council. Many new enterprises will be created here and many new factories have to be built.

4 The invitation to the congress was sent a week ago, but it was received only yesterday.

20 Уро́к двадца́тый

In this lesson you will learn how to:

- Use the services of the post office
- Send telegrams and address envelopes
- Discuss ecological issues
- Use conjunctions
- Use gerunds

Сиби́рь

Отправля́ясь в путеше́ствие в Сиби́рь по Транссиби́рской желе́зной доро́ге, Пи́тер пло́хо представля́л себе́, что происхо́дит там в настоя́щее вре́мя. То́лько сейча́с, путеше́ствуя по Транссибу́, смотря́ из окна́ по́езда и разгова́ривая с пассажи́рами, он по́нял, что э́то оди́н из са́мых ра́звитых райо́нов страны́. Пи́теру повезло́: его́ попу́тчиком оказа́лся Лев Никола́евич Ле́нский, крупне́йший био́лог, специали́ст по фло́ре и фа́уне Сиби́ри, акти́вный уча́стник экологи́ческого движе́ния. Лев Никола́евич возвраща́лся в Ирку́тск из Москвы́, куда́ он е́здил на конфере́нцию по охра́не приро́ды. Лев Никола́евич был пото́мком декабри́стов, со́сланных в Сиби́рь по́сле восста́ния декабри́стов в 1825 году́. Посели́вшись в Сиби́ри на берегу́ о́зера Байка́л, его́ пре́дки оста́лись там навсегда́. Испыта́в всю тя́жесть ссы́лки, привы́кнув к суро́вой сиби́рской приро́де, его́ пра́дед не захоте́л возвраща́ться к петербу́ргской цивилиза́ции. А по́сле того́ как он жени́лся на ме́стной крестья́нке, он увлёкся се́льским хозя́йством, став знамени́тым агроно́мом.

Как био́лога, Льва Никола́евича о́чень беспоко́ит экологи́ческая ситуа́ция Сиби́ри. Де́ло в том, что разви́тие тяжёлой промы́шленности, добы́ча не́фти и га́за нанесли́ огро́мный уще́рб приро́де Сиби́ри. Гоня́сь за нау́чно-техни́ческим прогре́ссом, добыва́я всё бо́льше не́фти и га́за, челове́к уничтожа́ет приро́ду, загрязня́ет ре́ки. Льва Никола́евича осо́бенно волну́ет судьба́ ма́лых наро́дов Сиби́ри, жизнь кото́рых те́сно свя́зана с приро́дой. «Ведь, уничтожа́я лес, приро́ду, мы уничтожа́ем о́браз жи́зни э́тих люде́й, лиша́ем их традицио́нных заня́тий, кото́рыми они́ всегда́ занима́лись», — говори́л Лев Никола́евич. Он во всём обвиня́ет кома́ндно-администрати́вную систе́му управле́ния эконо́микой. То́лько измени́в систе́му, мо́жно улу́чшить экологи́ческое положе́ние в Сиби́ри.

На по́чте 📼

— Скажи́те, пожа́луйста, ско́лько сто́ит конве́рт с ма́ркой?
— Вам для како́го письма́?
— Мне на́до посла́ть письмо́ за грани́цу.
— Авиаписьмо́ за грани́цу сто́ит се́мьдесят пять рубле́й.
— Тогда́, пожа́луйста, три конве́рта для авиаписьма́, шесть откры́ток с ви́дом Сахали́на, одну́ поздрави́тельную откры́тку «С днём рожде́ния» и ма́рки для откры́ток покраси́вее!
— Вот пожа́луйста, у нас есть но́вая се́рия ма́рок «Желе́зные доро́ги Росси́и». Зна́чит, три авиаписьма́ по се́мьдесят пять рубле́й, семь откры́ток по три́дцать рубле́й и компле́кт ма́рок за семьсот пятьдеся́т рубле́й, всего́ с вас ты́сяча сто со́рок пять рубле́й. У вас есть де́ньги поме́ньше.
— Ой, у меня́ то́лько кру́пные де́ньги!
— Ничего́! Я вам дам сда́чу.
— Вы не ска́жете, здесь мо́жно посла́ть телегра́мму?
— Да, коне́чно, вот пожа́луйста, запо́лните бланк!

ТЕЛЕГРАММА
Куда, кому *113570 Москва Чертаново Крылова 5 кв 4 Гурову*
Доехал отлично всё очень интересно прилетаю четверг рейс 44 встречайте Питер
Фамилия и адрес отправителя *Грин Питер гостиница Восток Южно-Сахалинск*

Дорогáя Марúна! Поздравля́ю с днём рожде́ния! Жела́ю тебе́ всего́ са́мого хоро́шего, сча́стья, здоро́вья, успе́хов в жи́зни! До ско́рой встре́чи! Питер.

Словáрь

агроно́м	agriculturist
восста́ние декабри́стов	Decembrist uprising
гна́ться (по-) I (гон‖ю́сь, -е́шься) за (+ *inst*)	to pursue, strive (for)
добыва́ть/ добы́ть I (добу́д‖у, -ешь) нефть, газ	to extract oil, gas
добы́ча	extraction
загрязня́ть I/ загрязни́ть II	to pollute
заня́тие	occupation
испы́тывать/ испыта́ть I тя́жесть (*f*)	to experience hardship

кома́ндно–админи- страти́вный	command– administrative
крестья́н‖ин, -ка	peasant (man, woman)
лиша́ть I/ лиши́ть II (+ *acc*, + *gen*)	to deprive (someone/ something) of
навсегда́	for ever
наноси́ть II/ нанести́ I ущéрб (+ *dat*)	to cause damage
нау́чно– техни́ческий	scientific and technical
обвиня́ть I/ обвини́ть II в (+ *prep*)	to accuse of

отправля́ться I/ отпра́виться II	to set off	се́льское хозя́йство	agriculture
охра́на приро́ды	nature conservation	ссыла́ть/	to exile
попу́тчик	fellow traveller	сосла́ть I	
поселя́ться I/ посели́ться II	to settle	(сошл‖ю́, -ёшь)	
пото́мок	descendant	судьба́ ма́лых наро́дов	fate of national minorities
пра́дед	great-grandfather	суро́вый	severe, bleak
пре́док	ancestor	тяжёлая про-	heavy industry
привыка́ть/ привы́кнуть I к (+ dat)	to get used (to)	мы́шленность улучша́ть I/ улу́чшить II	to improve
развито́й	developed	уничтожа́ть I/	to destroy
свя́зывать/ связа́ть I (свяж‖у́, -ешь) (те́сно)	to link (closely)	уничто́жить II управле́ние эконо́микой	management of economy

---

На по́чте

обра́тный а́дрес	return address
посыла́ть/посла́ть письмо́	to send a letter
письмо́ за грани́цу	letter abroad
авиаписьмо́	airmail letter
конве́рт с ма́ркой	envelope with a stamp
откры́тка с ви́дом	postcard with a view
поздрави́тельная откры́тка	greetings card
компле́кт ма́рок	set of stamps
запо́лнить бланк	to fill in a form
кру́пные де́ньги	large denomination notes
сда́ча	change
всего́ с вас!	You owe in all!
ничего́!	never mind!

Language in action

Вопро́сы

Что узна́л Пи́тер, когда́ он е́хал че́рез Сиби́рь?

Почему́ Пи́теру повезло́ во вре́мя путеше́ствия?

Кто тако́й Лев Никола́евич Ле́нский?

Что де́лал Лев Никола́евич в Москве́?

Кто бы́ли пре́дки Льва Никола́евича?

Почему́ его́ пра́дед оста́лся в Сиби́ри?

Что беспоко́ит Льва Никола́евича в Сиби́ри?

Почему́ экологи́ческое положе́ние Сиби́ри тако́е серьёзное?

Почему́ Лев Никола́евич беспоко́ится о судьбе́ ма́лых наро́дов Сиби́ри?

Как мо́жно улу́чшить экологи́ческое положе́ние Сиби́ри?

Russian realia

УСЛУГИ ПОЧТОВОЙ СВЯЗИ	
НОМЕР ОКОН	НАИМЕНОВАНИЕ ОПЕРАЦИИ
24	ПОДПИСКА НА ГАЗЕТЫ И ЖУРНАЛЫ
25	УПАКОВКА БАНДЕРОЛЕЙ С КНИГАМИ
26	ПРИЕМ КОРРЕСПОНДЕНЦИИ ОТ УЧРЕЖДЕНИЙ
28	ПРИЕМ ЗАКАЗНОЙ И АВИАЗАКАЗНОЙ КОРРЕСПОНДЕНЦИИ
29,31,43,44	ПРОДАЖА МАРОК, КОНВЕРТОВ. ОТКРЫТОК
30	ПРИЕМ И ВЫДАЧА ЦЕННЫХ ПИСЕМ, ПРИЕМ ПЛАТЫ ЗА ТЕЛЕФОН
32	ПРИЕМ И ВЫДАЧА МЕЖДУНАРОДНОЙ КОРРЕСПОНДЕНЦИИ
33,34	ОПЛАТА ПЕРЕВОДОВ И ПЕНСИИ
35	АДМИНИСТРАТОР ПОЧТЫ
36,37	ПРИЕМ ДЕНЕЖНЫХ ПЕРЕВОДОВ И ПЕРЕВОДОВ-ЗАКАЗОВ
38,39,41,42	ВЫДАЧА КОРРЕСПОНДЕНЦИИ ДО ВОСТРЕБОВАНИЯ
40	ВЫДАЧА ПОДПИСНЫХ ИЗДАНИЙ. ГАЗЕТ И ЖУРНАЛОВ АДРЕСОВАННЫХ ДО ВОСТРЕБОВАНИЯ
45,50	СБЕРЕГАТЕЛЬНАЯ КАССА
ПОСЫЛКУ И ЦЕННУЮ БАНДЕРОЛЬ МОЖНО ОТПРАВИТЬ НА МОСКОВСКОМ ПОЧТАМТЕ УЛ. МЯСНИЦКАЯ ДОМ 26, ПРОЕЗД МЕТРО ДО СТ.ЧИСТЫЕ ПРУДЫ	

ТЕЛЕГРАФ • ТЕЛЕКС • ТЕЛЕФАКС	
НОМЕР ОКОН	
10,11	МЕЖДУНАРОДНЫЕ ТЕЛЕГРАММЫ
14,20	ТЕЛЕГРАММЫ В ГОРОДА СНГ
2	ВЫДАЧА СООБЩЕНИЙ ТЕЛЕКС И ТЕЛЕФАКС
3,6	ПЕРЕДАЧА СООБЩЕНИЙ ТЕЛЕКС
7,9	ПЕРЕДАЧА СООБЩЕНИЙ ТЕЛЕФАКС

приём	acceptance	**заказно́й**	registered
вы́дача	issue	**до востре́бо-**	
переда́ча	delivery	**вания**	for collection

Study the signs on the wall in the main Moscow Post Office. Which windows would you have to go to for the following services?

1 to buy stamps, postcards and envelopes
2 to send a telegramme abroad
3 to send books by post
4 to take out a newspaper subscription
5 to send a fax
6 to collect a telex
7 to speak to the administrator
8 to send a registered letter

Where would you have to go to send a parcel and how would you get there?

All travellers must complete a customs declaration form on entering and leaving the Russian Federation. Complete the one below.

Т-6

Сохраняется на все время пребывания в РФ или за границей.
При утере не возобновляется.

Сообщение неправильных сведений в таможенной декларации, а также сотруднику таможни влечет за собой ответственность на основании законодательства РФ.

ТАМОЖЕННАЯ ДЕКЛАРАЦИЯ

Фамилия, имя, отчество _____

Гражданство _____
Из какой страны прибыл _____
В какую страну следует _____
Цель поездки (деловая, туризм, личная и т. п.) _____
Мой багаж, включая ручную кладь, предъявляемый для таможенного контроля, состоит из _____ мест.
При мне и в моем багаже имеются:
I. Оружие всякое и боеприпасы _____
II. Наркотики и приспособления для их употребления _____
III. Предметы старины и искусства (картины, рисунки, иконы, скульптуры и др.)

IV. Российские рубли, облигации государственных займов РФ и билеты российских лотерей _____
V. Другая валюта (кроме российских рублей), (банкноты, казначейские билеты, монеты), платежные документы (чеки, векселя, аккредитивы и другие) фондовые ценности (акции, облигации и другие) в иностранной валюте, драгоценные металлы (золото, серебро, платина, металлы платиновой группы) в любом виде и состоянии, природные драгоценные камни в сыром и обработанном виде (алмазы, бриллианты, рубины, изумруды, сапфиры, а также жемчуг), ювелирные и другие бытовые изделия из драгоценных металлов и драгоценных камней и лом таких изделий, а также имущественные документы.

Наименование	Количество		Отметки таможни
	цифрами	прописью	
Доллары США			
Фунты стерлингов			
Французские франки			
Марки ФРГ			

VI. Принадлежащие другим лицам российские рубли, другая валюта, платежные документы, ценности и любые предметы _____
Мне известно, что наряду с предметами, поименованными в декларации, подлежат обязательному предъявлению для контроля: произведения печати, рукописи, кинофотопленки, видео- и звукозаписи, почтовые марки, изобразительные материалы и т. п., равно как и предметы не для личного пользования.
Также заявляю, что отдельно от меня следует принадлежащий мне багаж в количестве _____ мест. Подпись владельца ручной клади
◄ ► _____ 199 г. и багажа _____

ручна́я кладь	hand baggage	про́писью	in words
ору́жие	weapons	принадле-	
драгоце́нные	precious	жа́щие	belonging
серебро́	silver	ру́копись	manuscript
ци́фрами	in figures	заявля́ю	I declare

Импровиза́ция

— *Say that you have just come back from a conference on nature conservation and that you met some Russian scientists (**учёный**) there. Say that you did not realize how serious the ecological problems in Russia are.*

— Да, экологи́ческая ситуа́ция в на́шей стра́не о́чень серьёзна, в не́которых райо́нах про́сто катастрофи́чна. Уничто́жены леса́, загрязнены́ ре́ки. Есть места́, где жить ста́ло невозмо́жно.

— *Say that you travelled on the Volga and saw yourself how polluted the Volga is. People even recommended you not to eat fish from the river.*

— Положе́ние на Во́лге о́чень серьёзно. Ведь на реке́ постро́ено так мно́го хими́ческих заво́дов, так мно́го электроста́нций. Все они́ загрязня́ют ре́ку.

— *Say that surely you can still do something about it. Ask whether they have an ecological movement in the country.*

— Да, у нас сейча́с о́чень акти́вное экологи́ческое движе́ние. Лю́ди на́чали серьёзно беспоко́иться о после́дствиях разви́тия промы́шленности. Но измени́ть систе́му о́чень тру́дно. Для э́того ну́жно вре́мя.

— *Say that you believe there is still time to improve the situation. Give Germany (**Герма́ния**) as an example where the river Rhine (**Рейн**) was very polluted but now there are fish in the river again.*

— Я бы о́чень хоте́л, что́бы э́то бы́ло так. Но к сожале́нию, в настоя́щее вре́мя у меня́ ма́ло оптими́зма.

Грамма́тика
Conjunctions

In English the same word can often be used as a conjunction or a preposition. This can lead to confusion when translating into Russian, where conjunctions and prepositions differ. Note the difference in the two examples below. In the first, 'after' is used as a conjunction; and in the second, 'after' is a preposition. Conjunctions introduce clauses, while prepositions are followed by or 'govern' a noun or pronoun in the appropriate case.

Examples: **По́сле того́ как мы пообе́дали, мы пошли́ домо́й** 'After we had dinner we went home'.
По́сле обе́да мы пошли́ домо́й 'After dinner we went home'.

The conjunction 'after' (после того как) introduces the clause 'we had dinner'. The preposition 'after' (после + *genitive*) governs the noun 'dinner', which is in the genitive in Russian.

Further examples of conjunctions: до того как and прежде чем 'before'; перед тем как '(just) before'; с тех пор как 'since'.

Future tense after когда

The future tense is used in Russian after когда if the main clause verb is in the future tense. After 'when' in the equivalent English sentence the present or past tenses are normally used. Когда она окончит университет, она поедет за границу 'When she finishes/has finished (lit. will finish) University she will go abroad'.

Similarly after после того как: После того как Питер купит марку, он пошлёт письмо 'After Peter has bought (lit. will buy) a stamp he will send the letter'.

Gerunds

Gerunds are verbal adverbs. Like some participles, they are the equivalent of an English form ending in -ing. Unlike participles, they are not used to replace adjectival clauses. Gerunds are used to replace adverbial clauses.

Example: Она сидела в саду, слушая радио 'She was sitting in the garden, listening to the radio'. Слушая, 'listening', replaces 'while she was listening'.

Imperfective gerund

Formation of the imperfective gerund

To form the imperfective gerund, take the 3rd person plural (они form) of the present tense, remove the last two letters and replace by -я: читать — читают — читая 'reading'; говорить — говорят — говоря 'saying, speaking'.

Stress is usually the same as the 1st person singular: смотреть — смотрю — смотря 'looking'. But note: сидеть — сижу — сидя.

The imperfective gerund of reflexive verbs ends in -ясь: встречаться — встречаются — встречаясь 'meeting'.

Because of the spelling rule some gerunds end in -а rather than -я: слы́шать — слы́шат — слы́ша 'hearing'.

Verbs ending in -авать have a present gerund ending in -авая: дава́ть — даю́т — дава́я 'giving'.

Some verbs have no imperfective gerund. These include monosyllabic verbs e.g. пить, петь and many irregular 1st conjugation verbs, e.g. писа́ть, е́хать.

Use of the imperfective gerund

Imperfective gerunds are used to describe another action performed at the same time and by the same person as the main verb in the sentences.

Examples: **Си́дя в по́езде, Пи́тер разгова́ривает с ру́сскими пассажи́рами**. 'Sitting in the train, Peter talks to the Russian passengers'. The gerund **си́дя** 'sitting' is used instead of the adverbial clause **когда́ он сиди́т** 'while he sits'.

Provided the action of the gerund takes place at the same time as the action of the main verb, an imperfective gerund is used whatever the tense of the main verb: **Си́дя в по́езде, Пи́тер бу́дет разгова́ривать с ру́сскими пассажи́рами** 'Sitting in the train Peter will talk to the Russian passengers'. **Си́дя в по́езде, Пи́тер разгова́ривал с ру́сскими пассажи́рами** 'Sitting in the train Peter talked to the Russian passengers'. In the first example **си́дя** is used instead of the clause **когда́ он бу́дет сиде́ть** and in the second example it replaces **когда́ он сиде́л**.

In the above examples a gerund has been used to replace an adverbial clause of time. Gerunds may also replace other kinds of adverbial clauses: **Зна́я проблéмы Сиби́ри, Пи́тер реши́л пое́хать туда́** 'Knowing the problems of Siberia, Peter decided to go there'. Here, **зна́я** replaces the causal clause **так как он знал** 'since he knew'.

A gerund may also be used to replace one of two main verbs linked by 'and'; **Она́ гото́вит обéд и слу́шает ра́дио** 'She prepares dinner and listens to the radio'. **Она́ гото́вит обéд, слу́шая ра́дио** 'She prepares dinner listening to the radio'.

Note the use of the negative gerund to translate 'without ... ing': **Постро́или фа́брики в Сиби́ри, не принима́я во внима́ние экологи́ческие фа́кторы** 'They have built factories in Siberia wihout taking into consideration ecological factors'.

Perfective gerund

Formation of the perfective gerund

To form the perfective gerund, remove the -л from the masculine form of the perfective past tense and replace it with -в or -вши (the latter being less common): **прочитáть — прочитáл — прочитáв** 'having read' **увúдеть — увúдел — увúдев** 'having seen'. The perfective gerund of reflexive verbs ends in **-вшись: одéться — одéлся — одéвшись** 'having dressed'.

Some verbs have a perfective gerund ending in **-я**. It is formed in the same way as an imperfective gerund but from the perfective verb. These verbs include prefixed forms of **нестú, везтú, вестú** and **идтú: принестú — принесýт — принеся́** 'having brought'; **прийтú — придýт — придя́** 'having arrived'; **привестú — приведýт — приведя́** 'having brought'.

Use of the perfective gerund

The perfective gerund is used to describe actions performed by the same subject as the main verb but which have taken place prior to the action of the main verb: **Написáв письмó, Пúтер пошёл на пóчту** 'Having written the letter, Peter went to the post office'. The perfective gerund **написáв** 'having written', is used instead of the clause **пóсле тогó как он написáл** 'after he had written'.

Provided the action of the gerund takes place prior to the action of the main verb, a perfective gerund is used, whatever the tense of the main verb. **Написáв письмó, Пúтер пойдёт на пóчту** 'Having written the letter Peter will go to the post office'. **Написáв письмó, Пúтер идёт на пóчту** 'Having written the letter Peter is going to the post office'.

Perfective gerunds may also be used to replace causal clauses: **Прочитáв мнóго о Сибúри, Пúтер решúл поéхать тудá.** 'Having read (since he had read) a lot about Siberia, Peter decided to go there'.

A perfective gerund can be used to replace one of two main verbs, provided the gerund is used for the action which takes place first: **Он одéлся и пошёл на рабóту** 'He dressed and went to work'. **Одéвшись, он пошёл на рабóту** 'Having dressed he went to work'.

The subject of a gerund must always be the same as the subject of the main clause. For example, it is impossible to translate the following sentence into Russian using a gerund: 'Peter having written the letter, we went to the post office'. In Russian this can only be expressed as:

'When (or after) Peter had written the letter we went to the post office' **Когда́ (по́сле того́ как) Пи́тер написа́л письмо́, мы пошли́ на по́чту.**

Упражне́ния

1 Form the imperfective gerunds of the following verbs:

рабо́тать, создава́ть, путеше́ствовать, люби́ть, жить, стоя́ть, отправля́ться, сади́ться, приходи́ть, идти́, нести́, везти́, находи́ться

2 Form the perfective gerunds of the following verbs:

встать, дать, поня́ть, сказа́ть, возврати́ться, сесть, съесть, спеть, найти́, ввезти́, принести́, отпра́виться

3 Replace the underlined verbs with the suitable gerund (imperfective or perfective) and rephrase the sentence as required:

Она́ стои́т у окна́ и <u>ду́мает</u> о ма́тери. Она́ гуля́ла по Москве́ и <u>вспомина́ла</u> своё де́тство. Ди́ма бу́дет чита́ть кни́гу и <u>смотре́ть</u> телеви́зор. Мать гото́вит обе́д и <u>слу́шает</u> но́вости. Са́ша шёл по у́лице и <u>мечта́л</u> о но́вой маши́не. Де́ти бу́дут бе́гать на у́лице и <u>игра́ть</u> в мяч. В воскресе́нье он сиди́т до́ма и ничего́ не <u>де́лает</u>. Они́ сиде́ли за столо́м и <u>разгова́ривали</u>. Мы бу́дем жить у о́зера и <u>бу́дем любова́ться</u> приро́дой. Он <u>оде́лся</u> и побежа́л на рабо́ту. Он <u>напи́шет</u> письмо́ и пойдёт на по́чту. Он <u>вы́пил</u> стака́н молока́ и пошёл спать. Он <u>прийдёт</u> на ры́нок и ку́пит фру́кты. Он не <u>найдёт</u> кни́ги и ста́нет смотре́ть телеви́зор. Он не <u>узна́л</u> её и прошёл ми́мо. Он не <u>ска́жет</u> ни сло́ва и откро́ет дверь. Она́ <u>умы́лась</u> и вы́шла в сад. Та́ня <u>око́нчит</u> университе́т и пое́дет рабо́тать в Сиби́рь.

4 Replace the adverbial clauses with imperfective gerunds:

Когда́ Мари́на рабо́тала над диссерта́цией, она́ посеща́ла библиоте́ку. Когда́ она́ подходи́ла к до́му, она́ уви́дела знако́мого худо́жника. Пока́ Ди́ма де́лает уро́ки, он не ду́мает о му́зыке. Так как он не зна́ет твоего́ а́дреса, он не мо́жет написа́ть тебе́. Так как он живёт в дере́вне, он не зна́ет городски́х пробле́м. Когда́ он нахо́дится на Кавка́зе, он всегда́ любу́ется кавка́зской приро́дой.

5 Replace the adverbial clauses with perfective gerunds:

После того как он сказа́л своё мне́ние, он вы́шел из ко́мнаты. Когда́ он на́чал смотре́ть телеви́зор, он вспо́мнил о рабо́те. По́сле того́ как он жени́лся на ру́сской, он реши́л оста́ться в Росси́и. Когда́ я око́нчу институ́т, я пое́ду в Сиби́рь. Так как Пи́тер захоте́л есть, он пошёл в рестора́н.

Перево́д

1 Working in the Far North he understood how difficult it was to live there. But having got used to the life he decided to stay for another year.
2 Having got as far as the industrial district, we decided to return to the hotel. As we returned we talked about the ecological situation.
3 Having returned from his trip to Sakhalin, Peter started working with new enthusiasm. After meeting so many young Russian entrepreneurs, he began to think about a joint venture.
4 Standing in endless queues, talking to Russians and seeing the prices in the shops, she began to understand the problems of the country.
5 Having finished university and become a teacher she went to work in a village. When she saw the primitive conditions and experienced all the hardship of life there, she moved back to the town.

Grammar summary

Rules of spelling

1 After г, к, х, ж, ч, ш, щ do not write **ы**. Replace it by **и**.
2 After ж, ч, ш, щ, ц do not write unstressed **о**. Replace it by **е**.
3 After г, к, х, ж, ч, ш, щ, ц do not write **я**. Replace it by **а**.
4 After г, к, х, ж, ч, ш, щ, ц do not write **ю**. Replace it by **у**.

Gender

Masculine nouns end in: a consonant, **-й, -ь**.
Feminine nouns end in: **-а, -я, -ь**.
Neuter nouns end in: **-о, -е, -ё, -мя**.

Note: A small number of nouns ending in -а/-я which refer to males are masculine, e.g. **мужчи́на** 'man'. They decline as feminine nouns but take masculine agreements.

Declension tables
Nouns

Masculine singular

Nominative	стол	роя́ль	музе́й
Accusative	стол	роя́ль	музе́й
Genitive	стола́	роя́ля	музе́я
Dative	столу́	роя́лю	музе́ю
Instrumental	столо́м	роя́лем	музе́ем
Prepositional	столе́	роя́ле	музе́е

Masculine plural

Nominative	столы́	роя́ли	музе́и
Accusative	столы́	роя́ли	музе́и
Genitive	столо́в	роя́лей	музе́ев
Dative	стола́м	роя́лям	музе́ям
Instrumental	стола́ми	роя́лями	музе́ями
Prepositional	стола́х	роя́лях	музе́ях

Notes:

1 Some nouns have a fleeting vowel in all cases where the ending changes e.g. **отéц — отцá, отцý**, etc.
2 Accusative singular: for animate nouns this is the same as genitive.
3 Instrumental singular: spelling rule affects some nouns, e.g. **товáрищ — товáрищем**.
4 Instrumental singular: if the ending **-ем** is stressed it becomes **-ём**, e.g. **рубль — рублём**.
5 Prepositional singular: some nouns take the ending **-ý** after **в** or **на**, e.g. **в лесý**.
6 Nominative/accusative plural: spelling rule affects some nouns, e.g. **язы́к – языки́**.
7 Nominative/accusative plural: some nouns have an irregular plural in **-a**, e.g. **дом — домá**, others in **-ья** or **-ья́** e.g. **брат — брáтья; друг — друзья́**.
8 Accusative plural: for animate masculine nouns this is the same as genitive plural.
9 Genitive plural: spelling rule affects some nouns, e.g. **мéсяц — мéсяцев**.
10 Genitive plural: if the ending **-ев** is stressed it becomes **-ёв**, e.g. **слой — слоёв**.
11 Genitive plural: nouns ending in **ж, ч, ш, щ** take the ending **-ей**, e.g. **москви́ч — москвичéй**.
12 Genitive plural irregular forms: see Chapter 12.
13 Instrumental plural: **лю́ди** (singular **человéк**) — **людьми́; дéти** (used as plural of **ребёнок**) — **детьми**.
14 **Путь** 'way': Singular **путь, путь, пути́, пути́, путём, пути́**
    Plural: **пути́, пути́, путéй, путя́м, путя́ми, путя́х**

Feminine singular

Nominative	газéта	недéля	профéссия	жизнь
Accusative	газéту	недéлю	профéссию	жизнь
Genitive	газéты	недéли	профéссии	жи́зни
Dative	газéте	недéле	профéссии	жи́зни
Instrumental	газéтой	недéлей	профéссией	жи́знью
Prepositional	газéте	недéле	профéссии	жи́зни

Feminine plural

Nominative	газéты	недéли	профéссии	жи́зни
Accusative	газéты	недéли	профéссии	жи́зни
Genitive	газéт	недéль	профéссий	жи́зней
Dative	газéтам	недéлям	профéссиям	жи́зням
Instrumental	газéтами	недéлями	профéссиями	жи́знями
Prepositional	газéтах	недéлях	профéссиях	жи́знях

Notes:

1 Genitive singular: spelling rule affects some nouns, e.g. кни́га — кни́ги.

2 Instrumental singular: spelling rule affects some nouns, e.g. гости́ница — гости́ницей.

3 Instrumental singular: if the ending **-ей** is stressed it becomes **-ёй**, e.g. земля́ — землёй.

4 Nominative/accusative plural: spelling rule affects some nouns, e.g. кни́га — кни́ги.

5 Accusative plural: for animate feminine nouns this is the same as the genitive plural.

6 Genitive plural: in some nouns the vowel **o**, **e** or **ё** is inserted between the last two consonants, e.g. студе́нтка — студе́нток; дере́вня — дереве́нь.

7 Genitive plural: note also: пе́сня — пе́сен; иде́я — иде́й.

8 Dative/instrumental/prepositional plural: spelling rule affects some nouns, e.g. вещь — веща́м, веща́ми, веща́х.

9 **Мать** and **дочь**: all forms apart from the nominative and accusative singular have -ep- before the ending, e.g. мать — ма́тери, дочь — до́чери.

10 Instrumental plural: дочь — дочерьми́.

Neuter singular

Nominative	де́ло	мо́ре	зда́ние	и́мя
Accusative	де́ло	мо́ре	зда́ние	и́мя
Genitive	де́ла	мо́ря	зда́ния	и́мени
Dative	де́лу	мо́рю	зда́нию	и́мени
Instrumental	де́лом	мо́рем	зда́нием	и́менем
Prepositional	де́ле	мо́ре	зда́нии	и́мени

Neuter plural

Nominative	дела́	моря́	зда́ния	имена́
Accusative	дела́	моря́	зда́ния	имена́
Genitive	дел	море́й	зда́ний	имён
Dative	дела́м	моря́м	зда́ниям	имена́м
Instrumental	дела́ми	моря́ми	зда́ниями	имена́ми
Prepositional	дела́х	моря́х	зда́ниях	имена́х

Notes:

1 Genitive/dative singular: spelling rule affects some nouns, e.g. жили́ще — жили́ща, жили́щу.

2 Genitive plural: in some nouns the vowel **o**, **e** or **ё** is inserted between the last two consonants, e.g. окно́ — о́кон.

3 Genitive plural irregular forms: see Chapter 12.

4   Dative/instrumental/prepositional plural: spelling rule affects some nouns, e.g. **жили́ще — жили́щам, жили́щами, жили́щах.**

5   Nouns in **-мя**: not all these nouns follow precisely the same pattern as **и́мя. Се́мя** 'seed' – genitive plural **семя́н; зна́мя** 'banner' plural **знамёна, знамён.**

Adjectives

Hard adjectives

	Masculine	Feminine	Neuter	Plural
Nominative	**типи́чный**	**типи́чная**	**типи́чное**	**типи́чные**
Accusative	**типи́чный/ типи́чного**	**типи́чную**	**типи́чное**	**типи́чные/ типи́чных**
Genitive	**типи́чного**	**типи́чной**	**типи́чного**	**типи́чных**
Dative	**типи́чному**	**типи́чной**	**типи́чному**	**типи́чным**
Instrumental	**типи́чным**	**типи́чной**	**типи́чным**	**типи́чными**
Prepositional	**типи́чном**	**типи́чной**	**типи́чном**	**типи́чных**

Soft adjectives

	Masculine	Feminine	Neuter	Plural
Nominative	**после́дний**	**после́дняя**	**после́днее**	**после́дние**
Accusative	**после́дний/ после́днего**	**после́днюю**	**после́днее**	**после́дние/ после́дних**
Genitive	**после́днего**	**после́дней**	**после́днего**	**после́дних**
Dative	**после́днему**	**после́дней**	**после́днему**	**после́дним**
Instrumental	**после́дним**	**после́дней**	**после́дним**	**после́дними**
Prepositional	**после́днем**	**после́дней**	**после́днем**	**после́дних**

	Masculine	Feminine	Neuter	Plural
Nominative	**тре́тий**	**тре́тья**	**тре́тье**	**тре́тьи**
Accusative	**тре́тий/ тре́тьего**	**тре́тью**	**тре́тье**	**тре́тьи/ тре́тьих**
Genitive	**тре́тьего**	**тре́тьей**	**тре́тьего**	**тре́тьих**
Dative	**тре́тьему**	**тре́тьей**	**тре́тьему**	**тре́тьим**
Instrumental	**тре́тьим**	**тре́тьей**	**тре́тьим**	**тре́тьими**
Prepositional	**тре́тьем**	**тре́тьей**	**тре́тьем**	**тре́тьих**

Mixed adjectives

(Adjectives with a mixture of hard and soft endings resulting from the influence of the spelling rules.)

	Masculine	Feminine	Neuter	Plural
Nominative	ру́сский	ру́сская	ру́сское	ру́сские
Accusative	ру́сский/ ру́сского	ру́сскую	ру́сское	ру́сские/ ру́сских
Genitive	ру́сского	ру́сской	ру́сского	ру́сских
Dative	ру́сскому	ру́сской	ру́сскому	ру́сским
Instrumental	ру́сским	ру́сской	ру́сским	ру́сскими
Prepositional	ру́сском	ру́сской	ру́сском	ру́сских

	Masculine	Feminine	Neuter	Plural
Nominative	како́й	кака́я	како́е	каки́е
Accusative	како́й/ како́го	каку́ю	како́е	каки́е/ каки́х
Genitive	како́го	како́й	како́го	каки́х
Dative	како́му	како́й	како́му	каки́м
Instrumental	каки́м	како́й	каки́м	каки́ми
Prepositional	како́м	како́й	како́м	каки́х

	Masculine	Feminine	Neuter	Plural
Nominative	большо́й	больша́я	большо́е	больши́е
Accusative	большо́й/ большо́го	большу́ю	большо́е	больши́е/ больши́х
Genitive	большо́го	большо́й	большо́го	больши́х
Dative	большо́му	большо́й	большо́му	больши́м
Instrumental	больши́м	большо́й	больши́м	больши́ми
Prepositional	большо́м	большо́й	большо́м	больши́х

	Masculine	Feminine	Neuter	Plural
Nominative	хоро́ший	хоро́шая	хоро́шее	хоро́шие
Accusative	хоро́ший/ хоро́шего	хоро́шую	хоро́шее	хоро́шие/ хоро́ших
Genitive	хоро́шего	хоро́шей	хоро́шего	хоро́ших
Dative	хоро́шему	хоро́шей	хоро́шему	хоро́шим
Instrumental	хоро́шим	хоро́шей	хоро́шим	хоро́шими
Prepositional	хоро́шем	хоро́шей	хоро́шем	хоро́ших

Note:
The second alternative form for the masculine and plural accusatives is to be used with animate nouns.

Possessives

	Masculine	Feminine	Neuter	Plural
Nominative	мой	моя́	моё	мои́
Accusative	мой/моего́	мою́	моё	мои́/мои́х
Genitive	моего́	мое́й	моего́	мои́х
Dative	моему́	мое́й	моему́	мои́м
Instrumental	мои́м	мое́й	мои́м	мои́ми
Prepositional	моём	мое́й	моём	мои́х

твой and **свой** also follow the above pattern.

	Masculine	Feminine	Neuter	Plural
Nominative	ваш	ва́ша	ва́ше	ва́ши
Accusative	ваш/ва́шего	ва́шу	ва́ше	ва́ши/ва́ших
Genitive	ва́шего	ва́шей	ва́шего	ва́ших
Dative	ва́шему	ва́шей	ва́шему	ва́шим
Instrumental	ва́шим	ва́шей	ва́шим	ва́шими
Prepositional	ва́шем	ва́шей	ва́шем	ва́ших

Наш also follows the above pattern.

The second alternative form for the masculine and plural accusatives is to be used with animate nouns.

Чей

	Masculine	Feminine	Neuter	Plural
Nominative	чей	чья	чьё	чьи
Accusative	чей/чьего́	чью	чьё	чьи/чьих
Genitive	чьего́	чьей	чьего́	чьих
Dative	чьему́	чьей	чьему́	чьим
Instrumental	чьим	чьей/чье́ю	чьим	чьи́ми
Prepositional	чьём	чьей	чьём	чьих

The second alternative form for the masculine and plural accusatives is to be used with animate nouns.

Personal pronouns

Nominative	я	ты	он/оно́	она́
Accusative	меня́	тебя́	его́	её
Genitive	меня́	тебя́	его́	её
Dative	мне	тебе́	ему́	ей
Instrumental	мной/мно́ю	тобо́й/ тобо́ю	им	ей/е́ю

Prepositional	мне	тебе́	нём	ней
Nominative	мы	вы	они́	–
Accusative	нас	вас	их	себя́
Genitive	нас	вас	их	себя́
Dative	нам	вам	им	себе́
Instrumental	на́ми	ва́ми	и́ми	собо́й/собо́ю
Prepositional	нас	вас	них	себе́

Кто and что

Nominative	кто	что
Accusative	кого́	что
Genitive	кого́	чего́
Dative	кому́	чему́
Instrumental	кем	чем
Prepositional	ком	чём

Э́тот and тот

	Masculine	Feminine	Neuter	Plural
Nominative	э́тот	э́та	э́то	э́ти
Accusative	э́тот/э́того	э́ту	э́то	э́ти/э́тих
Genitive	э́того	э́той	э́того	э́тих
Dative	э́тому	э́той	э́тому	э́тим
Instrumental	э́тим	э́той	э́тим	э́тими
Prepositional	э́том	э́той	э́том	э́тих

	Masculine	Feminine	Neuter	Plural
Nominative	тот	та	то	те
Accusative	тот/того́	ту	то	те/тех
Genitive	того́	той	того́	тех
Dative	тому́	той	тому́	тем
Instrumental	тем	той	тем	те́ми
Prepositional	том	той	том	тех

The second alternative form for the masculine and plural accusatives is to be used with animate nouns.

Весь

	Masculine	Feminine	Neuter	Plural
Nominative	весь	вся	всё	все
Accusative	весь/всего́	всю	всё	все/всех
Genitive	всего́	всей	всего́	всех
Dative	всему́	всей	всему́	всем
Instrumental	всем	всей	всем	все́ми
Prepositional	всём	всей	всём	всех

The second alternative form for the masculine and plural accusatives is to be used with animate nouns.

Сам

	Masculine	Feminine	Neuter	Plural
Nominative	сам	сама́	само́	са́ми
Accusative	сам/самого́	саму́	само́	са́ми/сами́х
Genitive	самого́	само́й	самого́	сами́х
Dative	самому́	само́й	самому́	сами́м
Instrumental	сами́м	само́й	сами́м	сами́ми
Prepositional	само́м	само́й	само́м	сами́х

The second alternative form for the masculine and plural accusatives is to be used with animate nouns.

Note that the genitive, dative, instrumental and prepositional cases of **сам** are stressed on the ending. Contrast **са́мый** 'the very' which declines like a hard adjective and is stressed throughout on the stem.

Cardinal numerals

	Masculine	Feminine	Neuter	Plural
Nominative	оди́н	одна́	одно́	одни́
Accusative	оди́н/одного́	одну́	одно́	одни́/одни́х
Genitive	одного́	одно́й	одного́	одни́х
Dative	одному́	одно́й	одному́	одни́м
Instrumental	одни́м	одно́й	одни́м	одни́ми
Prepositional	одно́м	одно́й	одно́м	одни́х

The second alternative form for masculine and plural accusatives is to be used with animate nouns. The plural form **одни́** is used with those nouns which only have a plural form.

	два / две		три	четы́ре
	Masc/Neut.	Fem.	All genders	All genders
Nominative	два	две	три	четы́ре
Accusative	два/двух	две/двух	три/трёх	четы́ре/четырёх
Genitive		двух	трёх	четырёх
Dative		двум	трём	четырём
Instrumental		двумя́	тремя́	четырмья́
Prepositional		двух	трёх	четырёх

The second alternative form for the accusative is to be used with animate nouns.

Nominative	пять	во́семь
Accusative	пять	во́семь
Genitive	пяти́	восьми́
Dative	пяти́	восьми́
Instrumental	пятью́	восемью́
Prepositional	пяти́	восьми́

All the numbers from **шесть** to **два́дцать** as well as **три́дцать** are declined like **пять**. **Пять — де́сять, два́дцать** and **три́дцать** are stressed on the ending. Of the numerals **оди́ннадцать — девятна́дцать** all are stressed on the penultimate **а** (e.g. **двена́дцать**) except **оди́ннадцать** and **четы́рнадцать**.

Nominative	со́рок	пятьдеся́т
Accusative	со́рок	пятьдеся́т
Genitive	сорока́	пяти́десяти
Dative	сорока́	пяти́десяти
Instrumental	сорока́	пятью́десятью
Prepositional	сорока́	пяти́десяти

Девяно́сто and **сто** are declined like **со́рок** but note the stress of **девяно́ста** (gen., dat., instr., prep.).

Шестьдеся́т — во́семьдесят are declined like **пятьдеся́т** with the stress on the second syllable in the genitive, dative, instrumental and prepositional.

Nominative	две́сти	три́ста
Accusative	две́сти	три́ста
Genitive	двухсо́т	трёхсо́т
Dative	двумста́м	трёмста́м
Instrumental	двумяста́ми	тремяста́ми
Prepositional	двухста́х	трёхста́х

Nominative	четы́реста	пятьсо́т
Accusative	четы́реста	пятьсо́т
Genitive	четырёхсо́т	пятисо́т
Dative	четырёмста́м	пятиста́м
Instrumental	четырьмяста́ми	пятьюста́ми
Prepositional	четырёхста́х	пятиста́х

Шестьсо́т, семьсо́т, восемьсо́т, девятьсо́т are declined like пятьсо́т.

Ты́сяча is declined like a feminine noun but with an alternative instrumental form ты́сячью in addition to the regular form ты́сячей.

Surnames

	Masculine	Feminine	Plural
Nominative	Гу́ров	Гу́рова	Гу́ровы
Accusative	Гу́рова	Гу́рову	Гу́ровых
Genitive	Гу́рова	Гу́ровой	Гу́ровых
Dative	Гу́рову	Гу́ровой	Гу́ровым
Instrumental	Гу́ровым	Гу́ровой	Гу́ровыми
Prepositional	Гу́рове	Гу́ровой	Гу́ровых

Surnames ending in -ёв, -ин and -ын follow a similar pattern to the above. Surnames which have adjective endings, e.g. Чайко́вский decline like adjectives.

Verbs

Each Russian verb has two stems: an infinitive and a present/future stem. The infinitive stem (usually infinitive minus ть) is used to form the past tense, past participles and perfective gerunds. The present/future stem is used to form the present tense, perfective future, imperative, present participle and imperfective gerunds. It can be identified by removing the last two letters from the 3rd person plural (они́ form) of the present/future perfective. In some verbs the two stems are the same. Where the two stems are the same the present/perfective future can easily be formed by reference to the infinitive.

Present tense

1st conjugation

Regular verbs (verbs with the same present and infinitive stem):

Infinitives end in **-ать** or **-ять**

Remove the **-ть** from the infinitive and add the endings: **-ю, -ешь, -ет, -ем, -ете, -ют**

рабо́тать 'to work'		объясня́ть 'to explain'	
я	рабо́та-ю	я	объясня́-ю
ты	рабо́та-ешь	ты	объясня́-ешь
он/она́/оно́	рабо́та-ет	он/она́/оно́	объясня́-ет
мы	рабо́та-ем	мы	объясня́-ем
вы	рабо́та-ете	вы	объясня́-ете
они́	рабо́та-ют	они́	объясня́-ют

Verbs with present stem differing from infinitive stem:

Infinitives end in **-ать, -ять, -ить, -еть, -ти**

The present tense stem cannot be worked out from the infinitive. It has to be learnt. The endings follow regular patterns.

Stem ending in a vowel add the endings: **-ю, -ешь, -ет, -ем, -ете, -ют.**

мыть 'to wash'			
я	мо́-ю	мы	мо́-ем
ты	мо́-ешь	вы	мо́-ете
он/она́/оно́	мо́-ет	они́	мо́-ют

Stems ending in a consonant add the endings: **-у, -ешь, -ет, -ем, -ете, -ут.**

писа́ть 'to write'			
я	пиш-у́	мы	пи́ш-ем
ты	пи́ш-ешь	вы	пи́ш-ете
он/она/оно	пи́ш-ет	они	пи́ш-ут

If the endings are stressed, **е** is replaced by **ё**.

встава́ть 'to get up, stand up'		идти́ 'to go'	
я	вста-ю́	я	ид-у́
ты	вста-ёшь	ты	ид-ёшь
он/она́/оно́	вста-ёт	он/она́/оно́	ид-ёт

мы	вста-ём	мы	ид-ём
вы	вста-ёте	вы	ид-ёте
они́	вста-ю́т	они	ид-у́т

Infinitives ending in **-овать** change -ова- to -у-.

завúдовать 'to envy'		сове́товать 'to advise'	
я	завúду-ю	я	сове́ту-ю
ты	завúду-ешь	ты	сове́ту-ешь
он/она́/оно́	завúду-ет	он/она́/оно́	сове́ту-ет
мы	завúду-ем	мы	сове́ту-ем
вы	завúду-ете	вы	сове́ту-ете
они́	завúду-ют	они́	сове́ту-ют

Infinitives ending in **-евать** change the **-ева-** to **-ю-**.

воева́ть 'to fight, wage war'			
я	вою́-ю	мы	вою́-ем
ты	вою́-ешь	вы	вою́-ете
он/она́/оно́	вою́-ет	они́	вою́-ют

The spelling rule will affect some of the following verbs.

танцева́ть 'to dance'		ночева́ть 'to spend the night'	
я	танцу́-ю	я	ночу́-ю
ты	танцу́-ешь	ты	ночу́-ешь
он/она́/оно́	танцу́-ет	он/она́/оно́	ночу́-ет
мы	танцу́-ем	мы	ночу́-ем
вы	танцу́-ете	вы	ночу́-ете
они́	танцу́-ют	они́	ночу́-ют

2nd conjugation

Regular verbs:

Infinitives end in **-ить, -еть, -ять** or **-ать**

Remove the last three letters from the infinitive and add the endings:
-ю, -ишь, -ит, -им, -ите, -ят.

говорúть 'to say, speak'		смотре́ть 'to look at, watch'	
я	говор-ю́	я	смотр-ю́
ты	говор-и́шь	ты	смо́тр-ишь
он/она́/оно́	говор-и́т	он/она́/оно́	смо́тр-ит
мы	говор-и́м	мы	смо́тр-им
вы	говор-и́те	вы	смо́тр-ите
они́	говор-я́т	они́	смо́тр-ят

стоя́ть 'to stand'		лежа́ть 'to lie'	
я	сто-ю́	я	леж-у́
ты	сто-и́шь	ты	леж-и́шь
он/она́/оно́	сто-и́т	он/она́/оно́	леж-и́т
мы	сто-и́м	мы	леж-и́м
вы	сто-и́те	вы	леж-и́те
они́	сто-я́т	они́	леж-а́т

Verbs with stems ending in **-ч**, **-ж**, **-ш** and **щ**, e.g. **лежа́ть,** have the endings **-у** and **-ат** because of the spelling rule.

Infinitive ending with **-дить** or **-деть** (i.e. the present tense stem ends in **д**).

The 1st person singular ends in **-жу**. The other endings are regular.

ви́деть 'to see'			
я	ви́ж-у	мы	ви́д-им
ты	ви́д-ишь	вы	ви́д-ите
он/она́/оно́	ви́д-ит	они́	ви́д-ят

Other second conjugation verbs with a similar consonant change in the 1st person singular:

Stem ends in **-т**
The first person singular ends in **-чу**. The other endings are regular.
плати́ть 'to pay'
я плач-у́, ты пла́т-ишь, etc.

Stem ends in **-с**
The first person singular ends in -**шу**. The other endings are regular.
проси́ть 'to ask'
я прош-у́, ты про́с-ишь, etc.

Stem ends in **-з**
The first person singular ends in **-жу**. The other endings are regular.
вози́ть 'to convey'
я вож-у́, ты во́з-ишь, etc.

Stem ends in **-ст**
The first person singular ends in **-щу**. The other endings are regular.
чи́стить 'to clean'
я чи́щ-у, ты чи́ст-ишь, etc.

Verbs with stem ending in **б**, **в**, **п**, **ф** and **м** insert an **-л-** between stem and ending in the 1st person singular

любить 'to love'		готовить 'to cook, prepare'	
я	люб-л-ю́	я	гото́в-л-ю
ты	лю́б-ишь	ты	гото́в-ишь
он/она́/оно́	лю́б-ит	он/она́/оно́	гото́в-ит
мы	лю́б-им	мы	гото́в-им
вы	лю́б-ите	вы	гото́в-ите
они́	лю́б-ят	они́	гото́в-ят

Irregular verbs

мочь 'to be able, can'		хоте́ть 'to want'	
я	мог-у́	я	хоч-у́
ты	мо́ж-ешь	ты	хо́ч-ешь
он/она́/оно́	мо́ж-ет	он/она́/оно́	хо́ч-ет
мы	мо́ж-ем	мы	хот-и́м
вы	мо́ж-ете	вы	хот-и́те
они́	мо́г-ут	они́	хот-я́т

есть 'to eat'		бежа́ть 'to run'	
я	ем	я	бег-у́
ты	ешь	ты	беж-и́шь
он/она́/оно́	ест	он/она́/оно́	беж-и́т
мы	ед-и́м	мы	беж-и́м
вы	ед-и́те	вы	беж-и́те
они́	ед-я́т	они́	бег-у́т

Reflexive verbs

Add -ся or -сь to the end of the verb. After a consonant or ь add -ся and after a vowel -сь.

одева́ться 'to dress oneself'			
я	одева́юсь	мы	одева́емся
ты	одева́ешься	вы	одева́етесь
он/она́/оно́	одева́ется	они́	одева́ются

Future tense

Perfective future

The future tense is formed from a perfective verb in the same way as the present tense is formed from the imperfective verb, i.e. using the familiar first or second conjugation endings.

1st conjugation

прочита́ть 'to read'

я	прочита́ю	мы	прочита́ем
ты	прочита́ешь	вы	прочита́ете
он/она́/оно́	прочита́ет	они́	прочита́ют

стать 'to become' (future stem differing from infinitive stem)

я	ста́ну	мы	ста́нем
ты	ста́нешь	вы	ста́нете
он/она́/оно́	ста́нет	они́	ста́нут

2nd conjugation

измени́ть 'to change'

я	изменю́	мы	изме́ним
ты	изме́нишь	вы	изме́ните
он/она́/оно́	изме́нит	они́	изме́нят

There is one consonant change which affects only perfective verbs:

Stem ends in **-т**
The first person singular ends in **-щу**; the other endings are regular.
возврати́ть 'to return'
я возвращ–у́, ты возврат–и́шь, etc.

Irregular future perfective

дать 'to give'

я	дам	мы	дади́м
ты	дашь	вы	дади́те
он/она́/оно́	даст	они́	даду́т

Прода́ть and other prefixed forms of **дать** follow the same pattern.

The future tense of быть 'to be'

я	бу́ду	мы	бу́дем
ты	бу́дешь	вы	бу́дете
он/она́/оно́	бу́дет	они́	бу́дут

Imperfective future

Combine the future tense of **быть** with the imperfective infinitive:

игра́ть 'to play'

я	бу́ду	игра́ть	мы	бу́дем	игра́ть
ты	бу́дешь	игра́ть	вы	бу́дете	игра́ть
он/она́/оно́	бу́дет	игра́ть	они́	бу́дут	игра́ть

Past tense

Imperfective and perfective past

The imperfective and perfective past are formed in exactly the same way from their respective verbs. Remove the **-ть** from the infinitive and replace it by:

-л masculine singular
-ла feminine singular
-ло neuter singular
-ли all plurals

чита́ть 'to read' (imperfective)

я/ты/он	чита́л	мы/вы/они́	чита́ли
я/ты/она́	чита́ла		
оно́	чита́ло		

прочита́ть 'to read' (perfective)

я/ты/он	прочита́л	мы/вы/они́	прочита́ли
я/ты/она́	прочита́ла		
оно́	прочита́ло		

The endings on reflexive verbs are **-лся, -лась, -лось, -лись**.
одева́ться 'to get dressed'

я/ты/он	одева́лся	оно́	одева́лось
я/ты/она́	одева́лась	мы/вы/они́	одева́лись

Irregular past tenses

идти́ 'to go' / **мочь** 'to be able'

я/ты/он	шёл	я/ты/он	мог
я/ты/она́	шла	я/ты/она́	могла́
оно́	шло	оно́	могло́
мы/вы/они́	шли	мы/вы/они́	могли́

есть 'to eat'		вести 'to lead'	
я/ты/он	ел	я/ты/он	вёл
я/ты/она́	е́ла	я/ты/она́	вела́
оно́	е́ло	оно́	вело́
мы/вы/они́	е́ли	мы/вы/они́	вели́

нести́ 'to carry'		везти́ 'to convey'	
я/ты/он	нёс	я/ты/он	вёз
я/ты/она́	несла́	я/ты/она́	везла́
оно́	несло́	оно́	везло́
мы/вы/они́	несли́	мы/вы/они́	везли́

Prepositions
Prepositions with the accusative case:

в/во	to, into (motion), during (time)
за	beyond, behind (motion), for (pay for, in favour of)
на	to, on to (motion), for (time)
под	under (motion)
спустя́	after, later
че́рез	across, through, in (= after a period of time)

Prepositions with the genitive case:

без	without
вдоль	along
вне	outside
впереди́	in front of, before
вме́сто	instead of
во́зле	by, near
вокру́г	round
для	for (the sake of)
до	until, as far as, before (time)
из	from
из—за	because of, from behind
из—под	from under
кро́ме	except
ми́мо	past
о́коло	near, approximately
от	from
по́сле	after

про́тив	opposite, against
с/со	from
среди́	among
у	near, at the house of, in the possession of

Prepositions with the dative case:

к/ко	towards, to (the house of), by (time)
по	along, according to

Prepositions with the instrumental case:

за	behind, beyond (place), for (to fetch)
ме́жду	between
над	over
пе́ред	in front of, before
под	under (place)
с	with

Prepositions with the prepositional case:

в	in (place)
на	at, on (place)
о/об	about, concerning
при	at the time of, in the presence of

Stress
Nouns

In many Russian nouns the stress remains on the same syllable through-out the declension. These include nouns ending in unstressed -a or -я and the majority of nouns with three or more syllables, e.g. **кни́га, ку́хня, коридо́р**. In some Russian nouns, however, the stress moves. The following are common stress patterns with examples of the nouns which follow them:

1 Masculine nouns where the stress moves to the ending when one is present:

	Nom.	Acc.	Gen.	Dat.	Instru.	Prep.
Sing.	гриб	гриб	гриба́	грибу́	грибо́м	грибе́
Plu.	грибы́	грибы́	грибо́в	гриба́м	гриба́ми	гриба́х

Other examples: бага́ж, врач, дождь, каранда́ш, кремль, отéц, слова́рь, рубль, стол, четвéрг, эта́ж.

2 Neuter nouns stressed on the stem in the singular and the ending in the plural:

	Nom.	Acc.	Gen.	Dat.	Instru.	Prep.
Sing.	дéло	дéло	дéла	дéлу	дéлом	дéле
Plu.	дела́	дела́	дел	дела́м	дела́ми	дела́х

Other examples: лéто, мéсто, мóре, пóле, пра́во, слóво.

Some masculine nouns also follow this pattern:

	Nom.	Acc.	Gen.	Dat.	Instru.	Prep.
Sing.	шкаф	шкаф	шка́фа	шка́фу	шка́фом	шка́фе
Plu.	шкафы́	шкафы́	шкафо́в	шкафа́м	шкафа́ми	шкафа́х

Other examples: бал, круг, мост, раз (*gen. plu.* раз), суп, час. Many of these nouns also have a prepositional singular in -у́: бал, мост, суп, час, шкаф.

This is also the pattern for masculine nouns with nominative plural in -а́:

	Nom.	Acc.	Gen.	Dat.	Instru.	Prep.
Sing.	дом	дом	дóма	дóму	дóмом	дóме
Plu.	дома́	дома́	домо́в	дома́м	дома́ми	дома́х

Other examples: а́дрес, бéрег, вéчер, глаз (*gen. plu.* глаз), гóлос, гóрод, дирéктор, дóктор, лес, ма́стер, нóмер, óстров, óтпуск, па́спорт, пóезд.

3 Feminine and neuter nouns stressed on the ending in the singular and the stem in the plural:

	Nom.	Acc.	Gen.	Dat.	Instru.	Prep.
Sing.	страна́	страну́	страны́	странé	страно́й	странé
Plu.	стра́ны	стра́ны	стран	стра́нам	стра́нами	стра́нах

Other examples: весна́ (*plu.* вёсны), война́, жена́ (*plu.* жёны), вино́, лицó, окнó, письмó, селó (*plu.* сёла), числó.

Some feminine nouns follow a similar pattern with the stress on the ending in the singular *except for the accusative case* and on the stem in the plural:

	Nom.	Acc.	Gen.	Dat.	Instru.	Prep.
Sing.	вода́	во́ду	воды́	воде́	водо́й	воде́
Plu.	во́ды	во́ды	вод	во́дам	во́дами	во́дах

Other examples: зима́, цена́.

4 Feminine nouns stressed on the ending except for the accusative singular and nominative/accusative plural:

	Nom.	Acc.	Gen.	Dat.	Instru.	Prep.
Sing.	гора́	го́ру	горы́	горе́	горо́й	горе́
Plu.	го́ры	го́ры	гор	гора́м	гора́ми	гора́х

Other examples: голова́, нога́, река́ (*alternative acc. sing.* реку́), рука́, среда́, стена́, сторона́.

5 Feminine nouns stressed on the stem except for the genitive, dative, instrumental and prepositional plurals:

	Nom.	Acc.	Gen.	Dat.	Instru.	Prep.
Sing.	дверь	дверь	две́ри	две́ри	две́рью	две́ри
Plu.	две́ри	две́ри	двере́й	дверя́м	дверя́ми	дверя́х
					(*alt.* дверьми́)	

Other examples: вещь, дочь, но́вость, ночь, о́черед, пло́щадь, смерть, часть, че́тверть, це́рковь.

Some masculine nouns also follow this pattern: зуб, ка́мень.

Verbs

Present and perfective future tenses

Stress in many verbs is fixed. It is always fixed, either on the stem or the ending, in verbs where the stem ends in a vowel:

чита́ть — чита́ю, чита́ешь, чита́ет, чита́ем, чита́ете, чита́ют
стоя́ть — стою́, стои́шь, стои́т, стои́м, стои́те, стоя́т.

It is always fixed on the stem in verbs which are stressed on the stem in the infinitive:

ви́деть — ви́жу, ви́дишь, ви́дит, ви́дим, ви́дите, ви́дят.

There is only one mobile stress pattern. Stress in on the ending in the **я** form and the stem from the **ты** form onwards:

писа́ть — пишу́, пи́шешь, пи́шет, пи́шем, пи́шете, пи́шут.

This pattern is very common in 2nd conjugation verbs:
смотре́ть — смотрю́, смо́тришь, смо́трит, смо́трим, смо́трите, смо́трят.

Past tense

Stress is usually fixed. On verbs of more than one syllable (provided they are not prefixed forms of single syllable verbs) the stress is fixed on the same position as in the infinitive:

писа́ть – писа́л, писа́ла, писа́ло, писа́ли.

Verbs ending in -ти́ and -чь usually have fixed final stress:

нести́ — нёс, несла́, несло́, несли́.
мочь — мог, могла́, могло́, могли́

There is only one mobile stress pattern. It affects some single syllable verbs and their compounds. The verbs are stressed on the ending in the feminine and the stem in the other forms:

жить — жил, жила́, жи́ло, жи́ли.

Other examples: брать, быть, взять, дать, пить, снять.
Note: нача́ть — на́чал, начала́, на́чало, на́чали.

Adjectives

Long form

The stress is always fixed either on the stem or the ending. If it is on the ending this will be evident from the masculine nominative singular, which will end in -о́й. Such adjectives are stressed on the first syllable of the ending where the ending consists of more than one syllable:
большо́й, большо́го, etc.

Short form

There are three main patterns:
1 Stress fixed on the stem: краси́в, краси́ва, краси́во, краси́вы.
2 Stress fixed on the ending: хоро́ш, хороша́, хорошо́, хороши́.
3 Stress on the ending in the feminine and the stem in the other forms: прав, права́, пра́во, пра́вы.

Some short adjectives have alternative stresses for neuter and plural:
глубо́ко/глубоко́; глубо́ки/глубоки́; го́лодны/голодны́; ну́жно/нужно́; ну́жны/нужны́.

Key to the exercises

Introduction

1 tennis, football, basketball, hockey, match, goal, finish, sportsman, champion, stadium, athletics
2 park, port, theatre, restaurant, café, university, institute, zoo, bank, centre, boulevard
3 coffee, lemonade, vodka, steak, fruit, soup
4 theatre, concert, opera, ballet, film, music, programme, radio
5 passport, tourist, transport, bus, trolleybus, taxi, airport, luggage
6 London, Moscow, St Petersburg, New York, Amsterdam, Edinburgh, Glasgow, Berlin
7 England, Russia, America, France, Germany, Australia, Italy, Scotland

Lesson 1

1 Да, э́то (бизнесме́н, университе́т, па́спорт, гости́ница, Кремль, Кра́сная пло́щадь, мать, оте́ц, англича́нин, ру́сский)
2 Нет, э́то не (тури́ст, студе́нт, Кра́сная пло́щадь, гости́ница, англича́нин), э́то (бизнесме́н, студе́нтка, аэропо́рт, университе́т, ру́сский)
3 Тури́ст (в Ло́ндоне, в гости́нице, в университе́те, в це́нтре)

4 Э́то (ваш па́спорт, ва́ша гости́ница, ваш а́дрес, ваш оте́ц, ва́ша мать)? Да, э́то (мой па́спорт, моя́ гости́ница, мой а́дрес, мой оте́ц, моя́ мать)
5 Э́то (ру́сский а́дрес, ру́сская фами́лия, ру́сский аэропо́рт, ру́сский университе́т, ру́сский инжене́р, ру́сский бизнесме́н, ру́сский па́спорт, ру́сская студе́нтка, ру́сская тури́стка?) Да, э́то ...
6 Нет, э́то (англи́йский а́дрес, англи́йская фами́лия, англи́йский аэропо́рт, англи́йский университе́т, англи́йский инжене́р, англи́йский бизнесме́н, англи́йский па́спорт, англи́йская студе́нтка, англи́йская тури́стка)
ПЕРЕВО́Д: Моя́ фами́лия Бра́ун. Как ва́ша фами́лия? Моя́ фами́лия Ивано́в. Вы ру́сский? Нет, я англича́нин. Но ва́ша фами́лия ру́сская? Мой оте́ц ру́сский, и моя́ мать англича́нка. Интере́сно! Где ва́ша гости́ница в Москве́? Моя́ гости́ница в це́нтре. В це́нтре? Э́то хорошо́! Кремль и Кра́сная пло́щадь в це́нтре!

Lesson 2

1 Она́ в университе́те. Он в

гости́нице. Она́ в па́спорте. Она́ в
це́нтре. Они́ в газе́те. Она́ в
Ло́ндоне. Он в Ки́еве.

2 (интере́сный, популя́рные,
англи́йский, отли́чный, ру́сское,
ва́ша, мой, моё)

3 Э́то (интере́сный телеви́зор,
интере́сные но́вости, интере́сная
газе́та, интере́сные журна́лы,
интере́сное ра́дио). Э́то
(отли́чное метро́, отли́чная
фи́рма, отли́чные компью́теры,
отли́чный бизнесме́н)

4 (a) Она́ зна́ет англи́йский
язы́к и говори́т по-англи́йски.
Она́ зна́ет францу́зский язы́к и
говори́т по-францу́зски. Он зна́ет
неме́цкий язы́к и говори́т
по-неме́цки. Они́ зна́ют ру́сский
язы́к и говоря́т по-ру́сски. Она́
зна́ет испа́нский язы́к и говори́т
по-испа́нски. Мы зна́ем
англи́йский язы́к и говори́м по-
англи́йски.

(b) Она́ англича́нка. Он ру́сский.
Она́ ру́сская. Она́ испа́нка. Он
испа́нец. Он не́мец. Она́ не́мка.
ПЕРЕВО́Д: Тру́дно изуча́ть
ру́сский язы́к. На́до мно́го
рабо́тать. Я говорю́
по–англи́йски и по-ру́сски. Не
тру́дно говори́ть по-англи́йски.
Ру́сский телеви́зор тепе́рь о́чень
интере́сный. Я смотрю́ ру́сские
но́вости ка́ждый ве́чер. Мо́жно
слу́шать ру́сское ра́дио ка́ждое
у́тро тепе́рь. Я понима́ю
по-ру́сски немно́го, но тру́дно
говори́ть по-ру́сски. Ру́сский язы́к
о́чень тру́дный. Моя́ люби́мая
газе́та «Моско́вские но́вости».

Lesson 3

1 (большо́й, больша́я, большо́е,
больши́е); (после́дняя, после́днее,
после́дний, после́дние); (удо́бная,
удо́бный, удо́бное, удо́бные);
(хоро́шее, хоро́шая, хоро́ший,
хоро́шие); (истори́ческая,
истори́ческое, истори́ческий,
истори́ческие); (популя́рное,
популя́рный, популя́рная,
популя́рные)

2 (мой, моя́, моё, мой); (твоя́,
твой, твоё, твой); (на́ша, наш,
на́ше, на́ши); (ва́ша, ва́ше, ваш,
ва́ши); (его́); (её); (их)

3 Кака́я э́то (фотогра́фия,
ва́нная, ко́мната)? Э́то (плоха́я
фотогра́фия, хоро́шая ва́нная,
удо́бная ко́мната). Како́й э́то
(собо́р, телеви́зор, рестора́н,
парк)? Э́то (отли́чный собо́р,
плохо́й телеви́зор, хоро́ший
рестора́н, удо́бный парк). Како́е
э́то (кафе́, метро́, зда́ние, окно́)?
Э́то (отли́чное кафе́, плохо́е
метро́, хоро́шее зда́ние, удо́бное
окно́). Каки́е э́то (но́вости,
ко́мнаты, собо́ры, гости́ницы)?
Э́то (отли́чные но́вости, плохи́е
ко́мнаты, хоро́шие собо́ры,
удо́бные гости́ницы)

4 в институ́т, в институ́те; в
гости́ницу, в гости́нице; в
магази́н, в магази́не; на по́чту, на
по́чте; в метро́, в метро́; в буфе́т,
в буфе́те

5 туда́, там; сюда́, здесь; куда́;
где

6 Мо́жно за́втракать в (кафе́,
буфе́те, гости́нице, ко́мнате)
Пи́тер на рабо́те, в музе́е, в
университе́те, в кафе́, на по́чте, в

собо́ре). Пи́тер идёт в аэропо́рт, в ко́мнату, в буфе́т, на рабо́ту, в библиоте́ку, в метро́, на по́чту, в бар.
ПЕРЕВО́Д: Ка́ждое у́тро я иду́ на рабо́ту пешко́м. Я хорошо́ зна́ю доро́гу. Мой люби́мый маршру́т че́рез парк. Я рабо́таю в гости́нице пря́мо в це́нтре. О́чень интере́сно рабо́тать там. Зда́ние большо́е, и в гости́нице есть всё: магази́ны, рестора́ны, по́чта. Я за́втракаю в буфе́те. Там всегда́ есть бутербро́ды, чай и ко́фе. Ко́мната, где я рабо́таю, о́чень хоро́шая. Там большо́е окно́ и балко́н. Ря́дом парк.

Lesson 4

1   Ры́ба гото́ва? Мя́со гото́во? Чай гото́в? Макаро́ны гото́вы? Бифште́ткс гото́в? Ко́фе гото́в? Бутербро́ды гото́вы? Мари́на гото́ва? Ми́ша гото́в? Да, (нет, ещё не) гото́ва, гото́во, гото́в, гото́вы, гото́в, гото́в, гото́вы, гото́ва, гото́в. Тури́ст го́лоден? Студе́нтка голодна́? Пи́тер го́лоден? Студе́нты го́лодны? Ми́ша го́лоден? Дежу́рная голодна́? Ма́стер го́лоден? Тури́сты го́лодны? Да, (нет, ещё не) го́лоден, голодна́, го́лоден, го́лодны, го́лоден, голодна́, го́лоден, го́лодны.
2   Я иду́ (с уро́ка, с конце́рта, из рестора́на, из ко́мнаты, из собо́ра, с по́чты, из музе́я, с Арба́та, из общежи́тия, из па́рка, с факульте́та, из це́нтра го́рода)
3   Па́спорт есть, а ви́зы нет. Телеви́зор есть, а ра́дио нет.

Ко́фе есть, а ча́я нет. Стака́н есть, а ча́шки нет. Теа́тр есть, а кино́ нет.
4   Скажи́те, пожа́луйста, где (стол студе́нта, журна́л Ми́ши, телеви́зор подру́ги Мари́ны, остано́вка авто́буса, гости́ница Пи́тера, оте́ц студе́нтки, рабо́та отца́, ча́шка ма́тери, за́втрак тури́ста)
5   Где. Что. Когда́. Куда́. Как. Почему́.
ПЕРЕВО́Д: Обы́чно я встаю́ о́чень ра́но. Я не го́лоден (голодна́) у́тром и то́лько пью ча́шку ко́фе без молока́ и са́хара. В обе́д я всегда́ покупа́ю бутербро́д в буфе́те и пью стака́н молока́. Но ве́чером я о́чень го́лоден (голодна́). Сего́дня мы идём в ру́сский рестора́н. Хорошо́ у́жинать там. Я ем мно́го: суп, ры́бу и́ли мя́со. Моё люби́мое блю́до – бифште́кс, хоро́ший большо́й бифште́кс! Обы́чно мы отдыха́ем по́сле у́жина, идём в кино́ и́ли на конце́рт. Иногда́ мы смо́трим телеви́зор.

Lesson 5

1   Ты идёшь без неё. Он идёт без меня́. Она́ идёт без него́. Мы идём без вас. Вы идёте без нас. Они́ иду́т без них.
2   У Та́ни, у меня́, у Гали́ны Серге́евны, у них, у нас, у бра́та и сестры́, у него́, у отца́, у Пи́тера, у вас, у ма́тери, у неё, у до́чери
3   её, для неё; его́; у него́; их, без них

4 Пи́тер до́лжен, хо́чет, мо́жет; Я до́лжен (должна́), хочу́, могу́; Они́ должны́, хотя́т, мо́гут; Ты до́лжен (должна́), хо́чешь, мо́жешь; Он до́лжен, хо́чет, мо́жет; Она́ должна́, хо́чет, мо́жет; Мы должны́, хоти́м, мо́жем; Вы должны́, хоти́те, мо́жете; Они́ должны́, хотя́т, мо́гут

5 Ты лю́бишь футбо́л и игра́ешь в футбо́л. Он лю́бит гита́ру и игра́ет на гита́ре. Мы лю́бим те́ннис и игра́ем в те́ннис. Вы лю́бите фле́йту и игра́ете на фле́йте. Они́ лю́бят ша́хматы и игра́ют в ша́хматы.

ПЕРЕВО́Д: У меня́ небольша́я (ма́ленькая) семья́: оте́ц, мать и сестра́. Тепе́рь мы не живём вме́сте, потому́ что моя́ сестра́ (её зову́т А́нна) врач. Она́ рабо́тает в больни́це в Ло́ндоне. Она́ лю́бит жить в Ло́ндоне. Она́ говори́т, что Ло́ндон тако́й большо́й и интере́сный го́род. А́нна о́чень лю́бит теа́тр. Она́ зна́ет все теа́тры в Ло́ндоне. А́нна не лю́бит гото́вить. У неё нет вре́мени. Обы́чно она́ ест в рестора́не и́ли в кафе́. Я студе́нт(ка) университе́та тепе́рь. Я изуча́ю матема́тику. Я хочу́ преподава́ть матема́тику в шко́ле по́сле университе́та. Мой оте́ц учи́тель и о́чень хоро́ший. Весь го́род зна́ет его́.

Lesson 6

1 Тебе́ нра́вится метро́. Ему́ нра́вится Тама́ра. Ей нра́вится Пи́тер. Нам нра́вятся грибы́. Вам нра́вится смотре́ть телеви́зор. Мне нра́вится гуля́ть по ле́су. Пи́теру нра́вится жить в Москве́. Гали́не Петро́вне нра́вится гото́вить.

2 Мне (нужна́ ла́мпа, ну́жно ра́дио, нужны́ кроссо́вки) Тебе́ (ну́жен телеви́зор, ну́жно письмо́, нужны́ журна́лы) Ему́ (ну́жен га́лстук, нужны́ джи́нсы, нужна́ руба́шка) Ей (ну́жен сви́тер, нужны́ цветы́) Нам (ну́жен дом, нужна́ маши́на, нужны́ компью́теры) Вам (нужна́ гости́ница, ну́жен костю́м) Им (нужна́ кварти́ра, ну́жен сад, нужны́ кни́ги).

3 (Тебе́, ему́, ей) хо́чется ... (нам, вам, им) не хо́чется ...

4 (Ей, мне, мне, тебе́, тебе́, нам, вам, им) на́до ...

5 встаю́, умыва́юсь, одева́юсь, остано́вку авто́буса; волну́ется, авто́буса; сове́тует, Росси́ю; к Алекса́ндру и Тама́ре; отцу́ и ма́тери; им.

6 на чём; что; о чём; к кому́; у кого́; кому́.

ПЕРЕВО́Д: Ка́ждое воскресе́нье я иду́ в го́сти к ба́бушке. Она́ живёт в при́городе далеко́ от Москвы́. При́город называ́ется Рублёво. У неё чуде́сный дом о́коло реки́. Коне́чно, там нет метро́, поэ́тому я до́лжен (должна́) е́хать на авто́бусе. Я всегда́ надева́ю кроссо́вки, когда́ я иду́ туда́. Они́ удо́бны для прогу́лки по ле́су. Мне нра́вится идти́ че́рез лес. Иногда́ по доро́ге я собира́ю грибы́. Моя́ ба́бушка о́чень лю́бит грибы́. Ей тепе́рь тру́дно, и я помога́ю ей. Я работаю в до́ме, гото́влю обе́д и́ли у́жин.

Lesson 7

1 му́зыку, му́зыкой; архитекту́ру, архитекту́рой; спорт, спо́ртом; фотогра́фию, фотогра́фией; би́знес, би́знесом; образова́ние, образова́нием; футбо́л, футбо́лом; литерату́ру, литерату́рой; жи́вопись, жи́вописью;

2 архитекту́рой – архите́ктором; жи́вописью – худо́жником; образова́нием – учи́тел(ем) (ьницей); футбо́лом – вратарём; фотогра́фией – фото́графом; медици́ной – врачо́м; би́знесом – бизнесме́ном;

3 (а) на́до бы́ло встава́ть, мо́жно бы́ло рабо́тать, пора́ была́ за́втракать (b) мне ну́жен был журна́л, мне нужна́ была́ кни́га, мне ну́жно бы́ло ра́дио, мне нужны́ бы́ли студе́нты (с) у меня́ была́ сестра́, был брат, бы́ло ра́дио, была́ руба́шка, был сви́тер, бы́ли джи́нсы (d) Он до́лжен был мно́го рабо́тать. Она́ должна́ была́ идти́ домо́й. Мы должны́ бы́ли говори́ть по-ру́сски. (е) У него́ не́ было кни́ги, журна́ла, карти́ны, телеви́зора, ра́дио.

4 Мне хоте́лось есть. Ему́ не хоте́лось идти́ на рабо́ту. Я хоте́л(а) жить в гости́нице. Он хоте́л идти́ в кино́. Мы хоте́ли лови́ть ры́бу. Мне нра́вился ваш го́род. Мне нра́вилась Москва́. Москвичи́ мне то́же нра́вились. Мне нра́вилось гуля́ть по ле́су.

Са́ше нра́вилось игра́ть в футбо́л. Я мог(ла́) рабо́тать до́ма. Пи́тер мог говори́ть по-ру́сски. Мари́на не могла́ идти́ в кино́ сего́дня. Они́ могли́ занима́ться спо́ртом.

5 рису́ет (рисова́л) карандашо́м; снима́ет (снима́л) кинока́мерой; ест (е́ла), пьёт (пила́); пи́шет (писа́ла) флома́стером; Пе́ред до́мом (был) большо́й сад. Мы с бра́том увлека́емся (увлека́лись) футбо́лом. Я ви́жу (ви́дел(а), как Тама́ра с до́чкой иду́т (шли) в бассе́йн. Мать с до́черью интересу́ются (интересова́лись) жи́вописью. В шко́ле она́ занима́ется (занима́лась) гимна́стикой. Кни́ги (бы́ли) под крова́тью. Под ла́мпой (была́) газе́та, под газе́той (был) па́спорт.

6 чей, чья, чьи, чей, чьё, чьи, чей, чья.

ПЕРЕВО́Д: В шко́ле я интересова́лся футбо́лом и игра́л в футбо́л ка́ждый день. В воскресе́нье я всегда́ смотре́л матч по телеви́зору. Мне осо́бенно нра́вилась кома́нда «Спарта́к». Э́то была́ отли́чная кома́нда, и я ещё боле́ю за неё. Мой брат увлека́лся пла́ванием и пла́вал в бассе́йне два ра́за в неде́лю. У нас был о́чень хоро́ший бассе́йн недалеко́ от шко́лы. Моя́ сестра́ то́же увлека́лась спо́ртом, она́ занима́лась гимна́стикой и была́ чемпио́нкой по гимна́стике. Мы всё ещё интересу́емся спо́ртом, ле́том игра́ем в те́ннис, зимо́й плаваем в бассейне. И конечно, я болельщик «Спартака».

Lesson 8

1 моего мужа; морского берега; этой московской гостиницы, Красной площади; моей дочери; красивого озера; нашего общежития; этого бассейна

2 хорошую погоду; Северный Урал, Среднюю Азию; южную природу; грустного Сашу и серьёзного Питера; маленькую дочь; этого русского вратаря и эту английскую гимнастку; вашу сестру и её мужа

3 Чёрному морю, великой русской реке Волге; прекрасному городу Владимиру; большой дороге, своему дому; своей матери; моему отцу; английской туристке

4 южной природой; русским языком; классической музыкой; отличным вратарём; своей маленькой дочерью

5 длинной очереди; студенческом турпоходе, Дальнем Востоке; прошлой неделе, Большом театре; своей маленькой дочери и её будущем; большом здании, живописном лесу

6 свой отпуск; его мать; своему другу; её муж, своей работе; свой пригород; её дочь; своему английскому другу; своему маленькому брату; своём будущем

7 всё лето, на всё лето; на год, год; два часа, на два часа; четыре дня, на четыре дня

ПЕРЕВОД: В прошлом году мы проводили свои каникулы (свой отпуск) на Северном Кавказе. Мы жили в маленькой деревне недалеко от Чёрного моря. Мы были там осенью, поэтому не было очень жарко. Было приятно плавать в тёплом море и гулять вдоль красивого берега моря. Мы тоже путешествовали там. Мы видели красивое озеро Рицца с его голубой водой. Три дня мы жили на берегу озера и любовались живописной кавказской природой. Было прекрасно там, и нам не хотелось ехать в Москву.

Lesson 9

1 (a) (было, будет) холодно, тепло, интересно, жарко, прекрасно, прохладно, отлично (b) Я (был/была, буду) дома. Тамара (была, будет) дома. Они (были, будут) дома. В городе (была, будет) новая гостиница. У него (был, будет) отпуск в июле. У Марины (были, будут) каникулы. Сегодня (был, будет) мой день рождения. Рождество (было, будет) двадцать пятого декабря.

2 Он (вставал, будет вставать) и (умывался, будет умываться). Я (жил(а), буду жить) в городе. Она (интересовалась, будет интересоваться) спортом. Они праздновали, будут праздновать) Рождество. Он (ел, будет есть) мясо и (пил, будет пить) вино. (Стоял, будет стоять) сильный мороз. (Шёл, будет идти) дождь.

Он хорошо́ (пел, бу́дет петь).
Они́ (е́хали, бу́дут е́хать) на
по́езде. Они́ мно́го
(путеше́ствовали, бу́дут
путеше́ствовать). Я (шёл) (шла),
(бу́ду идти́) домо́й.

3 не́ было (не бу́дет)

4 (a) на́до бы́ло (бу́дет), мо́жно
бы́ло (бу́дет), пора́ была́ (бу́дет)
(b) нужна́ была́ (бу́дет), ну́жен
был (бу́дет), нужна́ была́ (бу́дет),
нужны́ бы́ли (бу́дут), ну́жен был
(бу́дет), нужна́ была́ (бу́дет),
нужны́ бы́ли (бу́дут) (c) до́лжен
был (бу́ду), должна́ была́ (бу́дет);
должны́ бы́ли (бу́дут); до́лжен
был (бу́дешь); должны́ бы́ли
(бу́дете); не до́лжен был (бу́ду);
не должна́ была́ (бу́дет); не
должны́ бы́ли (бу́дут)

5 Сего́дня (пе́рвое февраля́,
второ́е ма́рта, четвёртое января́,
пя́тое апре́ля, шесто́е ма́я,
седьмо́е ию́ня, восьмо́е ию́ля,
девя́тое а́вгуста, деся́тое
сентября́, два́дцать пя́тое
октября́, оди́ннадцатое ноября́,
двена́дцатое декабря́) (пе́рвого
февраля́, второ́го ма́рта,
четвёртого января́, пя́того
апре́ля, шесто́го ма́я, седьмо́го
ию́ня, восьмо́го ию́ля, девя́того
а́вгуста, деся́того сентября́,
два́дцать пя́того октября́,
оди́ннадцатого ноября́,
двена́дцатого декабря́) мы е́дем в
Москву́.

6 Мы понима́ем друг дру́га.
Они́ говоря́т друг с дру́гом. Они́
пи́шут друг дру́гу. Они́ смо́трят
друг на дру́га. Мы ду́маем друг
о дру́ге. Они́ помога́ют друг
дру́гу. Они́ игра́ют друг с

дру́гом.

ПЕРЕВО́Д: Мой люби́мый
пра́здник — Рождество́. Ка́ждый
год мы пра́зднуем Рождество́ у
ба́бушки в дере́вне. Мне
нра́вится там зимо́й, осо́бенно,
когда́ идёт снег. В про́шлом году́
бы́ло мно́го сне́га. Снег шёл три
дня, и всё бы́ло бе́лым (бе́лое).
Э́то бы́ло настоя́щее бе́лое
Рождество́, и дом ба́бушки был
(тако́й краси́вый) таки́м
краси́вым. В э́том году́ мы
собира́емся е́хать в Ита́лию на
Рождество́ и Но́вый год. Мы
бу́дем ката́ться на лы́жах там и
бу́дем жить в гости́нице в
ма́ленькой дере́вне. Я ви́дел(а)
фотогра́фию. Там о́чень
живопи́сно. Я ду́маю, что у нас
бу́дут хоро́шие кани́кулы и бу́дет
мно́го сне́га.

Lesson 10

1 (a) Я хожу́ и ношу́; Худо́жник
хо́дит и но́сит; Мы хо́дим и
но́сим; (b) Пи́тер е́здит и во́зит;
Я е́зжу и вожу́; Они́ е́здят и
во́зят; (c) Тама́ра во́дит; Я вожу́;
Роди́тели во́дят; (d) Ма́льчик
бе́гает; Мы бе́гаем; Они́ бе́гают;
(e) Я лета́ю; Ты лета́ешь; Они́
лета́ют

2 (a) Я шёл(шла) и нёс(несла́),
ходи́л(а) и носи́л(а); Худо́жник
шёл и нёс, ходи́л и носи́л; Мы
шли и несли́, ходи́ли и носи́ли;
(b) Пи́тер е́хал и вёз, е́здил и
вози́л; Я е́хал(а) и вёз(ла́),
е́здил(а) и вози́л(а); Они́ е́хали и
везли́, е́здили и вози́ли; (c)
Тама́ра вела́(води́ла); Я вёл(а́),

води́л(а); Роди́тели вели́(води́ли);
(d) Ма́льчик бежа́л(бе́гал); Мы
бежа́ли(бе́гали); Они́
бежа́ли(бе́гали); (e) Я лете́л(а),
лета́л(а); Ты лете́л(а) (лета́л(а);
Они́ лете́ли(лета́ли)
3   1. хо́дит, е́дет; 2.
ходи́ла(е́здила); 3. хо́дит; 4.
е́здить; 5. шёл, вела́; 6. во́зим; 7.
лети́м, лета́ем; 8. хожу́(иду́),
ношу́(несу́); 9. во́зит; 10.
бе́гают(хо́дят); 11. ведёт, е́дут
ПЕРЕРВО́Д: 1. Мы всегда́ е́здим
в Ита́лию ле́том, но в э́том году́
мы е́дем в Испа́нию. 2. Сего́дня
я лечу́ в Москву́. Вы ча́сто
лета́ете в Росси́ю? Нет, я
предпочита́ю е́здить на по́езде. 3.
Он всегда́ хо́дит на рабо́ту
пешко́м у́тром, потому́ что он
говори́т, что автобусы хо́дят
ме́дленно у́тром. 4. Мой друг
ча́сто во́зит меня́ домо́й на
маши́не. 5. Студе́нты шли домо́й.
Они́ несли́ кни́ги. 6. Пи́тер не
хо́чет е́хать домо́й на Рождество́.
Он е́дет на Кавка́з ката́ться на
лы́жах. 7. Са́ша бежа́л к по́езду,
потому́ что он ду́мал, что
Тама́ра там. 8. Ка́ждое у́тро
Са́ша бе́гает в па́рке. Он о́чень
лю́бит бе́гать. 9. В понеде́льник
Тама́ра ведёт Йрочку в бассе́йн.
10. Моя́ ба́бушка хо́дит о́чень
ме́дленно.

Lesson 11

1   напишу́; прочита́ю; нарису́ет;
пригото́вит; сфотографи́руешь;
поза́втракаете; съест; вы́пьет;
познако́мится; пообе́даем
2   собрала́; встал; изучи́ла;

посети́ли; встре́тили; купи́л;
про́дал; стал; умы́лся;
поздра́вили; вспо́мнил
3   дава́л(даёт) — дал;
посеща́ю(посеща́л(а) — посещу́;
чита́л(а) (чита́ю) — прочита́ю;
покупа́ю(покупа́л(а) — купи́л(а);
встаёт(встава́л) и идёт(шёл) —
встал и пошёл;
встреча́ем(встреча́ли) —
встре́тили

ПЕРЕВО́Д: 1. Я смотре́л(а)
телеви́зор весь день. 2. У́тром
она́, наконе́ц, написа́ла письмо́
ма́тери. 3. Пи́тер шёл по Арба́ту,
как вдруг он уви́дел Мари́ну: она́
разгова́ривала с молоды́м
худо́жником. 4. Мари́на уже́
собрала́ все материа́лы для свое́й
диссерта́ции. 5. На про́шлой
неде́ле она́ посети́ла моско́вскую
шко́лу, и она́ ей о́чень
понра́вилась. 6. За́втра она́ даст
уро́к в ру́сской шко́ле. 7. Вам
понра́вился э́тот фильм? Да, он
мне о́чень понра́вился. 8. Са́ша
пригласи́л Пи́тера на футбо́льный
матч. Они́ реши́ли пойти́ снача́ла
в кафе́. 9. Я ду́маю, что Мари́на
ста́нет хоро́шей учи́тельницей.
10. По моему́ мне́нию ру́сское
образова́ние бы́ло отли́чное. Я
не понима́ю, почему́ на́до бы́ло
изменя́ть всю систе́му.

Lesson 12

1   бизнесме́ны, де́вушки, дома́,
учителя́, времена́, имена́, друзья́,
лю́ди, о́кна, моря́, зда́ния, врачи́,
леса́, отцы́, пирожки́, дни, вечера́,
англича́не, дежу́рные, музе́и,
ле́кции, общежи́тия, карандаши́,

пи́сьма, ва́нные, сёстры, ма́тери, до́чери

2 (а) оди́н из (интере́сных журна́лов, холо́дных ме́сяцев, молоды́х отцо́в, вку́сных пирожко́в, но́вых трамва́ев, хоро́ших учителе́й, отли́чных враче́й, у́мных англича́н, прия́тных дней, весёлых москвиче́й, прекра́сных люде́й, ма́леньких дете́й, ста́рых друзе́й) (b) одно́ из (больши́х о́кон, мои́х пи́сем, хоро́ших дел, тёплых море́й, краси́вых зда́ний, совме́стных предприя́тий, интере́сных имён, вку́сных блюд, удо́бных кре́сел) (c) одна́ из (ру́сских учи́тельниц, серьёзных студе́нток, ста́рых ба́бушек, споко́йных матере́й, дли́нных очереде́й, нового́дних ёлок, краси́вых площаде́й, ску́чных ле́кций, коро́тких неде́ль, но́вых дежу́рных, прия́тных англича́нок)

3 Мы по́мним (ва́ши поле́зные сове́ты, хоро́ших враче́й, ва́ших ста́рых друзе́й, э́тих делевы́х люде́й, на́ших англи́йских ро́дственников, но́вые изда́ния, всех спортсме́нов, интере́сные ле́кции, спосо́бных студе́нток и студе́нтов

4 пиши́(те)/напиши́(те) письмо́; чита́й(те)/прочита́й(те) кни́гу; говори́(те)/скажи́(те) пра́вду; пой(те)/спой(те) пе́сню; пей(те)/вы́пей(те) молоко́; занима́йся(занима́йтесь) ру́сским языко́м; ешь(те)/съешь(те) пирожо́к

5 чита́ю ли я воскре́сные газе́ты; хочу́ ли я быть врачо́м; есть ли у меня́ брат; интересу́юсь ли я спо́ртом; пойду́ ли я в кино́; нужны́ ли мне де́ньги.

ПЕРЕВО́Д: 1. Все говоря́т, что ва́ша пре́сса о́чень измени́лась, и что она́ тепе́рь незави́сима. Есть тако́й большо́й вы́бор популя́рных журна́лов и газе́т. 2. Большинство́ москвиче́й предпочита́ет выпи́сывать ежедне́вные газе́ты. Не́которые из э́тих ежедне́вных газе́т о́чень интере́сны. 3. Оди́н из мои́х друзе́й купи́л но́вый журна́л пять дней наза́д. В нём бы́ло мно́го поле́зных фа́ктов о жи́зни в А́нглии. Я хоте́л купи́ть его́, но не смог найти́ его́. Ка́жется, журна́л продава́лся то́лько не́сколько неде́ль. 4. У деловы́х люде́й нет мно́го вре́мени чита́ть все э́ти дли́нные газе́ты. Мо́жет быть, вы порекоменду́ете мне коро́ткую газе́ту? 5. Я сове́тую вам вы́писать еженеде́льник «Аргуме́нты и фа́кты». Э́то о́чень коро́ткая газе́та, но в ней мо́жно найти́ мно́го фа́ктов, мно́го информа́ции. У неё мно́го чита́телей. 6. В Росси́и тепе́рь два больши́х фина́нсовых журна́ла и пять незави́симых фина́нсовых газе́т.

Lesson 13

1 (а) на ча́стных ры́нках, в ма́леньких кварти́рах, в де́тских больни́цах, на спорти́вных стадио́нах, в ру́сских дома́х о́тдыха, в истори́ческих музе́ях (b) с моско́вскими пробле́мами, прия́тными англича́нами, англи́йскими врача́ми и

учителя́ми, дли́нными очередя́ми
(с) по дли́нным доро́гам и
у́лицам, больши́м площадя́м и
проспе́ктам, ма́леньким города́м
и деревня́м (d) све́жих овоще́й и
фру́ктов, ра́зных груш и я́блок,
мясны́х проду́ктов, ры́бных
консе́рвов, францу́зских вин,
шокола́дных конфе́т
2   Купи́, пожа́луйста,
килогра́мм хле́ба, сы́ра(сы́ру),
колбасы́, са́хара(са́хару), ма́сла,
ры́бы, я́блок, виногра́да, конфе́т.
Да́йте мне две па́чки ча́я(ча́ю),
ко́фе, са́хара(са́хару), сигаре́т.
Да́йте, пожа́луйста, буты́лку
кра́сного вина́, армя́нского
коньяка́, ру́сской во́дки, кока-
ко́лы, тома́тного со́ка, лимона́да,
молока́. Ско́лько сто́ит ба́нка
ко́фе, майоне́за, грибо́в, ры́бных
консе́рвов.
3   два́дцать ты́сяч рубле́й,
три́дцать пять ты́сяч рубле́й, три
ты́сячи рубле́й, со́рок ты́сяч
рубле́й, четы́ре ты́сячи рубле́й.
4   Я ста́влю (он ста́вит)
телеви́зор в у́гол; холоди́льник в
ку́хню; буты́лки в шкаф; Я кладу́
(он кладёт) кни́гу на прила́вок;
ножи́ на стол; ви́лку ря́дом с
ножо́м
5   Я поста́вил(а); он поста́вил; я
положи́л(а); он положи́л;
ПЕРЕВО́Д: Обы́чно я де́лаю
поку́пки на на́шем ры́нке. У нас
о́чень хоро́ший ры́нок на гла́вной
пло́щади го́рода. О́вощи и
фру́кты обы́чно не о́чень
дороги́е, но ка́чество хоро́шее, и
всё свеже́е там. Цена́ мя́са на
ры́нке дово́льно высо́кая,
поэ́тому я предпочита́ю покупа́ть

мя́со в большо́м гастроно́ме
недалеко́ от на́шего до́ма. Всегда́
мо́жно найти́ хоро́шее и
недорого́е мя́со там. Сего́дня я
гото́влю большо́й обе́д. У мое́й
до́чери день рожде́ния. У неё
вечери́нка, и она́ пригласи́ла
мно́го друзе́й, поэ́тому я должна́
мно́го купи́ть. Я реши́ла
пригото́вить её люби́мое блю́до:
мя́со с овоща́ми. Я уже́ купи́ла
все о́вощи, но сего́дня я должна́
купи́ть торт. Я пойду́ в
конди́терский магази́н, где всегда́
большо́й вы́бор све́жих торто́в.

Lesson 14

1   (а) до Заго́рска; в Москву́; в
кни́жный магази́н; к роди́телям;
из теа́тра; че́рез реку́ Во́лгу; в
Росто́в; к до́му; за Мари́ной, в
кино́; от гости́ницы; (b) дое́дут;
прилети́т; зайдёт; зайду́; вы́йдем;
перее́дем; прие́дут; подъе́дет;
зайдём, пойдём; отъе́дет; (с)
доезжа́ют; прилета́ет; захо́дит;
захожу́; выхо́дим; переезжа́ем;
приезжа́ют; подъезжа́ет; захо́дим;
идём; отъезжа́ет
2   перехо́дит, перешёл,
перейдёт; вхо́дит, вошёл, войдёт;
прихо́дят, пришли́, прийду́т;
захо́дит, зашла́, зайдёт; ухо́дит,
ушёл, уйдёт; прохо́дим, прошли́,
пройдём, дохо́дит, дошла́,
дойдёт; отхо́дит, отошёл,
отойдёт; прохо́дит, прошло́,
пройдёт; захо́дит, зашла́, зайдёт;
подхо́дит, подошёл, подойдёт
3   привёз; перевёз; повезла́;
привёз; довезли́; подвёз; увёз
4   пое́хать; вы́шел; пое́хал;

приехал, ушёл; шёл; зайти; зайти;
перешёл и вошёл; прошло;
вышел и пошёл; дошёл; пришёл;
перешёл, прошёл и подошёл;
ушёл

5 Питер садится (садился, сел)
в кресло. Мы садимся (садились,
сели) в автобус. Вы садитесь
(садились, сели) на траву.
Студенты садятся (садились,
сели) на диван. Я ложусь
(ложился / ложилась, лёг / легла)
на диван. Бабушка ложится
(ложилась, легла) на диван. Дети
ложатся (ложились, легли) на
траву.
ПЕРЕВО́Д: 1. Питер прошёл
мимо метро и собирался перейти
через улицу, когда он увидел
Сашу. Они решили зайти в кафе
и выпить чашку кофе. 2. Он
очень хороший инженер. Он
всегда приходит (приезжает) на
работу рано и уходит (уезжает) с
работы поздно. 3. По дороге
домой Тамара часто заходит
(заезжает) к бабушке, и она
всегда приносит (привозит)
газеты и книги. 4. Он подвёз
меня на вокзал. Оттуда я поеду
на поезде. Я вижу, что поезд уже
пришёл. 5. Машина проехала
мимо гостиницы и въехала в
парк. Высокий человек вышел из
машины. Он нёс фотоаппарат. 6.
Когда Саша едет на работу на
машине, он часто довозит свою
дочку до детского сада. 7. Вам
понравилась ваша поездка в
Ростов? Что вы привезли оттуда?
8. Старик подошёл ко мне на
Арбате сегодня. Он не знал, как
пройти к Красной площади. 9.

Мы выехали из деревни рано
утром, и было уже поздно, когда
мы приехали в город. 10. Я еду
на Кавказ завтра. Когда я
приеду, я привезу вам подарок.

Lesson 15

1 Мне (было, будет) двадцать
два года. Ей (было, будет)
пятьдесят семь лет. Ему (был,
будет) шестьдесят один год.
Ему (было, будет) двадцать пять
лет. Ему (было, будет) четыре
года. Ей (было, будет) шесть лет.
Ей (было, будет) девяносто три
года. Ему (было, будет)
восемьдесят восемь лет. Ей (был,
будет) один год.
2 Пушкин родился в тысяча
семьсот девяносто девятом году
и умер в тысяча восемьсот
тридцать седьмом году.
Лермонтов ... в тысяча восемьсот
четырнадцатом и ... в тысяча
восемьсот сорок первом. Чехов
... в тысяча восемьсот
шестидесятом и ... в тысяча
девятьсот четвёртом. Горький ...
в тысяча восемьсот шестьдесят
восьмом и ... в тысяча девятьсот
тридцать шестом. Ленин ... в
тысяча восемьсот семидесятом и
... в тысяча девятьсот двадцать
четвёртом. Шекспир ... в тысяча
пятьсот шестьдесят четвёртом и
... в тысяча шестьсот
шестнадцатом.
3 Мы ни о чём не говорили
вчера. Я ничем не интересуюсь.
Я никуда не ходил вчера.
Никакую книгу он не читает. Я
ни на что не смотрю. Я ни о чём

не ду́маю. Он ни с кем не говори́т. Я нигде́ не был вчера́. Я никого́ не встре́тил. Я никому́ не писа́л письмо́. Мы ни у кого́ не спра́шивали об э́том.

4 Э́то го́род, в кото́ром живёт друг. Э́то библиоте́ка, в кото́рой занима́ется Мари́на. Э́то спортсме́н, кото́рым все интересу́ются. Э́то кни́га, о кото́рой все говоря́т. Э́то челове́к, с кото́рым все разгова́ривают. Э́то де́вушка, кото́рая мне нра́вится. Э́то друг, кото́рому я написа́л письмо́. Э́то худо́жник, кото́рый нарисова́л э́ту карти́ну. Э́то же́нщина, кото́рой все помога́ют. Э́то газе́та, кото́рую вы́писал Пи́тер.

5 Е́сли бы я был свобо́ден (была́ свобо́дна), я зашёл (зашла́) бы к вам ве́чером. Е́сли бы бы́ло тепло́, мы бы пое́хали на мо́ре. Е́сли у меня́ бы́ли бы де́ньги, я купи́л(а) бы себе́ но́вый костю́м. Е́сли бы вы позвони́ли мне, я бы вам всё рассказа́л(а). Е́сли бы ты сдал(а́) экза́мен, ты поступи́л(а) бы в институ́т.

6 что́бы Пи́тер пое́хал в Петербу́рг, что́бы моя́ дочь поступи́ла в университе́т, что́бы Пи́тер с Са́шей сходи́ли на ры́нок, что́бы вы зашли́ к ба́бушке, что́бы они́ постро́или дом.

ПЕРЕВО́Д: 1. Пётр Вели́кий основа́л Петербу́рг в ты́сяча семьсо́т тре́тьем году́. Ему́ ну́жен был вы́ход к мо́рю, поэ́тому он вы́брал ме́сто, где широ́кая река́ Нева́ впада́ет в Балти́йское мо́ре. Там он постро́ил кре́пость, кото́рую он назва́л Петропа́вловская кре́пость. 2. Е́сли бы Пётр не постро́ил Петербу́рг, у Росси́и не́ было бы вы́хода к мо́рю. 3. Е́сли бы то́лько я могла́ пое́хать в Петербу́рг в э́то ле́то (э́тим ле́том), я бы посети́ла все музе́и. 4. Во вре́мя войны́ Ленингра́д пережи́л ужа́сную блока́ду, кото́рая продолжа́лась девятьсо́т дней. Мно́гие лю́ди у́мерли от го́лода и хо́лода. Но Ленингра́д вы́жил. 5. Вели́кий ру́сский писа́тель Толсто́й роди́лся в ты́сяча восемьсо́т два́дцать восьмо́м году́ и у́мер в ноябре́ ты́сяча девятьсо́т деся́того го́да, когда́ ему́ бы́ло во́семьдесят два го́да. За свою́ до́лгую жизнь он написа́л мно́го интере́сных книг. 6. Мое́й подру́ге о́чень понра́вился Петербу́рг. Она́ никогда́ не ви́дела тако́го краси́вого го́рода, никогда́ не ви́дела так мно́го мосто́в и кана́лов.

Lesson 16

1 в бо́лее краси́вом го́роде; на бо́лее широ́кой реке́; в бо́льшем до́ме; бо́лее серьёзные пробле́мы; бо́лее дешёвые ту́фли; бо́лее популя́рные фи́льмы; с бо́лее просты́ми людьми́; бо́лее ва́жную роль; бо́лее интере́сную кни́гу; в бо́лее удо́бных кроссо́вках

2 ху́же но́вых; ста́рее моско́вского метро́; популя́рнее Ма́лого теа́тра; деше́вле биле́тов в теа́тр; ле́гче ру́сского языка́;

удобнее коммунáльной квартúры; теплéе клúмата в Еврóпе; лýчше спектáкля по телевúзору; дорóже болгáрского винá; прóще жúзни в гóроде; молóже его брáта; стáрше моéй мáтери; старéе Нью-Йóрка

3 Борúс стáрше Кáти на три гóда. Кáтя молóже Борúса на три гóда. Мáша стáрше Вúктора на два гóда. Вúктор молóже Мáши на два гóда. Натáша стáрше Сергéя на пять лет. Сергéй молóже Натáши на пять лет. Вúктор стáрше Тамáры на четúре гóда. Тамáра молóже Вúктора на четúре гóда. Отéц стáрше мáтери на вóсемь лет. Мать молóже отцá на вóсемь лет.

4 Сáша ... в половúне седьмóго (в полседьмóго) ... без пятнáдцати вóсемь ... в половúне седьмóго (в полседьмóго) ... в одúннадцать часóв; Марúна ... в двáдцать минýт восьмóго ... в половúне девятого ... без чéтверти (пятнáдцати минýт) пять ... в половúне двенáдцатого; Пúтер ... в чéтверть (пятнáдцать минýт) восьмóго ... в двáдцать минýт девятого ... без двадцатú (минýт) шесть ... в двенáдцать часóв; Тáня ... в вóсемь часóв ... в половúне десятого (в полдесятого) ... в половúне шестóго (в полшестóго) ... без двадцатú двенáдцать; Дúма ... в половúне восьмóго ... в чéтверть (пятнáдцать минýт) девятого ... в двáдцать минýт четвёртого ... без чéтверти (пятнáдцати) одúннадцать

ПЕРЕВÓД: 1. Жизнь горáздо интерéснее, когдá у тебя бóльше свобóдного врéмени. 2. Билéты в теáтр тепéрь дорóже, чем в прóшлом годý. Билéты в кинó дешéвле, но я бóльше интересýюсь теáтром, чем кинó. 3. Я живý тепéрь дáльше от цéнтра Москвы. В результáте я хожý в теáтр рéже. 4. Мой друг вóдит бóлее нóвую машúну, чем Сáша, но Сáша говорúт, что его машúна лýчше. 5. Домá в Лóндоне вúше, чем в Москвé. 6. На рúнке продаю́т бóлее дешёвые тýфли (тýфли дешéвле). 7. Зимóй в Москвé холоднéе, чем в Лóндоне, но лéтом теплéе. 8. Онá игрáет на скрúпке лýчше своéй стáршей сестры.

Lesson 17

1 сáмая длúнная (длиннéйшая); сáмый велúкий (величáйший); сáмый дóбрый (добрéйший); одúн из сáмых óпытных (óпытнейших) и сáмых крýпных (крупнéйших); сáмую трýдную (труднéйшую); в сáмой сúльной (сильнéйшей); сáмый интерéсный (интерéснейший); сáмую нóвую (новéйшую); сáмая опáсная (опáснейшая); одúн из сáмых красúвых (красúвейших)

2 жáловался; принимáть; болéл(а); болéет; болúт; лéчит; болéет; болúт; принимáть; вúписал; болéл; не болéет; болúт; болúт;

3 о себé; собóй; себé; с собóй; пéред собóй; вокрýг себя; для себя; к себé; у себя; себя;

ПЕРЕВО́Д: 1. Пи́тер чу́вствовал себя́ пло́хо три дня. Он ду́мал, что он простуди́лся, когда́ он лови́л ры́бу на о́зере у Са́ши. В тот день шёл си́льный дождь, и бы́ло о́чень хо́лодно. Коне́чно, они́ вы́пили мно́го во́дки пото́м, так как Са́ша счита́л, что во́дка са́мое лу́чшее лека́рство! Но у́тром Пи́тер почу́вствовал себя́ ужа́сно: у него́ ужа́сно боле́ла голова́ (была́ ужа́сная головна́я боль), боле́ло го́рло. У него́ то́же была́ высо́кая температу́ра — почти́ три́дцать во́семь, и он едва́ мог говори́ть. К сча́стью, Са́ша пришёл и вы́звал врача́. Когда́ врач пришёл, он осмотре́л Пи́тера и сказа́л, что у него́ грипп.

2. Росси́йское здравоохране́ние в трудне́йшем положе́нии. В не́которых больни́цах не хвата́ет да́же просте́йшего обору́дования и лека́рств. 3. СПИД распространя́ется быстре́е всего́, когда́ нет однора́зовых шпри́цев.

Lesson 18

1 (а) рабо́тающий, пью́щий, живу́щий, лю́бящий, пою́щий, продаю́щий, бу́дущий, помога́ющий, существу́ющий, занима́ющийся, интересу́ющийся, уча́щийся, иду́щий, везу́щий, нося́щий, веду́щий, происходя́щий (b) рабо́тавший, пи́вший, жи́вший, люби́вший, пе́вший, прода́вший, бы́вший, помога́вший, существова́вший, занима́вшийся, интересова́вшийся, учи́вшийся,

шéдший, вёзший, носи́вший, вéдший, происходи́вший.

2 Пи́тер ду́мает о свои́х роди́телях, отдыха́ющих сейча́с на ю́ге. По доро́ге на рабо́ту он всегда́ встреча́ет же́нщину, несу́щую молоко́ на ры́нок. Прия́тно говори́ть со студе́нтами, всем интересу́ющимися. Это мой брат, уча́щийся сейча́с в университе́те. Са́ша всегда́ помога́ет Тама́ре, сидя́щей до́ма и смотря́щей за ребёнком. Наш дом нахо́дится на у́лице, веду́щей к вокза́лу.

3 Пу́шкин, жи́вший в девятна́дцатом ве́ке, был вели́ким поэ́том. Он говори́л с инжене́ром, верну́вшимся из Москвы́. Я зна́ю же́нщину, вы́шедшую из ко́мнаты. Я встре́тил худо́жника, учи́вшегося в на́шей шко́ле и ста́вшего тепе́рь изве́стным. Де́вушка, принёсшая мне ко́фе, о́чень краси́вая. Он подошёл к же́нщине, сиде́вшей в углу́.

4 Потому́ что ей не́чего де́лать. Потому́ что мне не́куда ходи́ть. Потому́ что нам не́кому писа́ть. Потому́ что им не́чем занима́ться. Потому́ что ему́ не́когда отдыха́ть. Потому́ что нам не́кого приглаша́ть. Потому́ что ей не́ о чем ду́мать.

ПЕРЕВО́Д: 1. В Росси́и есть зако́н, запреща́ющий испо́льзование же́нского труда́ в тяжёлых усло́виях. Одна́ко, всё ещё есть мно́го фа́брик, наруша́ющих это пра́вило и испо́льзующих же́нский труд в таки́х усло́виях. 2. Конфере́нция, состоя́вшаяся неда́вно, была́ о́чень интере́сная. Обсужда́лись мно́гие пробле́мы, осо́бенно тяжёлое положе́ние рабо́тающей же́нщины–ма́тери. 3. Переме́ны, происше́дшие в Росси́и, име́ют огро́мные после́дствия на весь мир. 4. Мое́й до́чери не нра́вится жизнь в дере́вне. Она́ говори́т, что там не́чего де́лать, не́куда идти́ ве́чером, не́ с кем игра́ть в те́ннис, не́ с кем говори́ть. Но когда́ мы приезжа́ем в Москву́, она́ никогда́ никуда́ не хо́дит, никогда́ ни с ке́м не игра́ет в те́ннис, никогда́ ни с кем не говори́т. Она́ про́сто сиди́т в свое́й ко́мнате и ничего́ не де́лает.

Lesson 19

1 разрабо́танный, осно́ванный, про́данный, на́званный, постро́енный, предло́женный, встре́ченный, пригото́вленный, приглашённый, ввезённый, на́йденный, откры́тый, при́нятый, забы́тый, взя́тый.

2 Она́ прочита́ла все кни́ги, взя́тые её му́жем из библиоте́ки. Петербу́рг, осно́ванный Петро́м Пе́рвым, ра́ньше был столи́цей Росси́и. В дома́х, постро́енных неда́вно, уже́ живу́т лю́ди. В пре́ссе бы́ло мно́го спо́ров о пье́се, поста́вленной теа́тром. В исто́рии, расска́занной им, бы́ло мно́го пра́вды.

3 Кни́га чита́ется. Проду́кты покупа́ются. Пробле́ма разреша́ется. Депута́ты избира́ются в парла́мент. Желе́зная доро́га стро́ится. Магази́н открыва́ется. Обе́д гото́вится. Го́сти приглаша́ются. Тури́сты встреча́ются.

4 Кни́га была́ прочи́тана. Проду́кты бы́ли ку́плены. Пробле́ма была́ разрешена́. Депута́ты бы́ли и́збраны в парла́мент. Желе́зная доро́га была́ постро́ена. Магази́н был откры́т. Обе́д был пригото́влен. Го́сти бы́ли приглашены́. Тури́сты бы́ли встре́чены.

5 где́-то; что-нибу́дь; куда́-нибу́дь; кто́-то; когда́-то; каки́е-нибу́дь; о чём-то; кому́-то; с кем–то.

ПЕРЕВО́Д: 1. Транссиби́рская желе́зная доро́га была́ постро́ена в про́шлом ве́ке, точне́е она́ была́ на́чата в ты́сяча восемьсо́т во́семьдесят тре́тьем году́ и око́нчена в ты́сяча девятьсо́т шестна́дцатом. Мно́го бы́ло напи́сано об э́той желе́зной доро́ге, постро́енной в Сиби́ри в са́мых тяжёлых усло́виях. 2. Пе́рвая Свобо́дная экономи́ческая зо́на была́ осно́вана о́коло Петербу́рга. Мно́гие пробле́мы ещё не́ были разрешены́. 3. Так называ́емый промы́шленный центр оказа́лся ма́леньким провинциа́льным го́родом то́лько с одни́м многоэта́жным зда́нием. Э́то зда́ние ра́ньше бы́ло за́нято Ме́стным Сове́том. Мно́гие но́вые предприя́тия бу́дут со́зданы здесь, мно́гие но́вые фа́брики должны́ быть постро́ены. 4.

Приглашение на конгресс было послано неделю назад, но оно было получено только вчера.

Lesson 20

1 работая, создавая, путешествуя, любя, живя, стоя, отправляясь, садясь, приходя, идя, неся, везя, находясь.

2 встав, дав, поняв, сказав, возвратившись, сев, съев, спев, найдя, ввезя, принеся, отправившись.

3 Он стоит у окна, думая о матери. Она гуляла по Москве, вспоминая своё детство. Дима будет читать книгу, смотря телевизор. Мать готовит обед, слушая новости. Саша шёл по улице, мечтая о новой машине. Дети будут бегать на улице, играя в мяч. В воскресенье он сидит дома, ничего не делая. Они сидели за столом, разговаривая. Мы будем жить у озера, любуясь природой. Одевшись, он побежал на работу. Написав письмо, он пойдёт на почту. Выпив стакан молока, он пошёл спать. Прийдя на рынок, он купит фрукты. Не найдя книги, он станет смотреть телевизор. Не узнав её, он прошёл мимо. Не сказав ни слова, он откроет дверь. Умывшись, она вышла в сад. Окончив университет, Таня поедет работать в Сибирь.

4 Работая над диссертацией, Марина посещала библиотеку. Подходя к дому, она увидела знакомого художника. Делая уроки, Дима не думает о музыке. Не зная твоего адреса, он не может написать тебе. Живя в деревне, он не знает городских проблем. Находясь на Кавказе, он всегда любуется кавказской природой.

5 Сказав своё мнение, он вышел из комнаты. Начав смотреть телевизор, он вспомнил о работе. Женившись на русской, он решил остаться в России. Окончив институт, я поеду в Сибирь. Захотев есть, Питер пошёл в ресторан.

ПЕРЕВОД: 1. Работая на Дальнем Севере, он понял, как трудно было жить там. Но привыкнув к жизни, он решил остаться на другой год. 2. Доехав до промышленного района, мы решили вернуться в гостиницу. Возвращаясь, мы говорили об экологической ситуации. 3. Вернувшись из своего путешествия на Сахалин, Питер начал работать с новым энтузиазмом. Встретив так много молодых русских предпринимателей, он начал думать о совместном предприятии. 4. Стоя в бесконечных очередях, разговаривая с русскими и видя цены в магазинах, она начала понимать проблемы в стране. 5. Окончив университет и став учительницей, она поехала работать в деревне (в деревню). Но увидев примитивные условия и испытав все тяжести жизни там, она вернулась в город.

English–Russian vocabulary

The English–Russian vocabulary includes the words required for the English–Russian translation and improvisation exercises.

(be) able	мочь/с-	(conj)	после
abroad	(быть) за		того́ как;
	грани́цей;		~wards пото́м
	(е́хать) за	again	сно́ва, опя́ть
	грани́цу	against	про́тив (+ gen)
absence	отсу́тствие	age	во́зраст
abundance	изоби́лие	ago	(тому́) наза́д
according (to)	согла́сно (+ dat)	agriculture	се́льское
accurate	то́чный		хозя́йство
accuse	обвиня́ть/	agriculturist	агроно́м
	обвини́ть	AIDS	СПИД
ache	боле́ть II	air	во́здух
achievement	достиже́ние	airmail letter	авиаписьмо́
acquaintance	знако́мый	airport	аэропо́рт
(get) acquainted	знако́миться/по-	all	весь, вся, всё,
with	(с + inst)		все; ~ the same
across	че́рез (+ acc)		всё равно́
act	де́йствовать;	almost	почти́
	игра́ть (theat);	along	по (+ dat), вдоль
	~ing игра́		(+ gen)
active	акти́вный	already	уже́
actor, actress	актёр, актри́са	also	то́же, та́кже
address	а́дрес	always	всегда́
admire	любова́ться/по-	ancestor	пре́док
	(+ inst)	ancient	дре́вний
advertisement	рекла́ма	anorak	ку́ртка
advice	сове́т	another	друго́й
advise	сове́товать/по-	answer	отве́т; to ~
	(+ dat)		отвеча́ть/отве́-
aeroplane	самолёт		тить (на)
after	по́сле (+ gen);	any	любо́й

apple	я́блоко
approach	подходи́ть/по –
	дойти́;
	подъезжа́ть/
	подъе́хать к
	(+ *dat*)
approve	одобря́ть/
	одо́брить
architect	архите́ктор
architecture	архитекту́ра
area	райо́н
argue	спо́рить
argument	спор; аргуме́нт
armchair	кре́сло
around	вокру́г (+ *gen*);
	круго́м
arrange	устра́ивать/
	устро́ить
arrest	аре́ст; to ~
	арестова́ть
arrival	прихо́д; прие́зд
arrive	приходи́ть/
	прийти́;
	приезжа́ть/
	прие́хать в/на
	(+ *acc*)
art	иску́сство
article	статья́
artist	худо́жник
Asia	А́зия
ask	спра́шивать/
	спроси́ть;
	(request)
	проси́ть/по-
atmosphere	атмосфе́ра
attention	внима́ние
attract	привлека́ть/
	привле́чь
autumn	о́сень; in ~
	о́сенью; ~al
	осе́нний
awful	ужа́сный

back	обра́тно
bad	плохо́й
balcony	балко́н
ball	бал; мяч
ban	запреща́ть/
	запрети́ть
bank	бе́рег
bar	бар
bath	ва́нна
bathe	купа́ть(ся)/ис-
bathroom	ва́нная
baths	бассе́йн
be	быть; быва́ть;
	явля́ться
	(+ *inst*); ~ off
	уходи́ть;
	уезжа́ть
beard	борода́
beautiful	краси́вый
because	потому́ что
become	станови́ться/
	стать
bed	крова́ть (*f*);
	посте́ль (*f*); go
	to ~ ложи́ться
	спать
before	пре́жде, ра́ньше;
	as ~ по-
	пре́жнему
begin	начина́ть(ся)/
	нача́ть(ся);
	~ing нача́ло
behind	за (+ *inst*) or
	(+ *acc*)
best	(са́мый) лу́чший
better	лу́чше; лу́чший
bibliography	библиогра́фия
bicycle	велосипе́д
big	большо́й
biologist	био́лог
birthday	день рожде́ния
black	чёрный
blockade	блока́да

blue	голубо́й, си́ний	café	кафе́
boat	ло́дка; теплохо́д	cake	торт
	(motor ship)	call	звать;
book	кни́га; to ~		называ́ть/
	зака́зывать/		назва́ть; be
	заказа́ть		~ed (*inanimate*
boring	ску́чный		*object*)
(be) born	рожда́ться/		называ́ться;
	роди́ться		to ~ a doctor
bottle	буты́лка		вызыва́ть/
box	коро́бка		вы́звать
boy	ма́льчик		врача́; to ~ on
branch (of	филиа́л		заходи́ть;
institution)			заезжа́ть к
breach	наруше́ние		(+ *dat*);
break (the rule)	наруша́ть/	camera	фотоаппара́т
	нару́шить	canal	кана́л
	(пра́вило)	capital	столи́ца
breakfast	за́втрак; to have ~	car	маши́на
	за́втракать/по-	carry	носи́ть, нести́/по-
bridge	мост	case	слу́чай
briefcase	портфе́ль (*m*)	cat	ко́шка, кот
bright	я́ркий	catch cold	простужа́ться/
bring	приноси́ть/		простуди́ться
	принести́;	cathedral	собо́р
	привози́ть/	Caucasus	Кавка́з
	привезти́	cause damage	наноси́ть/
broadcast	переда́ча		нанести́ уще́рб
brother	брат	celebrate	пра́здновать/от-
build	стро́ить/по-	centre	центр
building	зда́ние; ~site	century	век
	стро́йка	champagne	шампа́нское
bus	авто́бус	champion	чемпио́н, -ка
business	де́ло, би́знес;	change	измене́ние,
	(*adj*) делово́й;		переме́на;
	~man		сда́ча, ме́лочь
	бизнесме́н,		(*money*); to ~
	делово́й		изменя́ть(ся)/
	челове́к		измени́ть(ся)
busy	за́нятый	characteristic	характе́рный
but	но	chase	гна́ться/по-
butter	ма́сло		(за + *inst*)
buy	покупа́ть/купи́ть	cheap	дешёвый

cheerful; ~ly	весёлый; ве́село
cheese	сыр
chemist's shop	апте́ка
chess	ша́хматы (*pl*)
chief	гла́вный
child	ребёнок, ~ren де́ти
childhood	де́тство
chocolate	шокола́д, шокола́дная конфе́та
choice	вы́бор
choose	выбира́ть/ вы́брать
Christmas	Рождество́; (*adj*) рожде́ственский; ~ tree ёлка; Father ~ Дед Моро́з
cinema	кино́, кинотеа́тр
city	го́род; (*adj*) городско́й
civilization	цивилиза́ция
clean	чи́стый
clever	у́мный
clock	часы́ (*pl*)
close	бли́зкий; ~ly бли́зко; те́сно
clothes	оде́жда
coach	тре́нер (*sport*)
coast	побере́жье, бе́рег мо́ря
coffee	ко́фе (*m*)
coin	моне́та
cold	хо́лод; (*adj*) холо́дный
come	приходи́ть; приезжа́ть; ~ back возвраща́ться
comfortable	удо́бный
comparison	сравне́ние
competition	ко́нкурс
compile	составля́ть/ соста́вить
complain	жа́ловаться/по-
composer	компози́тор
computer	компью́тер
concert	конце́рт
concierge	дежу́рная
condition	усло́вие
confectioner's shop	конди́терский магази́н
conference	конфере́нция
confiscate	конфискова́ть
congratulate	поздравля́ть/ поздра́вить
congress	съезд
consequence	после́дствие
consider	счита́ть
constantly	постоя́нно
constitute	составля́ть/ соста́вить
constitution	конститу́ция
consultation	консульта́ция
continue	продолжа́ть(ся)/ продо́лжить(ся)
contract	контра́кт
control	контро́ль (*m*)
conversation	разгово́р; get into ~ разговори́ться
cook	гото́вить/при-
cool	прохла́дный
corner	у́гол
correct	пра́вильный
corridor	коридо́р
cost	сто́имость (*f*) to ~ сто́ить
cosy	ую́тный
cough	ка́шель (*m*)
Council	Сове́т
counter	прила́вок
country	страна́; (*countryside*) дере́вня; (*adj*) дереве́нский

countryside	приро́да		уничто́жить
(of) course	коне́чно	develop	развива́ть/
create	создава́ть/		разви́ть; ~ed
	созда́ть		развито́й;
crisis	кри́зис		~ment разви́тие
cross	переходи́ть/	dial (a number)	набира́ть/
	перейти́;		набра́ть (но́мер)
	переезжа́ть/	die	умира́ть/умере́ть
	перее́хать	different	ра́зный
culture	культу́ра	difficult	тру́дный
cup	ча́шка	dine	обе́дать/по-
cupboard	шкаф	dinner	обе́д; to have ~
cure	лечи́ть/вы́-		обе́дать/по-
curious	любопы́тный	direct	прямо́й, пря́мо
currency	валю́та	discuss	обсужда́ть/
			обсуди́ть
daily	ежедне́вный	disease	боле́знь (f)
dairy (shop)	моло́чный	dish	блю́до
	магази́н	disposable syringe	одноразовый
dance	танцева́ть/с-		шприц
dangerous	опа́сный	dissertation	диссерта́ция
date	число́	distant	далёкий
daughter	дочь (f)	district	райо́н
day	день (m)	division	деле́ние
deal with	име́ть де́ло с	do	де́лать/с-
	(+ inst)	doctor	врач
dear	дорого́й	dog	соба́ка
death	смерть (f)	door	дверь (f)
decide	реша́ть/реши́ть	draw	рисова́ть/на-;
declare	объявля́ть/		~ing рису́нок
	объяви́ть	dream	мечта́; to ~ мечта́ть
decorate	украша́ть/	dress	одева́ть(ся)/
	укра́сить		оде́ть(ся)
defend	защища́ть/	drink	напи́ток; to ~
	защити́ть		пить/вы́-
department store	универма́г	drive	вози́ть, везти́;
depend on	зави́сеть от		~ a car води́ть,
	(+ gen)		вести́ маши́ну
deprive	лиша́ть/лиши́ть	drop in	заходи́ть;
descendant	пото́мок		заезжа́ть
describe	опи́сывать/		в, на (+ acc);
	описа́ть		~ on ~ к (+ dat)
description	описа́ние	during	во вре́мя (+ gen)
destroy	уничтожа́ть/		

each	ка́ждый	equal	ра́вный
early	ра́но	equality (of	равнопра́вие
easel	мольбе́рт	rights)	
east	восто́к; ~ern	equipment	обору́дование
	восто́чный	especially	осо́бенно
easy	лёгкий	Europe	Евро́па
eat	есть/съесть	even	да́же
ecological	экологи́ческий	evening	ве́чер; in the ~
economic	экономи́ческий; ~s		ве́чером
	эконо́мика	(for) ever	навсегда́
edition	изда́ние	event	собы́тие
education	образова́ние	every	ка́ждый
egg	яйцо́	examine	осма́тривать/
elder, eldest	ста́рший		осмотре́ть;
elect	избира́ть/		рассма́тривать/
	избра́ть		рассмотре́ть
embankment	на́бережная	example	приме́р; for ~
employ	применя́ть/		наприме́р
	примени́ть	excellent	отли́чный
end	коне́ц; ~ less	excite	волнова́ть/вз-
	бесконе́чный	excursion	экску́рсия
engineer	инжене́р	excuse	извиня́ть/
England	А́нглия		извини́ть
English	англи́йский	exile	ссы́лка; to ~
Englishman/	англича́н‖ин, -ка		ссыла́ть/
woman			сосла́ть
enormous	огро́мный	exist	существова́ть/
enter	входи́ть/войти́;		про-; ~ence
	въезжа́ть/		существова́ние
	въе́хать в	exit	вы́ход
	(+ *acc*);	expensive	дорого́й
	~ university	experience	о́пыт; to ~
	поступа́ть/		испы́тыва́ть/
	поступи́ть в		испыта́ть; ~ed
	университе́т		о́пытный
enterprise	предприя́тие	explain	объясня́ть/
entertaining	развлека́тельный		объясни́ть
enthusiasm	энтузиа́зм	export	вы́воз; to ~
entrance	вход		вывози́ть/
entrepreneur	предпринима́тель (*m*)		вы́везти
envelope	конве́рт	extract	добыва́ть/
environment	обстано́вка		добы́ть; ~ion
epidemic	эпиде́мия		добы́ча

fact	факт	flight	рейс
factory	фа́брика, заво́д	floor	эта́ж
faculty	факульте́т	flow into	впада́ть в (+ *acc*)
fair (just)	справедли́вый	flower	цвето́к, (*pl*)
fairytale	ска́зка		цветы́
familiar	знако́мый	flu	грипп
family	семья́	fly	лета́ть, лете́ть
famous	знамени́тый	(be) fond of	увлека́ться/
fancy dress	маскара́дный		увле́чься
	костю́м		(+ *inst*)
fantasy	фанта́зия	food	проду́кты
far	далеко́	foot	нога́; on ~
fast	бы́стрый, ско́рый		пешко́м
fate	судьба́	football	футбо́л; ~er
father	оте́ц		футболи́ст
favourable	льго́тный	for	для (+ *gen*);
favourite	люби́мый		за (+ *acc*)
feel (oneself)	чу́вствовать	forecast	прогно́з
	(себя́); ~ like	foreign	иностра́нный
	хоте́ться	forget	забыва́ть/забы́ть
fellow traveller	попу́тчик	fork	ви́лка
felt tip pen	флома́стер	fortress	кре́пость (*f*)
festival	пра́здник	form	бланк; анке́та
few	ма́ло	former	бы́вший
fill	заполня́ть/	fortunately	к сча́стью
	запо́лнить	found	осно́вывать/
film	фильм		основа́ть; ~ation
finally	наконе́ц		основа́ние
financial	фина́нсовый	France	Фра́нция
find	находи́ть/найти́	free	свобо́дный
finish	конча́ть(ся)/	French	францу́зский
	ко́нчить(ся)	fresco	фре́ска
firm	фи́рма	fresh	све́жий
first	пе́рвый; at ~	friend	друг; (*girl*)
	снача́ла; ~ of		подру́га
	all пре́жде	fridge	холоди́льник
	всего́	from	из, с, от (+ *gen*);
fish	ры́ба; to ~ лови́ть		~here отсю́да;
	ры́бу; ~ing		~there отту́да
	ры́бная ло́вля	(in) front of	пе́ред (+ *inst*)
fisherman	рыба́к	frost	моро́з; light ~
flat	кварти́ра; (*adj*)		за́морозки
	ро́вный	fruit	фрукт

full	**по́лный**	grapes	**виногра́д**
furniture	**ме́бель** (*f*)	great	**вели́кий**
further	**да́льше**	green	**зелёный**
future	**бу́дущее;** (*adj*)	guest	**гость** (*m*)
	бу́дущий	guitar	**гита́ра**
		gym	**гимнасти́ческий зал**
gas	**газ**	gymnastics	**гимна́стика**
German	**не́мец, не́мка;**	half	**полови́на**
	(*adj*) **неме́цкий**	hall	**зал**
Germany	**Герма́ния**	happen	**происходи́ть/**
get	**доставать/**		**произойти́**
	доста́ть; ~ out	happiness	**сча́стье**
	выходи́ть,	happy	**счастли́вый**
	уходи́ть;	hard	**тру́дный,**
	выезжа́ть,		**тяжёлый;** ~ly
	уезжа́ть; ~ to		**едва́;** ~ship
	доезжа́ть;		**тру́дность** (*f*),
	доходи́ть; ~ up		**тя́жесть** (*f*)
	вставать/встать;	harmful	**вре́дный**
	~ used to	have	**име́ть;** ~ to
	привыка́ть/		**до́лжен,**
	привы́кнуть		**приходи́ться/**
	к (+ *dat*)		**прийти́сь** (+
give	**дава́ть/дать;** ~ a		*dat*)
	present	head	**голова́;** ~ ache
	дари́ть/по-		**головна́я боль**
glass	**стака́н**		(*f*)
go	**ходи́ть,**	health	**здоро́вье;** ~care
	идти́/пойти́;		**здравоохране́ние**
	е́здить,	hear	**слы́шать/у-**
	е́хать/по-	heart	**се́рдце**
goal	**гол;** ~keeper	hello!	**здра́вствуй(те)!**
	врата́рь (*m*)	help	**по́мощь** (*f*); to ~
good	**хоро́ший;** ~		**помога́ть/**
	morning!		**помо́чь** (+ *dat*)
	до́брое у́тро!;	her	**её**
	~bye **до**	here	**здесь; сюда́;** ~ is,
	свида́ния; ~s		~ are **вот**
	това́р	high	**высо́кий**
gramme	**грамм**	hiking trip	**турпохо́д**
grandfather	**де́душка, дед;**	historian	**исто́рик**
	great ~ **пра́дед**	history	**исто́рия**
grandmother	**ба́бушка**	hobby	**хо́бби** (*neut*)

holiday	пра́здник; о́тдых; о́тпуск; ~s кани́кулы	industrial industry	промы́шленный промы́шленность (*f*)
home	дом; at ~ до́ма; ~wards домо́й	influence	влия́ние; to ~ влия́ть/по- (на + *acc*)
hope	наде́яться/по-	information	информа́ция
hospital	больни́ца	initiative	инициати́ва
hostel	общежи́тие	inhabitant	жи́тель (*m*)
hostess	хозя́йка	insert (a coin)	опуска́ть/
hot (of weather)	жа́ркий		опусти́ть
hotel	гости́ница		(моне́ту)
hour	час	intelligent	у́мный
house	дом; ~warming новосе́лье; ~ wife дома́шняя хозя́йка; ~ work дома́шняя рабо́та	interest (to be) interested	интере́с; to ~ интересова́ть/за- интересова́ться/ за- (+ *inst*); ~ing интере́сный
		invitation	приглаше́ние
		invite	приглаша́ть/ пригласи́ть
how	как; ~ever одна́ко	island Italy	о́стров Ита́лия
huge	огро́мный		
hunger	го́лод	jeans	джи́нсы
hungry	голо́дный	joint venture	совме́стное предприя́тие
hurt	боле́ть II; It ~s боли́т, бо́льно	juice	сок
		journal	журна́л
ice cream	моро́женое	journey	путеше́ствие
if	е́сли	July	ию́ль
ill	больно́й; to be ~ боле́ть I; ~ness боле́знь (*f*)	just	то́лько (что)
		(be) keen on	увлека́ться/ увле́чься (+ *inst*)
imagine (to oneself)	представля́ть/ предста́вить (себе́)	kindergarten	де́тский сад
		kiss	целова́ть/по-
impossible	невозмо́жно, нельзя́	kitchen	ку́хня
		knife	нож
import	ввоз; to ~ ввози́ть/ввезти́	know	знать; ~ledge зна́ние
improve	улучша́ть/ улу́чшить	(well) known	изве́стный
independent	незави́симый	Kremlin	Кремль (*m*)

labour	труд	long	дли́нный; ~ way from далеко́ от; ~ ago давно́
lack	не хвата́ть (+ *gen*)		
lake	о́зеро		
lamp	ла́мпа	look	смотре́ть / по-; ~like вы́глядеть; ~ round осма́тривать / осмотре́ть ~ through просма́тривать / просмотре́ть
language	язы́к		
large	большо́й, кру́пный		
last	продолжа́ться		
last	после́дний; про́шлый ~ year в про́шлом году́	lose	теря́ть / по-
late	по́здно; to be ~ опа́здывать / опозда́ть	(a) lot	мно́го
		love	люби́ть / по-
		low	ни́зкий
law	зако́н	lunch	обе́д; to have ~ обе́дать / по-
lead	води́ть, вести́ / по-	lung(s)	лёгкое (~ие)
learn	учи́ться (+ *dat*)		
leave	о́тпуск; to ~ уходи́ть / уйти́; уезжа́ть / уе́хать	(go) mad	сходи́ть / сойти́ с ума́
		magazine	журна́л
		magnificent	замеча́тельный
(to the) left	нале́во	majority	большинство́
lecture	ле́кция	main	гла́вный
less	ме́ньше	man	челове́к; мужчи́на; ~'s мужско́й
lesson	уро́к		
letter	письмо́		
library	библиоте́ка	management	управле́ние
licence	лице́нзия	many	мно́го, мно́гие
lie	лежа́ть	market	ры́нок
life	жизнь (*f*)	marvellous	замеча́тельный
light	све́тлый	marry	жени́ться на (+ *prep*) (*for a man*); выходи́ть за́муж за (+ *acc*) (*for a woman*)
like	нра́виться (+ *dat*)		
link	свя́зывать / связа́ть		
listen	слу́шать / по-		
little	немно́го, ма́ло		
live	жить	material	материа́л
livelihood	сре́дства к существова́нию	match	матч
		mathematics	матема́тика
local	ме́стный	matter	де́ло

mean	зна́чить	museum	музе́й
means	сре́дство	mushroom	гриб
measles	корь (*f*)	music	му́зыка; ~al
measure	измеря́ть/		(*show*)
	изме́рить		мю́зикл; ~ian
meat	мя́со; (*adj*)		музыка́нт
	мясно́й		
medicine	лека́рство	name	и́мя; назва́ние
medical	медици́нский		(*material*
meet	встреча́ть/		*object*)
	встре́тить;	nationality	национа́льность
	~ one another		(*f*)
	встреча́ться/	nature	приро́да
	встре́титься	near	о́коло, у (+ *gen*);
	~ing встре́ча		(*adj*) бли́зкий
menu	меню́ (*neut*)	necessary	ну́жный, на́до,
metro	метро́		ну́жно
(in) the middle	посреди́ (+ *gen*)	need	нужда́ться в
midnight	по́лночь (*f*)		(+ *prep*),
milk	молоко́		ну́жен, нужна́
minute	мину́та		etc., (+ *dat*)
modern	совреме́нный	neighbouring	сосе́дний
Monday	понеде́льник	neither ... nor	ни ... ни
money	де́ньги	never	никогда́
monotonous	однообра́зный	new	но́вый
month	ме́сяц	news	но́вости; ~paper
monthly	ежеме́сячник;		газе́та
	(*adj*)	next	сле́дующий; next
	ежеме́сячный		year в
monument	па́мятник		бу́дущем году́
mood	настрое́ние	nice	хоро́ший,
more	бо́льше		прия́тный
morning	у́тро; in the ~	night	ночь; (*adj*)
	у́тром		ночно́й; at ~
most	большинство́		но́чью
mother	мать (*f*)	nobody	никто́
mouth	рот	norm	но́рма; ~al
move back	переезжа́ть/		норма́льный
	перее́хать	north	се́вер; ~ern
movement	движе́ние		се́верный
much	мно́го	nothing	ничто́, ничего́
multistorey	многоэта́жный	novel	рома́н
Muscovite	москви́ч, -ка	now	тепе́рь, сейча́с

nowhere	нигде́, никуда́	participant	уча́стник
number	но́мер; число́	participate	уча́ствовать
		partner	партнёр
occupation	заня́тие	party	ве́чер, вечери́нка
occupy	занима́ть/	passenger	пассажи́р, -ка
	заня́ть; to be	passport	па́спорт
	occupied	past	про́шлый
	занима́ться/	patronymic	о́тчество
	заня́ться	pay	плати́ть/за-
	(+ inst)	peace	мир
offer	предлага́ть/	pear	гру́ша
	предложи́ть	peasant	крестья́н‖ин, -ка
often	ча́сто	pedestrian zone	пешехо́дная
oil	нефть (f)		зо́на
old	ста́рый; ~ man	pencil	каранда́ш
	стари́к	penicillin	пеницилли́н
omelette	омле́т	people	лю́ди, наро́д;
once	одна́жды; at ~		(adj) наро́дный
	сра́зу	perform (theat)	исполня́ть/
only	то́лько		испо́лнить
open	открыва́ть(ся)/	perhaps	мо́жет быть
	откры́ть(ся);	periodicals	перио́дика
	~ing откры́тие	phenomenon	явле́ние
opinion	мне́ние	photograph	фотогра́фия; to ~
opportunity	возмо́жность (f)		фотографи́ро-
optimism	оптими́зм		вать/с-; ~er
or	и́ли		фото́граф
Orthodox	Правосла́вный	physical	физи́ческий
outing	прогу́лка	pick	собира́ть/
outlet	вы́ход		собра́ть
outside	на у́лице	picture	карти́на; ~sque
			живопи́сный
packet	па́чка	pill	табле́тка
paid	пла́тный	place	ме́сто
painting	жи́вопись (f);	plain	равни́на
	карти́на	plan	план
palace	дворе́ц	pleasant	прия́тный
paper	бума́га	please	пожа́луйста
paradise	рай	pleasure	удово́льствие
parent	роди́тель (m)	play	игра́ть (в + acc),
park	парк		(на + prep);
part	(theat) роль (f),		~er игро́к
	па́ртия		

poet	поэ́т; ~ry поэ́зия, стихи́	property protect	со́бственность (*f*) охраня́ть; ~ion охра́на
point (out)	ука́зывать/ указа́ть	provincial	областно́й
politics	поли́тика	publication	публика́ция
pollute	загрязня́ть/ загрязни́ть	pudding pupil	пу́динг учен‖и́к, -и́ца
pool	бассе́йн	puppet	марионе́тка
popular	популя́рный	put (lay)	класть/
possibility	возмо́жность (*f*)		положи́ть;
possible	мо́жно		~(upright)
postcard	откры́тка		ста́вить/по-;
poster	афи́ша		~ on надева́ть/
post office	по́чта		наде́ть
practice	пра́ктика		
precisely	то́чно	quality	ка́чество
prefer	предпочита́ть/ предпоче́сть	quarter question	че́тверть (*f*) вопро́с
prepare	гото́вить/при-	queue	о́чередь (*f*)
prescribe	выпи́сывать/	quick	бы́стрый
	вы́писать	quiet	ти́хий
prescription	реце́пт	quite	дово́льно
present	пода́рок; to be ~ прису́тствовать	radio railway	ра́дио желе́зная доро́га
preserve	сохраня́ть/ сохрани́ть	rain	дождь (*m*) it ~s идёт дождь
press	пре́сса	rare	ре́дкий
price	цена́	read	чита́ть/про-; ~er
primitive	примити́вный		чита́тель (*m*)
private	ча́стный	ready	гото́вый
prize	приз	real	настоя́щий
probably	возмо́жно, наве́рно	reason recall	причи́на вспомина́ть/
problem	пробле́ма		вспо́мнить
producer	(*theat*) режиссёр	receive	получа́ть/
production	произво́дство; (*theat*) постано́вка		получи́ть; ~ patients принима́ть/
profession	профе́ссия		приня́ть
profit	при́быль (*f*)		больны́х
programme	програ́мма	recently	неда́вно
progress	прогре́сс	reception	приём
project	прое́кт	recipe	реце́пт

recognize	узнава́ть/узна́ть
recommend	рекомендова́ть/ по-
recover (health)	выздора́вливать/ вы́здороветь
red	кра́сный
reform	рефо́рма
regards	приве́т
regime	режи́м
region	о́бласть (f)
regional	областно́й
register	регистри́ровать/ за-
relation	ро́дственник
remain	остава́ться/ оста́ться
remember	по́мнить
remind	напомина́ть/ напо́мнить (+ dat)
rent a flat	снима́ть/снять кварти́ру
repertoire	репертуа́р
resettle	переселя́ться/ пересели́ться
resources	ресу́рсы
respect	уваже́ние; ~ed уважа́емый
rest	о́тдых; to ~ отдыха́ть/ отдохну́ть
restaurant	рестора́н
result	результа́т; as a ~ в результа́те
return	возвраще́ние; to ~ возвраща́ться/ верну́ться; ~ ticket обра́тный биле́т
review	обзо́р
revolution	револю́ция

right	пра́во; (adj) пра́вый; to the ~ напра́во
river	река́
road	доро́га
role	роль (f)
room	ко́мната
rouble	рубль (m)
route	маршру́т
row	ряд
rule	пра́вило
run	бе́гать, бежа́ть
Russia	Росси́я
Russian	ру́сск‖ий, -ая
sad	гру́стный
salad	сала́т
sale	to be on ~ продава́ться
sandwich	бутербро́д
sausage	колбаса́
say	говори́ть/ сказа́ть
scarlet fever	скарлати́на
science	нау́ка
scientific	нау́чный
school	шко́ла; (adj) шко́льный
sea	мо́ре; (adj) морско́й
search	по́иск
secondary school	сре́дняя шко́ла
section	отде́л
see	ви́деть/у-
seem	каза́ться/по-
sell	продава́ть/ прода́ть; ~er продаве́ц
send	посыла́ть/ посла́ть
separate	отде́льный
serial	сериа́л
series	се́рия

serious	серьёзный	song	песня
set off	отправляться/ отправиться	soon	скоро, вскоре
		sort	сорт
settle	поселяться/ поселиться	sorry	извините
		soup	суп
several	несколько	south	юг; ~ern южный
severe	суровый	Soviet	советский
ship	теплоход	Spain	Испания
shirt	рубашка	Spaniard (man, woman)	испан||ец, -ка
shoe	туфля		
shop	магазин; to ~ делать покупки	Spanish	испанский
		spare	лишний
		speak	говорить/по-
shore	берег	special	специальный; ~ist специалист, -ка
short	короткий		
show	спектакль (m) to ~ показывать/ показать	spectator	зритель (m)
		speed	скорость (f)
shower	душ; take a ~ принимать душ	spend (time)	проводить/ провести; (money) тратить/ис-
Siberia	Сибирь (f) ~n сибирский	sport	спорт; (adj) спортивный; ~sman спортсмен, -ка
side	сторона		
sing	петь/с-		
sleep	спать		
slowly	медленно		
small	маленький	spoon	ложка
smile	улыбаться/ улыбнуться	spread	распространение; to ~ распространяться/ распространиться
smoke	курить		
snack	закуска; ~bar буфет		
snow	снег; it ~s идёт снег	spring	весна; in ~ весной
so	так; такой; итак		
solve	решать/решить	square	площадь (f)
some	некоторые; ~ ... others одни ... другие; ~times иногда; ~thing что-нибудь, что-то	stadium	стадион
		stamp	марка
		stand	стоять/по-
		start	начинать(ся)/ начать(ся)
		station (railway)	вокзал

statistics	стати́стика
status	ста́тус
stay	остава́ться/ оста́ться; жить (*stay at*)
steak	бифште́кс
stereotype	стереоти́п
still	(всё) ещё
stop	остано́вка; to ~ остана́вливать(ся)/ останови́ть(ся)
story	расска́з
straight	прямо́й
stroll	гуля́ть/по-
strong	си́льный
student	студе́нт, -ка
study	изуча́ть/изучи́ть; учи́ться (+ *dat*)
subject	предме́т
subscribe	выпи́сывать/ вы́писать
suburb	при́город
success	успе́х
such	тако́й
suddenly	вдруг
suffer	пережива́ть
sugar	са́хар
suit	костю́м
summer	ле́то; in ~ ле́том
Sunday	воскресе́нье; (*adj*) воскре́сный
supper	у́жин; to have ~ у́жинать/по-
supply and demand	спро́с и предложе́ние
support (sport)	боле́ть I за (+ *acc*); ~er боле́льщик
surname	фами́лия
surprise	сюрпри́з
survive	выжива́ть/ вы́жить

Swan lake	Лебеди́ное о́зеро
sweater	сви́тер
sweet	конфе́та; (*adj*) сла́дкий; ~ course сла́дкое
swim	пла́вать; ~ming пла́вание; ~pool бассе́йн
system	систе́ма
take	брать/взять; ~ place состоя́ться
talk	говори́ть/по-; разгова́ривать
tall	высо́кий
tap	кран
taste	вкус
tasty	вку́сный
tea	чай
teach	преподава́ть; ~er учи́тель (ница)
team	кома́нда
technology	техноло́гия
telegram	телегра́мма
telephone	телефо́н; to ~ звони́ть/по-
television	телеви́зор, телеви́дение
tell	говори́ть/ сказа́ть; расска́зывать/ рассказа́ть
temperature	температу́ра
tennis	те́ннис; ~ court те́ннисный корт
terrible	ужа́сный
territory	террито́рия
that	что
theatre	теа́тр
theme	те́ма

there	там, туда́	try	пыта́ться/по-
therefore	поэ́тому		стара́ться/по-
thing	вещь (*f*)	turn down (reject)	отка́зываться/
think	ду́мать/по-		отказа́ться
this	э́тот	turn out to be	ока́зываться/
thousand	ты́сяча		оказа́ться
throat	го́рло		(+ *inst*)
through	че́рез (+ *acc*)	twice	два ра́за
ticket	биле́т	typical	типи́чный
tie	га́лстук	under	под (+ *inst*) or
time	вре́мя; раз; it's ~		(+ *acc*)
	пора́; ~table	understand	понима́ть/
	расписа́ние		поня́ть
tinned food	консе́рвы (*pl*)	unfortunately	к сожале́нию
today	сего́дня	university	университе́т
together	вме́сте	Ukraine	Украи́на
tonsillitis	анги́на	until	до (+ *gen*); пока́
tomorrow	за́втра	uprising	восста́ние
tourist	тури́ст, -ка	urban	городско́й
town	го́род	use	испо́льзование; to ~
towards	к (+ *dat*)		испо́льзовать;
trade	торго́вля		~ful поле́зный
tradition	тради́ция; ~al	usual	обы́чный; ~ly
	традицио́нный		обы́чно
traffic	движе́ние		
train	по́езд	vegetables	о́вощи
train (oneself)	тренирова́ться	vegetarian	вегетариа́н‖ец,
trainers	кроссо́вки		-ка
transport	тра́нспорт; to ~	very	о́чень
	перевози́ть/	video	ви́део; ~camera
	перевезти́		видеока́мера
Trans-Siberian	Транссиби́рский	view	вид
travel	путеше́ствие;	village	дере́вня
	to ~	violate	наруша́ть/
	путеше́ствовать;		нару́шить
	е́здить,	violin	скри́пка
	е́хать/по-; ~er	visa	ви́за
	путеше́ственник	visit	визи́т, посеще́ние;
treat	лечи́ть/вы́-;		to ~ посеща́ть/
	~ment лече́ние		посети́ть;
tree	де́рево		идти́ в го́сти к
trip	пое́здка		(+ *dat*)
true, truth	пра́вда		

wage	зарпла́та	why	почему́
wait	ждать/подо-	wide	широ́кий
	(+ *acc*) or	wife	жена́
	(+ *gen*)	wild	ди́кий
waiter, waitress	официа́нт, -ка	window	окно́
walk	прогу́лка; to ~	wine	вино́
	гуля́ть;	winter	зима́; in ~ зимо́й
	ходи́ть, идти́	wish	жела́ть/по-
want	хоте́ть/за-	without	без (+ *gen*); ~ fail
war	война́		обяза́тельно
warm	тёплый	woman	же́нщина; (*adj*)
wash (oneself)	умыва́ть(ся)/		же́нский
	умы́ть(ся);	wonderful	чуде́сный
	~ing dishes	wood	лес
	мытьё посу́ды	word	сло́во
watch	часы́ (*pl*); to ~	work	рабо́та; to ~
	смотре́ть/по-		рабо́тать;
water	вода́		to ~ out
way	доро́га, путь (*m*);		разраба́тывать/
	~ of life о́браз		разрабо́тать;
	жи́зни		~man ма́стер
weather	пого́да	world	мир
week	неде́ля; ~ly	worry	беспоко́ить(ся)/
	еженеде́льник;		по-
	(*adj*)	write	писа́ть/на-;
	еженеде́льный		~ down
well	хорошо́		запи́сывать/
west	за́пад; ~ern		записа́ть
	за́падный	writer	писа́тель (m)
what	что; како́й		
when	когда́	year	год
where	где, куда́; ~	yellow	жёлтый
	from отку́да	yesterday	вчера́
which	кото́рый	yet	ещё; not ~
while	когда́, тогда́ как		ещё не
white	бе́лый	young	молодо́й; ~er
who	кто		мла́дший
whole	весь, вся, всё,		~ people
	все		молодёжь (*f*)
whose	чей, чья, чьё,		
	чьи		

Russian–English vocabulary

The Russian–English vocabulary includes most of the words found in the book, including texts, dialogues, questions, exercises and *language in action* sections but not all the words from the *Russian realia*. Also excluded are numerals which are given in chapters 9, 13, 15 as well as in the grammar summary (pp. **237–239**).

а	and, but	аргумéнт	argument
áвгуст	August	арéна	arena
авиаписьмó	airmail letter	арéст	arrest; ~овáть
автóбус	bus		to arrest
агéнтство	agency	архитéктор	architect
агронóм	agriculturist	архитектýра	architecture
Áзия	Asia	атмосфéра	atmosphere
áдрес	address	афи́ша	poster
актёр, актри́са	actor, actress	аэропóрт	airport
акти́вный	active	бáбушка	grandmother
аллерги́я	allergy	Байкáл	Lake Baikal
аллó!	hello! (on telephone)	бал	ball
алкогóль (*m*)	alcohol	балéт	ballet
амфитеáтр	circle	балкóн	balcony
анги́на	tonsillitis	Балти́йское	Baltic sea
англи́йский	English	мóре	
англичáн‖ин, -ка	English (man, woman)	бáнка	tin, jar
		бар	bar
Áнглия	England	барáнина	mutton
анкéта	questionnaire	бард	bard
апельси́н	orange	бассéйн	pool
апрéль (*m*)	April	бéгать, бежáть	to run
аптéка	chemist's shop	(бегý, бежи́шь,	
арáбский	arabic	бегýт)	
Арáвия	Arabia	без (+ *gen*)	without
Арбáт	part of old Moscow	бéлый	white

белока́менный	(built of) white stone
бе́рег (*pl* берега́)	bank, shore
беспла́тный	free (of charge)
беспоко́ить(ся)/ по-	to worry
библиогра́фия	bibliography
библиоте́ка	library
би́знес	business; ~ме́н businessman
биле́т	ticket
био́лог	biologist; -ия biology
бифште́кс	steak
бланк	form
бли́зкий, бли́зко (*comp* бли́же)	near, close(ly)
блока́да	blockade
блу́зка	blouse
блю́до	dish
болга́рский	Bulgarian
бо́лее	more
боле́знь (*f*)	illness
боле́льщик	supporter (in sport)
боле́ть I	to be ill; ~ за (+ *acc*) to support
боле́ть II (боли́т, боля́т)	hurt, ache
боль (*f*)	pain
больни́ца	hospital
больно́й	ill (*adj*); patient (*n*)
бо́льше	more; бо́льше всего́ most of all
бо́льший (*comp of*) большо́й	larger
большинство́	majority, most
большо́й	large, big
борода́	beard
борщ	borsh (beetroot soup)
брат (*pl* бра́тья)	brother
брать (бер‖у́,	to take
-ёшь)/взять (возьм‖у́, -ёшь)	
брю́ки	trousers
бу́дущ‖ее (*noun*)	future; -ий (*adj*) next
бума́га	paper
бутербро́д	sandwich
буты́лка	bottle
буфе́т	snack bar
быва́ть	to happen, be
бы́вший	former
бы́стро	quickly
бы́стрый	quick, fast
быт	(everyday) life
быть (бу́д‖у, -ешь)	to be
в (+ *acc*)	to, into; (+ *prep*) in, at
валю́та	currency
ва́нна	bath; ~я bathroom
ваш, ва́ша, ва́ше, ва́ши	your
ввоз	import; ввози́ть/ ввезти́ to import
вдоль (+ *gen*)	along
вдруг	suddenly
вегетариа́н‖ец, -ка	vegetarian
ведь	you know, indeed
везде́	everywhere
везти́/по-	to convey; мне везёт I am lucky
век	century
вели́кий	great
велосипе́д	bicycle
весёлый, ве́село	cheerful(ly)
весна́	spring; весно́й in spring
ве́сти	news
весь, вся, всё, все	all, whole

ве́тер	wind	восстана́-	to restore
ве́чер (*pl* вечера́)	evening; party	вливать/	
вещь (*f*)	thing	восстанови́ть	
вид	view; kind	восста́ние	uprising
ви́деть/у-	to see	восто́к	east
ви́део	video; ~ ка́мера	восто́чный	eastern
	videocamera	вот	here (is, are)
ви́за	visa	впада́ть в (+ *acc*)	to flow into
визи́т	visit	врата́рь (*m*)	goalkeeper
ви́лка	fork	врач	doctor
вино́	wine	вре́дный	harmful, dangerous
виногра́д	grapes	вре́мя (*pl*	time
вкус	taste; ~ный tasty	времена́)	
влия́ние	influence	все	everybody
влия́ть/по- (на	to influence	всё	everything; ~ ещё
+ *acc*)			still; ~ равно́
вме́сте	together		all the same
внима́ние	attention	всегда́	always
внук, вну́чка	grandson,	всего́	in all
	granddaughter	вско́ре	soon
во вре́мя (+ *gen*)	during	вспомина́ть/	to recall,
вода́	water	вспо́мнить	remember
води́ть, вести́	to lead; drive	встава́ть/встать	to get up
(вед‖у́, -ёшь)		встре́ча	meeting
возвраща́ться/	to return	встреча́ть/	to meet; ~ся to
верну́ться		встре́тить	meet one
возвраще́ние	return		another
во́здух	air	вто́рник	Tuesday
вози́ть, везти́	to convey, drive	второ́й	second; второ́е
(вез‖у́, -ёшь)			(*noun*) main
возмо́жность (*f*)	possibility,		course
	opportunity	вчера́	yesterday
возмо́жный	possible	вход	entrance
во́зраст	age	входи́ть/войти́	to enter
война́	war	въезжа́ть/	to enter, ride
вокза́л	(railway) station	въе́хать	in (to)
вокру́г (+ *gen*)	around	вы	you
волнова́ть(ся)/вз-	to worry, excite	выбира́ть/	to choose
вон	there, over there	вы́брать	
вопро́с	question	вы́бор	choice
воскресе́нье,	Sunday	вы́воз	export
воскре́сный		вывози́ть/	to export, take out
(*adj*)		вы́везти	

вы́глядеть (+ *inst*)	to look (like)
выезжа́ть/ вы́ехать	to depart
выжива́ть/ вы́жить	to survive
выздора́вливать/ вы́здороветь	to recover
вызыва́ть/ вы́звать	to call, summon
вылета́ть/ вы́лететь	to leave (by air)
выпива́ть/ вы́пить	to drink
выпи́сывать/ вы́писать	to subscribe; prescribe
высо́кий (*comp* вы́ше)	high
вы́ход	exit, outlet
выходи́ть/вы́йти	to go out; ~ за́муж за (+ *acc*) to marry (for a woman)
газ	gas
газе́та	newspaper
га́лстук	tie
гастроно́м	foodstore
где	where
геогра́фия	geography
Герма́ния	Germany
гимна́стика	gymnastics
гимнасти́ческий зал	gym
гита́ра	guitar
гла́вный	main, chief
гна́ться/по- (за + *inst*)	to chase after
говори́ть/по-	to talk
говори́ть/ сказа́ть	to say, tell
говя́дина	beef
год	year; вре́мя го́да season of the year

гол	goal
голова́	head
головна́я боль	headache
го́лод	hunger; ~ный hungry
голубо́й	sky blue
гора́здо (+ *comp*)	much more
го́рло	throat
го́род (*pl*) города́	town, city; ~ско́й urban, city
горожа́н‖ин, -ка	town-dweller
гости́ница	hotel
гость (*m*)	guest; в го́сти for a visit
госуда́рство	state
гото́вить/при-	to prepare; cook
гото́вый	ready
гра́дус	degree
грамм	gramme
грани́ца	border; за грани́цей, за грани́цу abroad
гриб; ~но́й (*adj*)	mushroom
грипп	influenza
гру́стный	sad
гру́ша	pear
гудо́к	(dialing) tone
гуля́ть/по-	to stroll
да	yes
дава́ть/дать (дам, дашь, даст, дади́м, дади́те, даду́т)	to give
давно́	long ago
да́же	even
далёкий, далеко́ (*comp* да́льше)	distant, far
Да́льний Восто́к	Far East
дари́ть/по-	to give (a present)
да́та	date
да́ча	country house
дверь (*f*)	door

движе́ние	movement; traffic	днём	in the daytime
дворе́ц	palace	до (+ *gen*)	up to, as far as;
де́вушка	girl		until
Дед-моро́з	Father Christmas	до́брый	good; kind
де́душка	grandfather	добыва́ть/	to extract
дежу́рная	concierge	добы́ть	
де́йствие	action; act (*theat*)	добы́ча	extraction
де́йствовать	to act	довози́ть/	to take as far as
дека́брь (*m*)	December	довезти́	
де́лать/с-	to do, make	дово́льно	quite; enough
делега́т	delegate	доезжа́ть/	to go as far as
деле́ние	division	дое́хать	
де́ло	matter, business;	дождь (*m*)	rain; идёт ~ it
	де́ло в том,		rains
	что the fact is	документа́льный	documentary film
	that	фильм	
делово́й	business (like)	до́лго	for a long time
день (*m*)	day; день	до́лжен, должна́,	must, have to
	рожде́ния	должно́,	
	birthday	должны́	
де́ньги (*pl*)	money	дом (*pl* дома́)	house; до́ма at
депута́т	deputy		home; домо́й
дере́вня,	village, country		homewards
дереве́нский		дома́шнее	housework
(*adj*)		хозя́йство	
де́рево (*pl*	tree	дома́шняя	housewife
дере́вья)		хозя́йка	
деся́ток	ten	доро́га	road
де́ти	children	дорого́й, до́рого	dear, expensive
де́тская коля́ска	pram	(*comp* доро́же)	
де́тский сад	kindergarten	достава́ть/	to get
де́тство	childhood	доста́ть	
дешёвый, дёшево	cheap	(доста́н‖у, -ешь)	
(*comp*		до сих пор	until now
деше́вле)		достиже́ние	achievement
джи́нсы (*pl*)	jeans	досто́инство	dignity
диа́гноз	diagnosis	до́чка	little daughter
ди́кий	wild, mad	дочь (*f*)	daughter
дире́ктор шко́лы	headmaster	(*pl* до́чери)	
диску́ссия	discussion	дра́ма	drama
диссерта́ция	dissertation	дре́вний	ancient
дли́нный	long	друг (*pl* друзья́)	friend; ~ дру́га
для (+ *gen*)	for		each other

друго́й	another	живопи́сный	picturesque
Ду́ма	Duma (Russian Parliament)	жи́вопись (*f*)	painting
		жизнь (*f*)	life
ду́мать/по-	to think	жи́тель (*m*)	inhabitant
душ	shower	жить/про-	to live, stay
		журна́л	magazine
Евро́па	Europe		
его́	his, its	за (+ *acc*)	for; behind; (+ *inst*) behind, beyond
ежедне́вный	daily		
ежеме́сячник, ежеме́сячный (*adj*)	monthly	забо́та	care
		забыва́ть/забы́ть	to forget
		зави́сеть от (+ *gen*)	to depend on
еженеде́льник, еженеде́льный (*adj*)	weekly		
		заво́д	plant, factory
		за́втра	tomorrow
е́здить, е́хать (е́д‖у, -ешь)	to go, travel	за́втрак	breakfast; ~ать to have breakfast
её	her, its	загрязня́ть/ загрязни́ть	to pollute
ёлка	Christmas tree; Christmas party		
		задава́ть/зада́ть вопро́с	to ask a question
е́сли	if		
есть (ем, ешь, ест, еди́м, еди́те, едя́т)	to eat	зае́зд	calling
		заезжа́ть/ зае́хать к (+ *dat*)	to call in on
ещё	yet, still; ~ не not yet	зака́нчивать (ся) / зако́нчить (ся)	to finish
жа́ловаться/по- жаль (мне жаль)	to complain (I) feel sorry	зака́зывать/ заказа́ть	to book, order
		зако́н	law
жа́ркий, жа́рко (*comp* жа́рче)	hot	заку́ска	hors d'oeuvre, snack
		зал	hall, auditorium
ждать/подо- (+ *acc* or *gen*)	to wait	замеча́тельный	magnificent, marvellous
же	empathic particle	за́морозки (*pl*)	(light) frosts
жела́ть/по-	to wish	занима́ть/заня́ть (займ‖у́, -ёшь)	to occupy; занима́ться (+ *inst*) to occupy oneself with
желе́зная доро́га	railway		
жёлтый	yellow		
жена́	wife		
жени́ться на (+ *prep*)	to marry (for a man)		
же́нщина, же́нский	woman, woman's	заня́тие	occupation
		за́нятый	occupied, busy

за́пад	west; ~ный western	идти́/по-	to go, come (on foot)
запи́сывать/ записа́ть	to write down	из (+ *gen*)	out of, from
		избира́ть/ избра́ть	to elect
заполня́ть/ запо́лнить	to fill	изве́стие	news
запреща́ть/ запрети́ть	to ban	изве́стный	well known
		извиня́ть/ извини́ть	to forgive, excuse
зарпла́та	wage		
зато́	on the other hand	изда́ние	publication, edition
заходи́ть/зайти́ к (+ *dat*)	to call in on	из-за (+ *gen*)	because of
		измене́ние	change
защища́ть/ защити́ть	to defend	изменя́ть(ся)/ измени́ть(ся)	to change
звать/по-/на-	to call	измеря́ть/ изме́рить	to measure
звони́ть/по-	to ring, telephone		
зда́ние	building	изоби́лие	abundance
здесь	here	изуча́ть/изучи́ть	to study
здоро́вье	health	и́ли	or
здравоохране́ние	(public) health care	име́ть	to have; ~ де́ло с
здра́вствуй (те)	hello, how do you do		(+ *inst*) to deal with
зелёный	green	импровиза́ция	improvisation
зима́	winter; зимо́й in winter	и́мя (*n*) (*pl* имена́)	name
зи́мний	winter (*adj*)	инде́йка	turkey
знако́миться/ по- (с + *inst*)	to get acquainted with	инжене́р	engineer
		инициати́ва	initiative
знако́мый (*adj* and *noun*)	familiar; acquaintance, friend	иногда́	sometimes
		иностра́нный	foreign
		институ́т	institute
знамени́тый	famous	инструме́нт	instrument
зна́ние	knowledge	интервью́ (*n indecl*)	interview
знать	to know		
зна́чить	to mean	интере́с	interest; ~ный interesting
Золото́е кольцо́	Golden ring		
зри́тель (*m*)	spectator	интересова́ть/за-	to interest; ~ся (+ *inst*) to be interested in
и	and		
игра́	game; acting	информа́ция	information
игра́ть/по-; сыгра́ть	to play; act	иску́сство	art
		испа́н‖ец, -ка	Spaniard
игро́к	player	Испа́ния	Spain

испа́нский	Spanish	класси́ческий	classical
исполня́ть/ исполнить роль	to perform a part	класть (клад‖у́, -ёшь)/ положи́ть II	to put (lay)
исполня́ться/ исполниться	to be fulfilled	кли́мат	climate
ему́ исполни́лось 10 лет	he was 10 years old	клуб	club
		кни́га	book
испо́льзование	use	кни́жный магази́н	bookshop
испо́льзовать	to use	когда́	when
испы́тывать/ испыта́ть	to experience	колбаса́	sausage (salami)
		кома́нда	team
исто́рик	historian	кома́ндно-	command-
истори́ческий	historical	админи-	administrative
исто́рия	history	страти́вный	
Ита́лия	Italy	коме́дия	comedy
июль (m)	July	коммуна́льная	communal flat
ию́нь (m)	June	кварти́ра	
к (+ dat)	towards, to	ко́мната	room
Кавка́з	Caucasus	компле́кт	set
ка́ждый	each, every	компози́тор	composer
каза́ться/по-	to seem	компо́т	fruit salad
(мне ка́жется)	(it seems to me)	конве́рт	envelope
как	how, as; ~ ... так и both ... and	конди́терский магази́н	confectionary shop
како́й	what, which;	коне́ц	end
	како́й-то some	коне́чно	of course
кана́л	canal	ко́нкурс	competition
кани́кулы (pl)	vacation	консервато́рия	conservatoire
капу́ста	cabbage	консе́рвы (pl)	tinned goods
каранда́ш	pencil	конститу́ция	constitution
ка́рта	map	консульта́ция	consultation
карти́на	picture	контра́кт	contract
карто́фель (m)	potatoes	контро́ль (m)	control
ка́рточка	card, form	конфере́нция	conference
ка́сса	box-office	конфе́та	sweet
ката́ться на лы́жах	to ski	конфискова́ть	to confiscate
		конце́рт	concert
катострофи́чный	catastrophic	конча́ть(ся)/ ко́нчить(ся)	to finish, end
кафе́ (n indecl)	cafe		
ка́чество	quality	коридо́р	corridor
ка́шель (m)	cough	коро́бка	box
кварти́ра	flat	коро́ткий (comp коро́че)	short
килогра́мм	kilogramme		
кино́, кинотеа́тр	cinema	корь (f)	measles

костю́м	suit; costume	лечи́ть/вы́-	to treat, cure
кот	(tom) cat	ли	whether, if
кото́рый	which, who	литерату́ра	literature
ко́фе (*m indecl*)	coffee	лице́й	lyceum
ко́шка	cat	лице́нзия	licence
кран	tap	лиша́ть/лиши́ть	to deprive
краси́вый	beautiful	ли́шний	spare
кра́сный	red	лови́ть/пойма́ть	to catch
Кремль (*m*)	Kremlin	ло́дка	boat
кре́пость (*f*)	fortress	ложи́ться/лечь	to lie down
кре́сло	armchair	(ля́гу,	
крестья́н‖ин, -ка	peasant (man,	ля́жешь,	
	woman)	ля́гут; *past*	
кри́зис	crisis	лёг, легла́)	
крова́ть (*f*)	bed	ло́жка	spoon
кро́ме (+ *gen*)	except	лук	onion
кроссо́вки (*pl*)	trainers	лу́чше, лу́чший	better
круго́м	around	льго́тный	favourable
кру́жка	mug, glass	лы́жа	ski
круи́з	cruise	люби́мый	favourite
кру́пный	major, large	люби́ть/по-	to love
Крым	Crimea	любова́ться/по-	to admire
кто	who	(+ *inst*)	
куда́	where	любо́й	any
культу́ра	culture	любопы́тный	curious
купа́ться/ис-	to bathe	лю́ди	people
кури́ть	to smoke		
ку́рица	chicken	магази́н	shop
ку́ртка	anorak	май	May
ку́хня	kitchen, cooking	майоне́з	mayonnaise
		макаро́ны (*pl*)	macaroni
ла́мпа	lamp	ма́ленький	small
лёгкие (*pl*)	lungs	ма́ло	little, few
лёгкий, легко́	easy, light	ма́льчик	boy
(*comp* ле́гче)		мальчи́шка	urchin
лежа́ть/по-II	to lie	ма́лый наро́д	national minority
лека́рство	medicine	марионе́тка	puppet
ле́кция	lecture	ма́рка	stamp
лес (*pl* леса́)	forest	март	March
лета́ть, лете́ть	to fly	маршру́т	route
ле́то	summer; ле́том	маскара́дный,	fancy dress
	in summer	костю́м	
лече́ние	treatment	ма́сло	butter

ма́сса, ма́ссовый (*adj*)	mass	мольбе́рт	easel
ма́стер	workman	моне́та	coin
матема́тика	mathematics	мо́ре, морско́й (*adj*)	sea
материа́л	material	морко́вь (*f*)	carrots
матч	match	моро́женое	ice cream
мать (*pl* ма́тери)	mother	моро́з	frost
маши́на	car	москви́ч, -ка	Muscovite
ме́бель (*f*)	furniture	моско́вский	Moscow
медици́на	medicine	мост	bridge
ме́дленн‖ый, ~ о	slow(ly)	мочь/с- (могу́, мо́жешь, мо́гут; *past* мог, могла́)	to be able
ме́лочь (*f*)	small change		
меню́ (*n indecl*)	menu		
меня́ть(ся)	to change	муж	husband
ме́ньше	less; fewer	мужчи́на, мужско́й	man, man's
ме́стный	local	музе́й	museum; ~ уса́дьба country estate museum
ме́сто	place, room; seat		
ме́сяц	month		
метро́ (*n indecl*)	metro		
мечта́	dream; ~ть to dream		
		му́зыка	music
микрорайо́н	housing estate	музыка́нт	musician
миллио́н	million	мультфи́льм	cartoon
ми́мо (+ *gen*)	past	мы	we
мину́та	minute	мытьё (посу́ды)	washing (dishes)
мир	world; peace	мю́зикл	musical
мирова́я война́	world war	мя́со, мясно́й (*adj*)	meat
мла́дший	younger		
мне́ние	opinion	мяч	ball
мно́гие	many		
мно́го	a lot, much, many	на (+ *acc*)	to, on to; for (о time) (+ *prep*) at, on
многоэта́жный	multistorey		
мо́жет быть	perhaps		
мо́жно	(it is) possible		
мой, моя́, моё, мой	my	на́бережная	embankment
		набира́ть/набра́ть	to dial
молодёжь (*f*)	young people	наве́рно(е)	probably
молоде́ц!	clever (boy, girl)! well done!	навсегда́	for ever
		над (+ *inst*)	above, over
молодо́й (*comp* моло́же)	young	надева́ть/ наде́ть (наде́н‖у, -ешь)	to put on
молоко́	milk	надея́ться/по- (на + *acc*)	to hope for
моло́чный	dairy		

на́до	it is necessary	неда́вно	recently
назва́ние	name	недалеко́ от	not far from
наза́д	ago	(+ *gen*)	
называ́ть(ся)/	to call (be called)	неде́ля	week
назва́ть(ся)		незави́симый	independent
наконе́ц	finally	недоста́точный	insufficient
нале́во	to be left	незнако́мый	unfamiliar,
нало́говый	tax		unknown
наноси́ть/	to cause (damage)	неизве́стный	unknown
нанести́		не́который	some
(уще́рб)		нелегко́	not easy, difficult
напи́ток	drink	нельзя́	it is impossible,
напомина́ть/	to remind		not allowed
напо́мнить		не́м‖ец, -ка	a German
(+ *dat*)		неме́цкций	German
напра́во	to the right	немно́го	a little
наприме́р	for example	неплохо́й	not bad
напро́тив (+ *gen*)	opposite	несерьёзный	thoughtless
наро́д,	people('s)	не́сколько	several
наро́дный		несправедли́вый	unfair
наруша́ть/	to break, violate	нет	no
нару́шить		неуже́ли	really? is it possible?
наруше́ние	breach	нефть (*f*)	oil
настоя́щий	real; present	ни ... ни	neither ... nor
настрое́ние	mood	нигде́	nowhere
нау́ка	science	ни́зкий (*comp*	low
нау́чно-	scientific and	ни́же)	
техни́ческий	technical	никако́й	no, none
находи́ть/найти́	to find; ~ся to be	никогда́	never
	situated	никто́	nobody
национа́льность	nationality	никуда́	nowhere
(*f*)		ничего́	nothing; all right,
нача́ло	beginning		never mind
начина́ть(ся)/	to begin, start	ничто́	nothing
нача́ть(ся)		но	but
наш, на́ша,	our	нового́дний	New Year's
на́ше, на́ши		новосе́лье	house-warming
не	not	но́вость (*f*)	news
не́бо	sky	но́вый	new
небольшо́й	small	нога́	foot
невозмо́жно	impossible	нож	knife
неда́вний	recent	но́мер	number;
			hotel room

но́рма	norm
норма́льный	normal
носи́ть, нести́/по-	to carry
ночно́й	night (adj)
ночь (f)	night; но́чью at night
ноя́брь (m)	November
нра́виться/по-ну	to like well
нужда́ться в (+ prep)	to require, need
ну́жный	necessary
о, об (+ prep)	about
обвиня́ть/ обвини́ть	to accuse
обе́д	lunch, dinner; ~ать to dine
обзо́р	review
областно́й	regional
о́бласть (f)	region; field
обору́дование	equipment
о́браз жи́зни	way of life
образова́ние	education
обра́тно	back
обра́тный (а́дрес, биле́т)	return (address, ticket)
обслу́живание	service
обстано́вка	environment
обсужда́ть/ обсуди́ть	to discuss
обходи́ть/ обойти́	to go round
о́бщий	general
общежи́тие	hostel
объявля́ть/ объяви́ть	to declare, announce
объясня́ть/ объясни́ть	to explain
обя́занность (f)	duty
обяза́тельно	without fail, certainly
обы́чный	usual
о́вощ, ~но́й (adj)	vegetable
огро́мный	huge
огуре́ц	cucumber
одева́ться/ оде́ться (оде́н‖усь, -ешься)	to get dressed
оде́жда	clothes
оди́н, одна́, одно́, одни́	one; alone
одна́жды	once
одни́ ... други́е	some ... others
однообра́зный	monotonous
однора́зовый шприц	disposable syringe
одобря́ть/ одо́брить	to approve
о́зеро	lake
ока́зываться/ оказа́ться (+ inst)	to turn out to be
ока́нчивать/ око́нчить	to finish
окно́	window
о́коло (+ gen)	near
октя́брь (m)	October
омле́т	omelette
он, она́, оно́, они́	he, she, it, they
опа́здывать/ опозда́ть	to be late
опа́сный	dangerous
о́пера	opera
описа́ние	description
опи́сывать/ описа́ть	to describe
опро́с	poll
оптими́зм	optimism
опуска́ть/ опусти́ть	to insert
о́пыт	experience; -ный experienced
опя́ть	again
осе́нний	autumnal

óсень (f) — autumn; óсенью in autumn

осмáтривать/ осмотрéть — to look round; examine

основáние — foundation

оснóвывать/ основáть — to found, base

осóбенно — especially

оставáться/ остáться — to remain, stay

останáвливаться/ останови́ться — to stop

останóвка — stop

óстров — island

от (+ gen) — from

отвéт — answer

отвечáть/ отвéтить — to answer

отдéл — section

отдéльный — separate

óтдых — rest, holiday

отдыхáть/ отдохнýть — to rest; have a holiday

отéц — father

откáзываться/ отказáться — to refuse, turn down

открывáть(ся)/ откры́ть(ся) — to open

откры́тие — opening

откры́тка — postcard

откýда — where from

отли́чный — excellent

отношéние — attitude

отправи́тель — sender

отправля́ться/ отпрáвиться — to set off

óтпуск — leave

отрицáтельно — negatively

отставáть/ отстáть — to lag behind

отсýтствие — absence

отсю́да — from here

оттýда — from there

óтчество — patronymic

официáнт, -ка — waiter, waitress

охрáна — protection; ~ приро́ды nature conservation

охраня́ть — to protect

óчень — very

óчередь (f) — queue

пáмятник — monument

парк — park

партéр — stalls

партнёр — partner

пáспорт, пáспортный (adj) — passport

пассажи́р, пассажи́рский (adj) — passenger

пáчка — packet

пеницилли́н — penicillin

пéрвый — first

перевози́ть/ перевезти́ — to transport

пéред (+ inst) — in front of

передавáть/ передáть (привéт) — to pass, to send (one's regards)

передáча — broadcast

переезжáть/ переéхать чéрез (+ acc) — to cross; в, на (+ acc) to move

пережива́ть/ пережи́ть (кри́зис) — to go through (a crisis)

перемéна — change

пересáдка — change; дéлать пересáдку to change (on transport)

переселя́ться/ пересели́ться — to resettle, to move (house)

переходи́ть/ перейти́ — to cross

периоди́ка	periodicals	пое́здка	trip
пе́сня	song	пожа́луйста	please
петь/с-	to sing	по́здний, по́здно	late
Петропа́вловская	Peter and Paul	(*comp* по́зже)	
кре́пость	fortress	поздравля́ть/	to congratulate
пешехо́дная	pedestrian zone	поздра́вить	
зо́на		по́иск	search
пешко́м	on foot	пока́	until; for the time
пи́во	beer		being
пирожо́к	pirozhok (little pie)	поку́пка	shopping
писа́тель (*m*)	writer	покупа́ть/купи́ть	to buy
писа́ть/на-	to write	поле́зный	useful
письмо́	letter	поли́тика	politics
пить/вы́-	to drink	по́лночь (*f*)	midnight
пла́вание	swimming	по́лный	full
пла́вать	to swim	полови́на	half
план	plan	положе́ние	situation
плати́ть/за-	to pay	получа́ть/	to receive
пла́тный	paid	получи́ть	
платфо́рма	platform	помидо́р	tomato
пла́тье	dress	по́мнить	to remember
плохо́й, пло́хо	bad	помога́ть/	to help
(*comp* ху́же)		помо́чь (+ *dat*)	
пло́щадь (*f*)	square	по-мо́ему	in my opinion
по (+ *dat*)	along	по́мощь (*f*)	help
побере́жье	coast	понеде́льник	Monday
пого́да	weather	понима́ть/поня́ть	to understand
под (+ *inst*);	under	(пойм||у́, -ёшь)	
(+ *acc*)		поня́тный	clear,
пода́рок	present		understandable
подвози́ть/	to give a lift	попада́ть/	to get to
подвезти́		попа́сть в, на	
Подмоско́вье	near Moscow	(+ *acc*)	
подпи́сываться/	to subscribe	поп-му́зыка	pop music
подписа́ться		по-пре́жнему	as before
на (+ *acc*)		популя́рный	popular
подходи́ть/	to approach	попу́тчик	fellow traveller
подойти́ к		пора́ (+ *inf*)	it is time to
(+ *dat*)		портре́т	portrait
подру́га	friend (female)	портфе́ль (*m*)	briefcase
подъезжа́ть/	to approach (by	поселя́ться/	to settle
подъе́хать	transport)	посели́ться	
по́езд (*pl*	train	посеща́ть/	to visit
поезда́)			

посети́ть

посеще́ние — visit

по́сле (+ *gen*) — after; ~ того́ как (*conj*) after

после́дний — last

после́дствие — consequence

послеза́втра — the day after tomorrow

посреди́ (+ *gen*) — in the middle of

постано́вка — production (*theat*)

посте́ль (*f*) — bed, bedding

постоя́нно — constantly

поступа́ть / поступи́ть в (+ *acc*) — to enter

посу́да — crockery, dishes

посыла́ть / посла́ть (пошл‖ю́, -ёшь) — to send

пото́м — then, afterwards

пото́мок — descendant

потому́ что — because

потреби́тельская корзи́нка — shopping basket

почему́ — why

по́чта — post, post office

почти́ — almost

поэ́зия — poetry

поэ́т — poet

поэ́тому — therefore

появля́ться / появи́ться — to appear

по́яс — belt; waist

пра́вда — truth; it is true

пра́вило — rule

пра́вильный — correct

пра́во, пра́вый (*adj*) — right

Правосла́вный — Orthodox

пра́дед — great-grandfather

пра́здник — holiday, festival

пра́здновать / от- — to celebrate

пра́ктика — practice

предлага́ть / предложи́ть — to offer

предложе́ние — supply; offer

предме́т — subject

пре́док — ancestor

предпочита́ть / предпоче́сть (предпочт‖у́, -ёшь) — to prefer

предпринима́тель (*m*) — entrepreneur

предприя́тие — enterprise

представля́ть / предста́вить (себе́) — to imagine (oneself)

пре́жде — before; ~ всего́ first of all

прекра́сный — superb

преподава́ние — teaching

преподава́ть — to teach

пре́сса — press

при́быль (*f*) — profit

приватиза́ция — privatization

приве́т — greeting, regard

привлека́ть / привле́чь внима́ние (привлеку́, привлечёшь, привлеку́т; *past* привлёк, привлекла́) — to attract attention

привози́ть / привезти́ — to bring

привыка́ть / привы́кнуть к (+ *dat*) — to get used to

приглаша́ть / пригласи́ть — to invite

приглаше́ние — invitation

при́город — suburb

прие́зд — arrival

приезжа́ть / прие́хать — to arrive

приём	reception	промы́шленность (f)	industry
приз	prize		
прила́вок	counter	промы́шленный	industrial
прилета́ть/ прилете́ть	to arrive by air	проси́ть/по- (+ acc)	to ask
применя́ть/ примени́ть	to employ	просма́тривать/ просмотре́ть	to look through
приме́р	example	проспе́кт	prospectus
принима́ть/ приня́ть (прим‖у́, -ешь)	to receive; ~ лека́рство to take medicine	просто́й, про́сто (adv) (comp про́ще)	simple
приноси́ть/ принести́	to bring	простужа́ться/ простуди́ться	to catch cold
приро́да	nature, countryside	протестова́ть	to protest
прису́тствовать	to be present	про́тив (+ gen)	against
приходи́ть/ прийти́	to come, arrive	профе́ссия	profession
		прохла́дный	cool
приходи́ться/ прийти́сь (+ dat)	to have to	проце́нт	percentage
		про́шлый	past, last
		проща́ть/ прости́ть	to forgive
причи́на	reason		
прия́тный	pleasant	прямо́й, пря́мо (adv)	direct, straight
пробле́ма	problem		
проводи́ть/ провести́	to spend (time)	психологи́ческий	psychological
		публика́ция	publication
прогно́з	forecast	пу́динг	pudding
програ́мма	programme	пусть	let
прогу́лка	outing	путёвка (в дом о́тдыха)	place (in a holiday home)
продава́ть/ прода́ть	to sell; продава́ться to be on sale		
		путеше́ственник	traveller
продаве́ц	seller	путеше́ствие	travel, journey
продолжа́ть(ся)/ продо́лжить(ся)	to continue	путеше́ствовать	to travel
		путь (m)	way, road
продолжи́тель- ность (f)	length	пыта́ться/по-	to try
		пье́са	play
проду́кты (pl)	food (products)	пя́тница	Friday
проезжа́ть/ прое́хать	to drive past	рабо́та	work; ~ть to work
прое́кт	project	рабо́чий (noun)	worker; (adj) working
прожи́ть	survive		
произво́дство	production	равни́на	plain
происходи́ть/ произойти́	to happen	равнопра́вие	equality (of rights)

ра́вный	equal	ре́дкий, ре́дко (*comp* ре́же)	rare
рад, ра́да, ра́ды	glad		
раз (*gen pl* раз)	time	режи́м	regime
ра́зве?	really?	режиссёр	producer (*theat*)
развива́ть/ разви́ть	to develop	результа́т	result; **в ~е** as a result
разви́тие	development	рейс	flight
развито́й	developed	река́	river
развлека́тельный	entertaining	рекла́ма	advertisement
разгова́ривать	to talk	рекомендова́ть/ по-	to recommend
разгово́р	conversation		
разговори́ться	to get into conversation	репертуа́р	repertoire
		рестора́н	restaurant
раздева́ться/ разде́ться	to undress; ~до по́яса strip to the waist	ресу́рсы	resources
		рефо́рма	reform
		реце́пт	recipe; prescription
ра́зный	different		
разраба́тывать/ разрабо́тать	to work out	реша́ть/реши́ть	to decide, solve
		рисова́ть/на-	to draw
разреша́ть/ разреши́ть	to solve	рису́нок	drawing
		ро́вный	flat (*adj*)
рай	paradise	роди́тель (*m*)	parent
райо́н	area, district	ро́дственник	relative, relation
ра́но	early	рожда́ться/ роди́ться	to be born
ра́ньше	earlier		
расписа́ние	timetable	рожде́ственский	Christmas (*adj*)
располо́женный	situated	Рождество́	Christmas
распростране́ние	spread	роль (*f*)	part
распростра- ня́ться/ распростра- ни́ться	to spread	росси́йский	Russian
		Росси́я	Russia
		рот	mouth
		руба́шка	shirt
расска́з	tale, story	рубе́ж	border, **за рубежо́м** abroad
расска́зывать/ рассказа́ть	to tell		
		рубль (*m*)	rouble
рассма́тривать/ рассмотре́ть	to examine	ру́сский	Russian
		ры́ба	fish; ~к fisherman
ребёнок (*pl* де́ти)	child	ры́бная ло́вля	fishing
револю́ция	revolution	ры́нок	market
регистрацио́нная ка́рточка	registration card	ряд	row
		ря́дом	nearby; ~ **с** (+ *inst*) next to
регистри́ровать/ за-	to register		

с (+ *inst*)	with; (+ *gen*) from; с тех пор since then	ситуа́ция	situation
		ска́зка	fairy tale
		ска́зываться/ сказа́ться на (+ *prep*)	to tell, have an effect on
сад	garden		
сади́ться/сесть (ся́д||у, -ешь)	to sit down	скарлати́на	scarlet fever
		ско́лько	how much, how many
сала́т	salad		
сам, сама́, са́ми	(one)self	ско́ро, ско́рый	fast
самолёт	aeroplane	ско́рость (*f*)	speed
са́хар	sugar	скри́пка	violin
све́жий	fresh	ску́чно, ску́чный	boring
све́тлый	light	сла́дкий	sweet; сла́дкое (*noun*) sweet course
свини́на	pork		
сви́тер	sweater		
свобо́дный	free	следи́ть за (+ *inst*)	to look after
свой	(one's) own		
свя́зывать/ связа́ть	to link, connect	сле́дующий	next
		сли́шком	too
сда́ча	change (money)	слова́рь (*m*)	dictionary, vocabulary
се́вер	north; ~ный northern		
		сло́во	word
сего́дня	today	слу́чай	case
сейча́с	now	слу́шать/по-	to listen
се́льское хозя́йство	agriculture	слы́шать/у-	to hear
		смерть (*f*)	death
семина́р	seminar	смета́на	sour cream
семья́	family	смотре́ть/по- смотре́ть за (+ *inst*)	to watch; look at to look after
сентя́брь (*m*)	September		
се́рдце	heart		
сериа́л	serial		
се́рия	series	снача́ла	at first
серьёзный	serious	снег	snow; идёт ~ it snows
сестра́ (*pl* сёстры)	sister		
		Снегу́рочка	Snow maiden
Сиби́рь (*f*), сиби́рский	Siberia(n)	сно́ва	again
		снима́ть/снять	to take photographs; ~ кварти́ру to rent a flat
сигаре́та	cigarette		
сиде́ть/по-	to sit		
си́льный	strong		
симпати́чный	nice	соба́ка	dog
си́ний	blue	собира́ть/ собра́ть	to pick, gather
систе́ма	system		

собира́ться/ собра́ться — to be going to, intend

собо́р — cathedral

со́бственность (f) — property

собы́тие — event

соверша́ть/ соверши́ть — to accomplish

сове́т — advice; Council; ~овать to advise (+ dat)

сове́тский — Soviet

совме́стный — joint

совреме́нник, совреме́нный (adj) — contemporary

совсе́м — completely, entirely; ~ не not at all

согла́сно (+ dat) — according (to)

Содру́жество (незави́симых госуда́рств) (СНГ) — Commonwealth (of Independent States) (CIS)

сожале́ние — regret; к сожале́нию unfortunately

создава́ть/ созда́ть — to create

сок — juice

сорт — sort

сосе́дний — neighbouring

составля́ть/ соста́вить — to compile; constitute

состоя́ние — state, condition

состоя́ться — to take place

сохраня́ть/ сохрани́ть — to preserve, keep

спать/по- — to sleep

спекта́кль (m) — show

специа́льный — special

спеши́ть — to hurry

СПИД — AIDS

споко́йный — calm

спор — argument; ~ить to argue

спорт sport, ~смён — sport, sportsman

спорти́вный — sport's

справедли́вый — fair, just

спра́шивать/ спроси́ть — to ask

спосо́бный — talented

спрос и предложе́ние — supply and demand

сравне́ние — comparison

сра́зу — at once

среда́ — Wednesday

Сре́дняя А́зия — Central Asia

сре́дняя шко́ла — secondary school

сре́дство — means; сре́дства к существова́нию livelihood

ссыла́ть/ сосла́ть — to exile

ссы́лка — exile

ста́вить/по- — to put (upright)

стадио́н — stadium

стака́н — glass

станови́ться/ стать (ста́н‖у, -ешь) (+ inst) — to become

стара́ться/по- — to try

стари́к — old man

ста́рший — elder, eldest

ста́рый — old

стати́стика — statistics

ста́тус — status

стать (+ inf) — to begin

статья́ — article

стереоти́п — stereotype

стихи́ — poetry, verses

сто́имость (f) — cost

сто́ить — to cost; to be worth

стол	table; ~ик little table
столи́ца	capital
сторона́	side
стоя́ть	to stand
страна́	country
страни́ца	page
стра́стный	keen
стро́йка	building site
строи́тельство	building, construction
стро́ить/по-	to build
студе́нт	student
суббо́та	Saturday
сувени́р	souvenir
судьба́	fate
суп	soup
суро́вый	severe
существова́ние	existence
существова́ть/про-	to exist
сходи́ть/сойти́ с ума́	to go mad
счастли́вый	happy
сча́стье	happiness; к сча́стью fortunately
счита́ть	to consider
сын (pl сыновья́)	son
сыр	cheese
съезд	congress
сюда́	here
сюрпри́з	surprise
табле́тка	pill
так	so
та́кже	also
тако́й	such
такси́ (n indecl)	taxi
там	there
танцева́ть/с-	to dance
таре́лка	plate
творо́г	cottage cheese
теа́тр	theatre
телеви́дение, телеви́зор	television (service, set)
телегра́мма	telegram
телегра́ф	telegraph office
телефо́н-(автома́т)	telephone (box)
те́ма	theme
темп	tempo
температу́ра	temperature
тепе́рь	now
те́ннис	tennis; ~ный корт tennis court
теорети́чески	theoretically
тепло́	warmly; (noun) warmth
теплохо́д	(motor) ship
тёплый	warm
террито́рия	territory
теря́ть/по-	to lose
те́сно	closely
техноло́гия	technology
типи́чный	typical
ти́хий	quiet
това́р	goods
тогда́	then; ~ как while
то́же	also
то́лько	only; ~ что only just
торго́вля	trade
торт	cake
тот, та, то, те	that one
то́чный	accurate
трава́	grass
традицио́нный	traditional
тради́ция	tradition
Транссиби́рский	Trans-Siberian
тра́нспорт	transport
тра́тить/по-	to spend
тре́нер	(sports) coach; ~ова́ться to

	train (oneself)
труд	labour
тру́дный	difficult
трудово́й	labour (adj)
туда́	there
тума́н	fog
тури́ст, -ка; туристи́ческий (adj)	tourist
тури́зм	tourism
турпохо́д	hiking trip
ты́сяча	thousand
ту́фля	shoe
тяжёлый	hard, heavy
тя́жесть (f)	hardship
у (+ gen)	near, at; at the house of
уважа́емый	respected
уваже́ние	respect
увлека́ться/ увле́чься (увлеку́сь, увлечёшься, увлеку́тся; past увлёкся, увлекла́сь) (+ inst)	to be carried away (by)
у́гол	corner
уда́р	stroke
удо́бный	comfortable; convenient
удово́льствие	pleasure
уезжа́ть/уе́хать	to leave
ужа́сный	terrible
уже́	already; ~ не no longer
у́жин	supper; ~ать to have supper
узнава́ть/узна́ть	to find out; recognize
ука́зывать/ указа́ть	to point out

Украи́на	Ukraine
украи́нский	Ukrainian
украша́ть/ укра́сить	to decorate
у́лица	street на у́лице outside
улучша́ть/ улу́чшить	to improve
улыба́ться/ улыбну́ться	to smile
ум	mind; сходи́ть/ сойти́ с ума́ to go out of one's mind
умира́ть/умере́ть (умр||у́, -ёшь; past у́мер, умерла́)	to die
у́мный	clever
умыва́ться/ умы́ться	to wash oneself
универма́г	department store
университе́т	university
унижа́ть/уни́зить	to demean
уничтожа́ть/ уничто́жить	to destroy
управле́ние	management
упражне́ние	exercise
Ура́л	Urals
у́ровень (m)	level
уро́к	lesson
усло́вие	condition
успе́х	success
устра́ивать/ устро́ить	to arrange
у́тренняя заря́дка	morning exercises
у́тро	morning
уходи́ть/уйти́	to leave
уча́ствовать	to take part
уча́стник	participant
уче́бный	educational

учени́‖к, -ца	pupil	хо́бби (*n*)	hobby
учёный	scientist	ходи́ть	to go
учи́тель, -ница, учи́тельский (*adj*)	teacher	хозя́йка	hostess
		хозя́йство	economy
		хоккей	hockey
учи́ться (+ *dat*)	to learn; study	хо́лод, ~ный	cold
ущéрб	damage	холоди́льник	fridge
уютный	cosy	хореогра́фия	choreography
		хоро́ший, хорошо́ (*comp* лу́чше)	good
фа́брика	factory		
факультéт	faculty		
фами́лия	surname		
фанта́зия	fantasy	хотéть/за- (хочу́, хо́чешь, хо́чет, хоти́м, хоти́те, хотя́т)	to want
февра́ль (*m*)	February		
феминú́ст, -ский	feminist		
фи́зик	physicist		
физи́ческий труд	physical labour		
филиа́л	branch (of institution)	хотéться/за- (+ *dat*)	to feel like
фильм	film	худо́жественный фильм	feature film
фина́нсовый	financial		
фи́рма	firm	худо́жник	artist
флома́стер	felt-tip pen	ху́дший, хуже	worse
фокстерьéр	fox terrier		
фотоаппара́т	camera	цветóк (*pl* цветы́)	flower
фотóграф	photographer; ~и́ровать to photograph	целова́ть	to kiss
		цена́	price
		центр	centre
фотогра́фия	photograph	цивилиза́ция	civilization
Фра́нция	France		
францу́зский	French	чай	tea
фрéска	fresco	час	hour
фрукт, фруктóвый (*adj*)	fruit	ча́стный	private
		ча́сто (*comp*, ча́ще)	often
футбóл	football; ~и́ст footballer	часы́ (*pl*)	clock; watch
		ча́шка	cup
		чей, чья, чьё, чьи	whose
характéрный	characteristic		
хвата́ть (+ *gen*)	to suffice	человéк (*pl* лю́ди)	person, man
хими́ческий	chemical		
хи́мия	chemistry	чем	than
хлеб	bread	чемпиóн, -а́т	champion(ship)

че́рез (+ *acc*)	through, across; in (time)	экологи́ческий	ecological
чёрный	black	эконо́мика	economics
четве́рг	Thursday	экономи́ческий	economic
че́тверть (*f*)	quarter	экску́рсия	excursion
чи́сленность (*f*)	numbers	электроста́нция	power station
число́	number; date	энтузиа́зм	enthusiasm
чи́стый (*comp* чи́ще)	clean, pure	эпиде́мия	epidemic
		эстра́да	light entertainment
чита́тель (*m*)	reader	эта́ж	floor
чита́ть/про-	to read	э́то	this is, these are
что	what; that; ~нибудь something, anything; ~то something	э́тот, э́та, э́то, э́ти	this, these
		эффекти́вный	effective
чтобы	to, in order	ю́бка	skirt
чу́вствовать/по-	to feel	юг	south
чуде́сный	wonderful	ю́жный	southern
чуть не	very nearly, almost	ю́ность (*f*)	youth
		я	I
шампа́нское	champagne	я́блоко	apple
ша́хматы (*pl*)	chess	явле́ние	phenomenon
широ́кий (*comp* ши́ре)	wide	явля́ться (+ *inst*)	to be
		язы́к	language
шкаф	cupboard	яйцо́	egg
шко́ла, шко́льный (*adj*)	school	янва́рь (*f*)	January
		япо́нский	Japanese
шокола́д, шокола́дная конфе́та	chocolate	я́ркий (*comp* я́рче)	bright

Grammar index

Russian Index

eesveneetia = excuse me
Spaseeba = thank you
PaJowsta = please/
            you welcome

Hoodaviq Edeeotea = where
                    are
                    you
                    going

iloo chee wha = not
much is happening

- h no